NATIONALSOZIALISMUS

Von Bernhard Pfändtner und Silke Möller
unter Mitarbeit von Harald Focke

BUCHNERS KOLLEG. THEMEN GESCHICHTE

Buchners Kolleg. Themen Geschichte

Nationalsozialismus
Von Bernhard Pfändtner und Silke Möller
unter Mitarbeit von Harald Focke

Dieses Werk folgt der reformierten Rechtschreibung und Zeichensetzung. Ausnahmen bilden Texte, bei denen künstlerische, philologische oder lizenzrechtliche Gründe einer Änderung entgegenstehen.

1. Auflage 1 4 3 2 1 2010 09 08 07
Die letzte Zahl bedeutet das Jahr dieses Druckes.
Alle Drucke dieser Auflage sind, weil untereinander unverändert, nebeneinander benutzbar.

www.ccbuchner.de

Lektorat: Alexandra Vullo

Herstellung: ARTBOX GRAFIK & SATZ GmbH, Bremen
Druck: creo Druck & Medienservice GmbH, Bamberg
Bindearbeiten: Stürtz GmbH, Würzburg

ISBN 978-3-7661-**4694**-6

Inhalt

So gekennzeichnete Arbeitsaufträge sind besonders geeignet, die Methodenkompetenz zu trainieren.

Vorwort

Die Erinnerung an die nationalsozialistische Vergangenheit ist präsent wie kein anderer Abschnitt deutscher Geschichte: Gedenktage, Denkmalsprojekte, Publikationen, Fernsehdokumentationen und Spielfilme, Ausstellungen sowie andere Formen des Erinnerns halten die öffentliche Auseinandersetzung mit der NS-Diktatur, dem Holocaust und dem Zweiten Weltkrieg lebendig. Die Beschäftigung mit diesem dunkelsten Abschnitt deutscher Geschichte gewinnt umso mehr an Bedeutung, je kleiner die Zahl der Zeitzeugen wird, die ihre Erfahrungen und ihr Wissen an die Nachwelt weitergeben können.

Deutlich wird, dass entgegen mancher Forderung die Epoche des „Dritten Reiches“ nicht „zu den Akten“ gelegt werden kann. Die geschichtswissenschaftliche Erforschung ist ebenso wenig abgeschlossen wie die politische Auseinandersetzung um Schuld und Verantwortung für die nationalsozialistischen Verbrechen.

Nur wer ein gesichertes Wissen über die Ursachen, Wirkungen, Zusammenhänge und Folgen des „Dritten Reiches“ verfügt, kann sich mit der Vergangenheit auseinandersetzen, die Gegenwart verstehen, ein verantwortungsvolles Handeln für die Zukunft entwickeln und eindeutig Position gegen jede Form von Rechtsextremismus beziehen. Dazu gehören Kenntnisse über die menschenverachtende NS-Ideologie, Hitlers Aufstieg zur Macht, den Niedergang von Demokratie und Rechtsstaatlichkeit sowie die Mechanismen des Machterhalts, die Zustimmung oder zumindest schweigende Duldung so vieler zur Ausgrenzung, Verfolgung und Ermordung von Minderheiten ebenso wie Informationen über die unzähligen Opfer, die Täter und jene, die mutig Widerstand leisteten.

Der vorliegende Band trägt diesen Ansprüchen Rechnung. Er stellt historische Sachverhalte durch eine Vielfalt von methodisch-didaktisch aufgearbeiteten Materialien mit aktuellen Bezügen kompetent vor. Die Darstellung ordnet die Materialien in den historischen Kontext ein und liefert mit den chronologischen Überblicken zu Beginn der Kapitel, den Einleitungen zu den Textquellen sowie den Bildlegenden einen konstruktiven Beitrag zum Verständnis komplexer Zusammenhänge. Ein ausführlicher Exkurs („Methodenbaustein“) sowie ein Anhang mit allgemeinen methodischen Hinweisen zum Umgang mit Quellen helfen, die zahlreichen Arbeitsvorschläge zu bearbeiten. Darüber hinaus geben die Definitionen einiger zentraler Grundbegriffe weitere Orientierungshilfen.

Materialienauswahl und Autorentexte liefern kein fertiges Geschichtsbild und vermeiden monokausale oder moralisierende Deutungen. Vielmehr stellen sie die Grundlage für einen kontroversen und offenen Unterricht bereit, bieten Denkanstöße und versetzen den Leser in die Lage, sich ein eigenes, begründetes historisches Urteil zu erarbeiten.

1 Ideologie und Herrschaft des Nationalsozialismus

1.1 Faschismus und NS-Ideologie

▲ *Die Krise der europäischen Demokratie 1922-1938.*

M1
„Die Zukunft gehört dem Nationalismus"

Der französische Schriftsteller und Politiker Maurice Barrès (1862-1923), der der rechtsradikalen „Action Française" angehörte, schreibt 1923:

Um die Kraft Frankreichs wieder zu festigen, müssen alle Konsequenzen aus dem Grundsatz gezogen werden, dass das Vaterland stärker in der Seele eines mit ihm verwachsenen Menschen lebt, als in der eines Entwurzelten.
Man muss das Naturalisierungsgesetz[1] ändern, um die Einmischung von Fremden in unsere Politik zu erschweren.
Man muss die Eigentumsverhältnisse ändern, indem man verhindert, dass Fremde französischen Boden besitzen und indem man ihre Ansprüche auf industrielle und kommerzielle Ausbeutung beschränkt.
Man muss die Einheit der Rasse und des Landes sichern, indem man jeder Familie einen kleinen unantastbaren Besitz gibt. Man muss unsere einheimischen Arbeiter durch ein Steuergesetz schützen, das ihre ausländischen Konkurrenten belastet.

Hagen Schulze und Ina Ulrike Paul (Hrsg.), Europäische Geschichte. Quellen und Materialien, München 1994, S. 590 f.

1. *Erläutern Sie, wie Barrès die Einheit Frankreichs stärken will.*
2. *Halten Sie die hier vertretene Politik nationaler Ausgrenzung für sinnvoll?*

M2
Was ist Faschismus?

Benito Mussolini (1883-1945, ermordet), seit 1922 italienischer Regierungschef, als welcher er diktatorische Macht erlangt, fasst um 1932 seine Vorstellungen zusammen:

Der Faschismus fordert den tätigen, mit allen Willenskräften sich einsetzenden Menschen, der bereit ist, allen Schwierigkeiten männlich entgegenzutreten und sich ihnen zu stellen. Ihm ist das Leben ein Kampf […].
Als antiindividualistische Idee tritt der Faschismus für den Staat ein. Er ist auch für das Individuum, soweit es im Staate aufgeht […]. Nichts Menschliches oder Geistiges besteht an sich, noch weniger besitzt dieses irgendeinen Wert außerhalb des Staates. In diesem Sinne ist der Faschismus totalitär, und der faschistische Staat als Zusammenfassung und Vereinheitlichung aller Werte gibt dem Leben des ganzen Volkes seine Deutung, bringt es zur Entfaltung und kräftigt es […].
Der Faschismus wendet sich daher gegen die Demokratie, die das Volk mit Mehrheit gleichsetzt und es auf den Stand der Masse herabdrückt. Es ist die reinere Form der Demokratie, wenn man das Volk so auffasst, wie es sein soll, nämlich qualitativ und nicht quantitativ […].
Vor allem betrachtet der Faschismus die Zukunft und die Entwicklung der Menschheit im Allgemeinen nur vom Standpunkt der politischen Realität aus und glaubt weder an die Möglichkeit noch an die Nützlichkeit des ewigen Friedens. Er lehnt daher den Pazifismus ab, der einen Verzicht auf den Kampf und eine Feigheit gegenüber dem Opfer in sich birgt. Der Krieg allein bringt alle menschlichen Energien zur höchsten Anspannung und verleiht den Völkern die Würde des Adels, die den Mut und die virtù[2] haben, dem Kampfe die Stirn zu bieten. […]
Der Faschismus lehnt in der Demokratie die absurde konventionelle Lüge von der politischen Gleichheit und kollektiven Verantwortungslosigkeit und von dem Mythus des Glückes und des unbegrenzten Fortschritts ab […]. Der faschistische Staat ist Wille zur Macht und Herrschaft. Die römische Überlieferung ist ihm eine Idee des Antriebes.

Benito Mussolini, Der Geist des Faschismus. Ein Quellenwerk, hrsg. v. Horst Wagenführ, München ^{5}1943, S. 2 ff., 12 ff., 24

1. *Analysieren Sie das faschistische „Demokratieverständnis" und stellen Sie es der Auffassung von der pluralistischen Demokratie gegenüber.*
2. *Diskutieren Sie, warum der Faschismus, der doch dem Bürger seine individuellen Rechte weitgehend absprach, dennoch für viele attraktiv war.*

---

1) *Naturalisierung: Einbürgerung*
2) *virtù (ital.): Tapferkeit; zugleich ein Zitat der lateinischen „virtus", die im alten Rom die Summe aller (männlichen) Tugenden umfasste*

▶ *Benito Mussolini, Plakat von 1930*
● *Analysieren Sie die Bildelemente, mit denen der Diktator hier in eine historisch-mythische Tradition gestellt wird.*

M3

„Mussolini hat immer Recht"

Der „Duce" (ital. „Führer") stellt „zehn Gebote" für den Soldaten auf.

1. Der Faschist, besonders der Milizsoldat, darf nicht an einen ewigen Frieden glauben.
2. Strafen sind immer verdient.
3. Auch der Wachtposten vor einem Benzinfass dient dem Vaterland.
4. Der Kamerad ist dein Bruder: 1. weil er mit dir lebt, 2. weil er denkt und fühlt wie du.
5. Gewehr und Patronentasche sollen nicht während der Ruhezeit vernachlässigt, sondern für den Krieg bereit gehalten werden.
6. Sage niemals: Die Regierung zahlt's; denn du selbst bist es, der zahlt, und die Regierung hast du selbst gewollt, und du trägst ihre Uniform.
7. Gehorsam ist der Gott der Heere; ohne ihn ist kein Soldat denkbar, wohl aber Unordnung und Niederlagen.
8. Mussolini hat immer Recht. […]
10. Eines muss dir über allem stehen: das Leben des Duce.

Benito Mussolini, a. a. O., S. 45

1. *Bestimmen Sie Mussolinis persönlichen Anspruch, wenn er seine Weisungen „zehn Gebote" nennt.*
2. *Erläutern Sie die Punkte, an denen eine besonders militaristische Auffassung durchscheint, und bringen Sie sie in Zusammenhang mit den entsprechenden Passagen von M2.*
3. *Stellen Sie weitere Vergleiche mit M2 an: Zeigen Sie, wie in den „Geboten" die Forderung nach Auslöschung des Individualismus umgesetzt wird.*

M4

Was will die NSDAP?

Auf der ersten großen Massenversammlung der NSDAP am 24. Februar 1920 verkündet Adolf Hitler (1889-1945, Selbstmord) im Münchener Hofbräuhaus das Parteiprogramm:

1. Wir fordern den Zusammenschluss aller Deutschen aufgrund des Selbstbestimmungsrechtes der Völker zu einem Groß-Deutschland.
2. Wir fordern die Gleichberechtigung des deutschen Volkes gegenüber den anderen Nationen, Aufhebung der Friedensverträge von Versailles und St. Germain.[1)]
3. Wir fordern Land und Boden (Kolonien) zur Ernährung unseres Volkes und Ansiedlung unseres Bevölkerungsüberschusses.
4. Staatsbürger kann nur sein, wer Volksgenosse ist. Volksgenosse kann nur sein, wer deutschen Blutes ist, ohne Rücksichtnahme auf Konfession. Kein Jude kann daher Volksgenosse sein. [...]
6. Das Recht, über Führung und Gesetze des Staates zu bestimmen, darf nur dem Staatsbürger zustehen. Daher fordern wir, dass jedes öffentliche Amt, gleichgültig welcher Art, gleich ob in Reich, Land oder Gemeinde, nur durch Staatsbürger bekleidet werden darf.
Wir bekämpfen die korrumpierende Parlamentswirtschaft einer Stellenbesetzung nur nach Parteigesichtspunkten ohne Rücksicht auf Charakter und Fähigkeiten. [...]
8. Jede weitere Einwanderung Nicht-Deutscher ist zu verhindern. Wir fordern, dass alle Nicht-Deutschen, die seit dem 2. August 1914 in Deutschland eingewandert sind, sofort zum Verlassen des Reiches gezwungen werden. [...]
13. Wir fordern die Verstaatlichung aller (bisher) bereits vergesellschafteten Betriebe (Trusts).
14. Wir fordern Gewinnbeteiligung an Großbetrieben.
15. Wir fordern einen großzügigen Ausbau der Altersversorgung.
16. Wir fordern die Schaffung eines gesunden Mittelstandes und seine Erhaltung, sofortige Kommunalisierung der Groß-Warenhäuser und ihre Vermietung zu billigen Preisen an kleine Gewerbetreibende, schärfste Berücksichtigung aller kleinen Gewerbetreibenden bei Lieferung an den Staat, die Länder oder Gemeinden.
18. Wir fordern den rücksichtslosen Kampf gegen diejenigen, die durch ihre Tätigkeit das Gemeininteresse schädigen. Gemeine Volksverbrecher, Wucherer, Schieber usw. sind mit dem Tode zu bestrafen, ohne Rücksichtnahme auf Konfession und Rasse. [...]
23. Wir fordern den gesetzlichen Kampf gegen die bewusste politische Lüge und ihre Verbreitung durch die Presse. Um die Schaffung einer deutschen Presse zu ermöglichen, fordern wir, dass [...] sämtliche Schriftleiter und Mitarbeiter von Zeitungen, die in deutscher Sprache erscheinen, Volksgenossen sein müssen [...].
Zeitungen, die gegen das Gemeinwohl verstoßen, sind zu verbieten. Wir fordern den gesetzlichen Kampf gegen eine Kunst- und Literaturrichtung, die einen zersetzenden Einfluss auf unser Volksleben ausübt, und die Schließung von Veranstaltungen, die gegen vorstehende Forderungen verstoßen. [...]
25. Zur Durchführung alles dessen fordern wir: die Schaffung einer starken Zentralgewalt des Reiches. Unbedingte Autorität des politischen Zentralparlaments über das gesamte Reich und seine Organisationen im Allgemeinen.

Walther Hofer (Hrsg.), Der Nationalsozialismus. Dokumente 1933-1945, Frankfurt am Main [49]2004, S. 28 ff.

1. *Prüfen Sie, welche politischen Ziele wegen ihrer Publikumswirksamkeit aufgenommen worden sind.*
2. *Ermitteln Sie, welche Programmpunkte sich direkt aus dem verlorenen Krieg erklären.*
3. *Arbeiten Sie die Forderungen heraus, die eine nationalistische Ausrichtung haben, und die, die sich sozialistisch geben.*

[1)] *Der zur Beendigung des Ersten Weltkrieges (1914-18) von den Siegermächten diktierte Friedensvertrag von Versailles, unterzeichnet am 28. 6. 1919, verpflichtete das Deutsche Reich u. a. zu Gebietsabtretungen sowie Entschädigungszahlungen (Reparationen) und stellte die Kriegsschuld Deutschlands und seiner Verbündeten fest; vgl. dazu auch S. 16. Der Vertrag von St. Germain-en-Laye vom 10. 9. 1919 regelte die Auflösung des Kaiserreiches Österreich-Ungarn und enthielt die Friedensbedingungen für die neue Republik Österreich.*

M5
Die „völkische" Weltanschauung

Während seiner neunmonatigen Haftzeit in Landsberg, zu der Hitler nach seinem missglückten Putsch von 1923 verurteilt worden ist, diktiert er 1924 den ersten Band seiner programmatischen Schrift „Mein Kampf". Der erste Band erscheint 1925 mit dem Untertitel „Eine Abrechnung" im parteieigenen Verlag. Der zweite Band folgt 1926. Das Werk wird in 16 Sprachen übersetzt und erreicht eine Gesamtauflage von 10 Mio. Exemplaren. Im Mittelpunkt seiner Ausführungen stehen Hitlers rassistische, antisemitische und völkische Anschauungen:

Die Sünde wider Blut und Rasse ist die Erbsünde dieser Welt und das Ende einer sich ihr ergebenden Menschheit. […]
Demgegenüber erkennt die völkische Weltanschauung die Bedeutung der Menschheit in deren rassischen Urelementen. Sie sieht im Staat prinzipiell nur ein Mittel zum Zweck und fasst als seinen Zweck die Erhaltung des rassischen Daseins der Menschen auf. Sie glaubt somit keineswegs an eine Gleichheit der Rassen, sondern erkennt mit ihrer Verschiedenheit auch ihren höheren oder minderen Wert und fühlt sich durch diese Erkenntnis verpflichtet, gemäß dem ewigen Wollen, das dieses Universum beherrscht, den Sieg des Besseren, Stärkeren zu fördern, die Unterordnung des Schlechteren und Schwächeren zu verlangen. Sie huldigt damit prinzipiell dem aristokratischen Grundgedanken der Natur und glaubt an die Geltung dieses Gesetzes bis herab zum letzten Einzelwesen. Sie sieht nicht nur den verschiedenen Wert der Rassen, sondern auch den verschiedenen Wert des Einzelmenschen. […]
Nein, es gibt nur ein heiligstes Menschenrecht, und dieses Recht ist zugleich die heiligste Verpflichtung, nämlich: dafür zu sorgen, dass das Blut rein erhalten bleibt, um durch die Bewahrung des besten Menschentums die Möglichkeit einer edleren Entwicklung dieser Wesen zu geben. […]

▲ *Antisemitismus war schon vor den Nationalsozialisten in Deutschland populär. Der Roman von Artur Dinter „Die Sünde wider das Blut" fand um 1920 über eine Million Leser.*

Ein völkischer Staat wird damit in erster Linie die Ehe aus dem Niveau einer dauernden Rassenschande herauszuheben haben, um ihr die Weihe jener Institution zu geben, die berufen ist, Ebenbilder des Herrn zu zeugen und nicht Missgeburten zwischen Mensch und Affe.

Adolf Hitler, Mein Kampf. Zwei Bände in einem Band, München [51]1933, S. 272, 420 f. und 444 f.

1. *Benennen und erläutern Sie die Wertmaßstäbe, die Hitler an menschliches Dasein anlegt.*
2. *Analysieren Sie die Wendung „Ebenbilder des Herrn zu zeugen" und vergleichen Sie das Menschenbild Hitlers mit dem christlich-humanistischen Menschenbild.*
3. *Erörtern Sie den hier verwendeten Begriff der „Rasse".*

▲ *„Deutschland – Volk ohne Raum", NS-Propagandamaterial zur nationalsozialistischen „Blut- und Boden"-Ideologie von 1939.*

- *Analysieren Sie den Zusammenhang von Fotografie und Bildtext.*

M6

„Staatsgrenzen werden durch Menschen geschaffen ..."

In „Mein Kampf" äußert sich Hitler auch über die Aufgaben des „völkischen" Staates:

Wir Nationalsozialisten [müssen] unverrückbar an unserem außenpolitischen Ziele festhalten, nämlich dem deutschen Volk den ihm gebührenden Grund und Boden auf dieser Erde zu sichern. Und diese Aktion ist die einzige, die vor Gott und unserer deutschen Nachwelt einen Bluteinsatz gerechtfertigt erscheinen lässt [...]. Der Grund und Boden, auf dem dereinst deutsche Bauerngeschlechter kraftvolle Söhne zeugen können, wird die Billigung des Einsatzes der Söhne von heute zulassen, die verantwortlichen Staatsmänner aber, wenn auch von der Gegenwart verfolgt, dereinst freisprechen von Blutschuld und Volksopferung. [...]
Staatsgrenzen werden durch Menschen geschaffen und durch Menschen geändert. [...]
Das Recht auf Grund und Boden kann zur Pflicht werden, wenn ohne Bodenerweiterung ein großes Volk dem Untergang geweiht erscheint. Noch ganz besonders dann, wenn es sich dabei nicht um ein x-beliebiges Negervölkchen handelt, sondern um die germanische Mutter all des Lebens, das der heutigen Welt ihr kulturelles Bild gegeben hat. Deutschland wird entweder Weltmacht oder überhaupt nicht sein. Zur Weltmacht braucht es jene Größe, die ihm in der heutigen Zeit die notwendige Bedeutung und seinen Bürgern das Leben gibt.
Damit ziehen wir Nationalsozialisten bewusst einen Strich unter die außenpolitische Richtung unserer Vorkriegszeit. Wir setzen dort an, wo man vor sechs Jahrhunderten endete. Wir stoppen den ewigen Germanenzug nach dem Süden und Westen Europas und weisen den Blick nach dem Land im Osten. Wir schließen endlich ab die Kolonial- und Handelspolitik der Vorkriegszeit und gehen über zur Bodenpolitik der Zukunft.
Wenn wir aber heute in Europa von neuem Grund und Boden reden, können wir in erster Linie nur an Russland und die ihm untertanen Randstaaten denken.

Adolf Hitler, a. a. O., S. 739 ff.

1. *Benennen Sie die außenpolitischen Leitlinien der Nationalsozialisten, die Hitlers Text erwarten lässt.*
2. *Beurteilen Sie den Stellenwert der „Bodenpolitik" angesichts der weltweiten Industrialisierung, die zur Abfassungszeit des Textes besonders anstieg.*
3. *Erläutern Sie den ideologischen Zusammenhang von M5 und M6.*

M7

Die Wurzeln des Faschismus

Der Berliner Historiker Hagen Schulze (geb. 1943) analysiert die Wurzeln des Faschismus, die in zahlreichen europäischen Ländern ähnlich waren:

Mussolinis Weg zur Macht war in gewisser Hinsicht vorbildlich für viele der großen und kleinen „Führer". Die Voraussetzungen waren in vielen Fällen ähnlich. Da war eine Schicht von Besitz- und Bildungsbürgern, Staatsbediensteten und Angestellten, Handwerkern und Kleinunternehmern, historisch gesehen die eigentlichen Träger der Nationalidee, die deshalb unter nationalen Diskriminierungen durch Niederlage, [...] Verlust von nationalem Territorium oder unter der Verweigerung nationaler Ausdehnungswünsche besonders litten. Das galt nicht nur in ideeller, sondern auch in materieller Hinsicht, denn die Inflation, die nach dem Krieg ganz Europa erfasste, nahm gerade diesen Menschen ihre Vermögen und bedrohte sie mit dem Abstieg in ein gesichtsloses Proletariat. [...]

In diesen Schichten herrschte der archetypische Schrecken vor den revolutionären Arbeitermassen, die aus der rußig-lärmenden Fabrikwelt geradewegs in die Wohnzimmer einbrachen und die heiligen Güter der bürgerlichen Kultur bedrohten. Der Ruf „Friede den Hütten, Krieg den Palästen", der bereits den aufstrebenden Mittelstand des vorherigen Jahrhunderts das Fürchten vor dem Sozialismus gelehrt hatte, hatte in den blutigen Umwälzungen der russischen Revolution, aber auch in den Bürgerkriegen und sozialen Wirren der Nachkriegszeit in Mittel- und Westeuropa an Anschauung und Wirklichkeit gewonnen. [...] Die faschistischen Parteien versprachen Sicherheit, und sie gaben ihre Versprechen auf bisher nie dagewesene Weise. [...]

Was auf die Versammlungsteilnehmer von den Tribünen faschistischer Redner hinabprasselte, appellierte an ganz unzusammenhängende Instinkte und Ängste: Da war die Wut über die Kriegsgewinnler, Währungsspekulanten und Nahrungsmittelschieber, die Geschäftemacher mit der Not der Soldaten und Arbeiter – in diesem Zusammenhang wirkte vor allem in Deutschland, Frankreich und Osteuropa das Zerrbild vom Juden als rassistische Variante des sozialistischen Negativbilds vom Kapitalisten.[1] Wirkungsvoll war auch die Übertragung der Metaphern des Kriegs auf die Politik, die geistige Mobilmachung der Massen für den Bürgerkrieg und im Zusammenhang damit die Verherrlichung der Tat, deren Vorrang vor der Vernunft den irrationalen Grundcharakter faschistischer und nationalsozialistischer Propaganda ausmachte.

Der Appell an tief sitzende, kaum bewusste Groll- und Angstgefühle bewirkte den Erfolg dieser Propaganda im Kampf gegen die matten, kaum geglaubten Programme und Grundsätze der konservativen, liberalen und sozialdemokratischen Parteien. [...]

Auf Aussagen oder Theorien kam es bei Rednerauftritten Hitlers oder Mussolinis nur in zweiter Linie an. Vor allem war es die Wirkung dieser beiden großen Demagogen selbst, denen es gelang, wie Brennspiegel die Wünsche und Sehnsüchte der Zuhörer einzufangen, sie in faszinierender und suggestiver Weise zu benennen und auf die Bevölkerung zurückzuprojizieren. Sie faszinierten die Menschen, die Wähler und Anhänger, indem sie Wünsche, Ängste und Vorurteile aus einer vorbewussten, irrationalen Tiefe des kollektiven Bewusstseins ans Licht zu heben und zu formulieren verstanden. Darin zeigten sich Faschisten und Nationalsozialisten als weitaus moderner als alle ihre politischen Konkurrenten. Die herkömmlichen Parteien waren in ihrer ideologischen und programmatischen Ausrichtung und in ihrer Entstehungsgeschichte Erben eines Zeitalters des Rationalismus, in dem man geglaubt hatte, es genüge, die Menschen mit Programmen bekannt zu machen, um sie zu überzeugen. Ihnen war nicht klar, dass Menschen nicht von Natur aus rationale Wesen sind, sondern erst durch Anstrengung und Selbstüberwindung dazu werden müssen. Hitler dagegen wusste das und rechnete mit dem Gefühlsdefizit, das die etablierten Parteien unberücksichtigt ließen.

Hagen Schulze, Phoenix Europa, Berlin 1998, S. 371ff.

1. *Arbeiten Sie heraus, worin Schulze die wichtigsten Ursachen des europäischen Faschismus sieht.*
2. *„Ein Staat kann nur so demokratisch sein wie seine Bürger". Diskutieren Sie diese Aussage anhand der vorliegenden Quellen.*

---

[1] *zum Antisemitismus siehe S. 16f.*

Faschismus in Europa

Faschistisches Ideengut war nach dem *Ersten Weltkrieg* in fast allen europäischen Ländern vorhanden (➧ M1). Es gewann zusätzliche Attraktivität dadurch, dass der italienische *Faschismus* nach 1922 innenpolitisch scheinbar erfolgreich war und nach außen hin selbstbewusst auftrat. Viele europäische Staaten gerieten in den folgenden Jahren unter diktatorische, militaristische und undemokratische Herrschaft.

Das Wort Faschismus leitet sich von lat. „fasces" her, der Bezeichnung für das altrömische Rutenbündel mit Beil, das als Macht- und Herrschaftssymbol den hohen römischen Beamten vorangetragen wurde. „Fascio" hat im Italienischen aber auch die übertragene Bedeutung von „Bund" angenommen. *Benito Mussolinis* 1919 gegründeter „fascio di combattimento" war in diesem Sinne ein Kampfbund ehemaliger Kriegsteilnehmer, die sich als Lohn für den Sieg im Ersten Weltkrieg mehr Gebietsgewinne und weniger wirtschaftliche und soziale Probleme erhofft hatten. Der 1921 aus dem Kampfbund hervorgegangene *Partito Nazionale Fascista (PNF)* gewann erst durch seine Kehrtwendung gegen den Kommunismus Zulauf vom Bürgertum und wurde so zur Massenbewegung. Autoritärer Führungsstil, straffer Zentralismus und die Fiktion der Einheit von Herrschern und Beherrschten, auf der das Führerprinzip aufbaute, waren die maßgeblichen Kennzeichen der Partei unter ihrem „Duce", die angetreten war, die Schwächen der *parlamentarischen Demokratie* wie des *Kommunismus* zu überwinden (➧ M2, M3).

Auch in Frankreich gab es nach dem Ersten Weltkrieg verschiedene rechtsgerichtete Parteien. Doch verhinderte hier die demokratische Tradition eine faschistische Regierungsübernahme. Außerdem wirkte die aggressive Außenpolitik der deutschen *Nationalsozialisten* in den 1930er-Jahren zunehmend bedrohlich und abschreckend zugleich.[1)]

In England wurde 1932 nach italienischem Vorbild die *British Union of Fascists (BUF)* gegründet. Hauptangriffspunkte der Agitation waren wie in Italien und Deutschland *Parlamentarismus*, *Judentum* und *Bolschewismus*. Der Kernslogan „Britain First" simulierte primär nationalistische Züge.

Nirgends wirkte sich die Verbindung von Ideologie und Herrschaft jedoch so krass und verbrecherisch aus wie im nationalsozialistischen Deutschland, wo die radikalsten Theorien schließlich in die Tat umgesetzt wurden.

Führer und Volk

Die politische Botschaft der Nationalsozialisten war einfach (➧ M4). Herausragende Persönlichkeiten sollten eine führende Rolle innerhalb der Volksgemeinschaft einnehmen. Die Auswahl wurde nicht auf demokratische Weise, sondern durch Berufung von oben vorgenommen. „Autorität jedes Führers nach unten und Verantwortung nach oben" lautete die von Hitler aufgestellte Maxime. Das System gipfelte in dem „Führer" *Adolf Hitler*, der nur der von ihm häufig zitierten „Vorsehung" verantwortlich war.

Emotional untermauerte die *Nationalsozialistische Deutsche Arbeiterpartei (NSDAP)* das Ganze durch die Inszenierung eines am italienischen Vorbild orientierten *Führerkults*. Führerbilder hingen später in allen Amts- und Schulräumen und sollten jede Wohnung „zieren". „Heil Hitler" war der offiziell geforderte „Deutsche Gruß" für jeden „Volksgenossen". Die Person Adolf Hitlers wurde zum Bindeglied zwischen Führer-

---

[1)] *siehe hierzu S. 89-96*

▲ *„Am Anfang war das Wort", Ölgemälde von Otto Hoyer, 1937.*
- *Betrachten Sie die Zuhörer und beschreiben Sie die Bevölkerungsgruppen.*
- *Analysieren Sie den Titel des Bildes und erläutern Sie den Kontext, in den der Maler sein Objekt damit stellen will.*

staat und Volksgemeinschaft und zum Identifikationssymbol stilisiert. Hier flossen Ideen der obrigkeitsstaatlichen Ordnung des 18. und 19. Jahrhunderts ein, die Hitler zum „Ersatzmonarchen" emporhoben und den Einzelnen in widerspruchslose Unterordnung zwangen.
Statt Parteienkonflikt und Klassenkampf propagierte die NSDAP eine „Volksgemeinschaft der Arbeiter der Faust und Stirn". Auch die „unnatürliche" Feindschaft zwischen Arbeitgeber und Arbeitnehmer, die sich als Glieder desselben „Volkskörpers" fühlen sollten, wurde für aufgehoben erklärt.

Gegen Liberale und Marxisten

Liberalismus und Marxismus bezeichnete Hitler als „jüdische Erfindungen", die zum Verderben der „Herrenrasse" eingeführt worden seien. Für den Liberalismus sind individuelle Freiheit und Selbstverwirklichung grundlegende Werte. Demgegenüber forderte die NS-Regierung unter Missbrauch und Verfälschung alter preußisch-deutscher Traditionen den totalen Einsatz des Volksgenossen. Treue, Dienstbereitschaft und absoluter Gehorsam standen über den durch die *Weimarer Verfassung* garantierten Grundrechten. Die allgegenwärtige Ordnungsmacht des Staates dürfe nicht durch liberale Verfassungsgrundsätze eingeschränkt werden. Das „System" der *Weimarer Republik*, das sich um die Verwirklichung des liberalen Rechts- und Verfassungsstaates bemüht hatte, wurde als Epoche undeutscher westlicher Überfremdung interpretiert.
Darüber hinaus nahm Hitler für sich in Anspruch, der „Zerstörer des Marxismus" zu sein. Seine „Utopie der Klassenversöhnung" (Joachim C. Fest), mit der er alte Sozialstrukturen und Klassenschranken überwand, hatte großen Erfolg. *Volksgemeinschaft* und der *Sozialismus der Tat* waren Prinzipien, die auch weite Kreise der Arbeiterschaft an den Nationalsozialismus banden.

Nationalismus

Die in der ersten Hälfte des 19. Jahrhunderts in Deutschland populär gewordene Idee des *Nationalismus* hatte hohe Erwartungen für die Zukunft geschaffen, die von der Politik nicht eingelöst werden konnten. 1871 war der deutsche Nationalstaat als kleindeutsches Reich entstanden, das viele Deutsche ausschloss. Nach dem Ersten Weltkrieg zerrannen mit den im *Versailler Friedensvertrag* von 1919 festgelegten Gebietsabtretungen und der Auflösung der Donaumonarchie europäische und koloniale Großmachtpläne in nichts. Deutschland verlor im Westen, Osten und Norden des Reiches Grenzgebiete von über 70 000 km^2 (13 % des Staatsgebietes und damit 10 % der Bevölkerung), musste alle seine Kolonien aufgeben und weitgehende militärische Beschränkungen akzeptieren. Ferner sollten für die Kriegsschäden der anderen Mächte Ausgleichszahlungen (*Reparationen*) in noch festzulegender Höhe gezahlt werden.

Die Bestimmungen des Friedensvertrages lösten in der deutschen Öffentlichkeit, wo man auf einen milden „Wilson-Frieden"[1)] gehofft hatte, einen psychologischen Schock aus. Vor allem der Artikel 231 des Vertragswerkes, der sogenannte *Kriegsschuldartikel*, der Deutschland und seine Verbündeten für den Kriegsausbruch verantwortlich machte, wurde als moralische Ächtung des ganzen deutschen Volkes empfunden. Schon bald hetzten die rechten Gruppen gegen die „Schmach von Versailles" und die Politiker, die sich unter dem Druck der alliierten Siegermächte bereit erklärt hatten, die Unterschrift zu leisten. Sie warfen den *Erfüllungspolitikern* „Verrat an Deutschland" vor und gaben damit den nationalistischen Tendenzen zusätzlich Nahrung.

Zu den Hauptgegnern der Weimarer Republik zählten die Nationalsozialisten. Deren Nationalismus griff auf der einen Seite die zeittypische Programmatik des *nationalen Sozialismus* auf, in dem die soziale Befreiung der Arbeiterschaft als untrennbar von der nationalen Befreiung der „Volksgemeinschaft" gesehen wurde. Auf der anderen Seite ging ihr Nationalismus über den der bürgerlichen Parteien hinaus: Nicht so sehr gemeinsame Kultur und Geschichte sollten die Merkmale einer Nation sein, sondern die Rassengleichheit.

Rassismus und Antisemitismus

Die nationalsozialistische Weltanschauung setzte sich insgesamt aus verschiedenen Versatzstücken zusammen, die ihre Wurzeln überwiegend im späten 19. Jahrhundert hatten und in deren Zentrum *Rassismus* und *Antisemitismus* standen. Hitler und seine Anhänger griffen dabei unter anderem auf die Vorstellungen des *Sozialdarwinismus* zurück, welcher die Lehre des englischen Naturforschers *Charles Darwin* von der „natürlichen Auslese der Arten" (1859) in verfälschender Weise auf die menschliche Gesellschaft übertrug. In seiner radikalen Ausprägung propagierte der Sozialdarwinismus, dass im „Kampf ums Dasein" nur die „Stärkeren" überleben könnten. Hinzu kamen rassenbiologische Theorien beispielsweise von *Joseph Arthur de Gobineau*, der die Unterteilung der Menschheit in höhere und niedere Rassen vertrat und die Überlegenheit der „nordischen Rasse" der Germanen hervorhob. Hitler radikalisierte verschiedene Elemente dieser vorgeblich wissenschaftlichen Theorien und verband sie unter Missachtung geistiger, sittlicher und religiöser Werte zu einer menschen-

---

[1)] *Der amerikanische Präsident Thomas Woodrow Wilson (1856-1924) hatte am 8. Januar 1918 einen „14-Punkte"-Plan vorgestellt, in dem er das Selbstbestimmungsrecht der Völker als Grundlage einer Friedensordnung in Europa forderte.*

▶ Feststellung der Haarfarbe an einem jüdischen Kind während einer „rassenhygienischen" Untersuchung, Foto von 1936. Nach der nationalsozialistischen Rassenideologie sollte das Erbgut der hochwertigen deutschen „Herrenrasse" durch „Rassenhygiene" rein gehalten werden. Zu diesem Zweck ermittelten „Rassenexperten" auf der Grundlage pseudowissenschaftlicher Gutachten besondere Merkmale, an denen sich rassisch oder erbbiologisch „minderwertige" Gruppen erkennen und aus der Volksgemeinschaft „aussortieren" ließen. Dies betraf in erster Linie die Juden, Sinti, Roma und Slawen, aber auch körperlich und seelisch behinderte Menschen oder „Asoziale"; vgl. dazu auch S. 118.

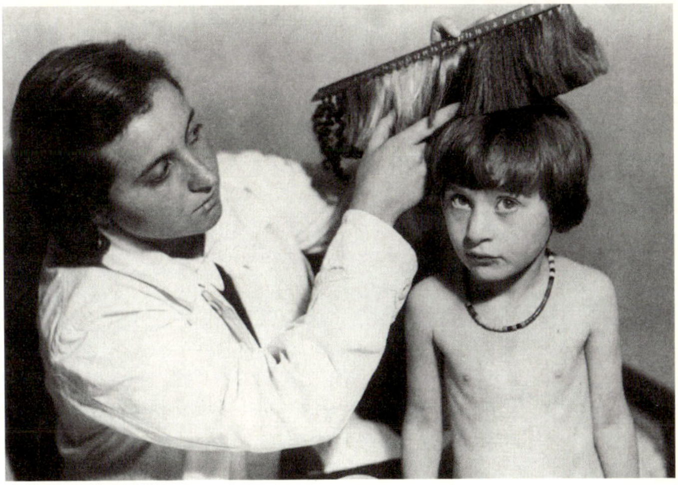

verachtenden Ideologie, die schließlich zur praktischen Politik wurde. Danach sollte es Aufgabe des Nationalsozialismus sein, der „arischen Herrenrasse"[1] in Mitteleuropa ein Machtzentrum zu schaffen. Wichtigste Voraussetzung war für Hitler die „Reinhaltung der Rasse". Da eine Rassenvermischung zur Degeneration und Schwächung der höherwertigen Rasse führe, sollte das nach seiner Auffassung kranke bzw. minderwertige Erbgut aus der „Volks- und Blutsgemeinschaft" entfernt werden (▸ M5).
Einen zentralen Bestandteil der nationalsozialistischen Ideologie bildete der Antisemitismus. Dominierten bis ins 19. Jahrhundert religiöse und wirtschaftliche Motive für die Judenfeindschaft, so traten gegen Ende des Jahrhunderts rassische Argumente in den Vordergrund, die sich auf die biologische Existenz der Juden bezogen und später in der Forderung nach der „Lösung der Judenfrage" gipfelten. Hitler sah in der Auseinandersetzung mit den Juden darüber hinaus eine „weltgeschichtliche Aufgabe": Die Juden seien ein „parasitäres Volk", das andere Völker innerlich zersetze und nach der „Weltherrschaft" strebe. Dies zu verhindern, erklärte die NS-Ideologie zur Aufgabe des *Ariers*, der dadurch zum Retter der Weltkultur werde. Durch diesen Rassenwahn unterschied sich die NSDAP von den anderen faschistischen Parteien der Zeit.

Weltmachtpläne

Der „Herrenrasse" gebühre, so Hitler, in ihrer Bedeutung für die Weltkultur angemessener Lebensraum in Europa (▸ M6). Da er zurzeit nicht vorhanden sei, müsse er durch Krieg erobert und langfristig gesichert werden. Der angestrebte Lebensraum müsse zudem genügend Ressourcen umfassen, denn die Nation der Zukunft solle wirtschaftlich unabhängig sein und sich an einer bäuerlichen Lebensweise orientieren. Auch strategische Erwägungen spielten bei Hitlers Raumdimensionierung eine wichtige Rolle: Eine Weltmacht der Zukunft brauchte in seinen Augen ein entsprechend großes Gebiet als Basis für Angriff und Verteidigung. Das Streben nach einem Großreich der „germanischen Herrenrasse" im Osten und die bedingungslose Befürwortung von Gewalt und Krieg unterschied den Nationalismus Hitlers von den herkömmlichen nationalen Ideen des Bürgertums.

---

1) Der Begriff „Arier" bezeichnet im ethnologisch-sprachwissenschaftlichen Sinne Völker der indogermanischen Sprachfamilie. Im 19. Jahrhundert wurde der Begriff im Sinne rassischer Überlegenheit der „weißen" bzw. „germanischen Rasse" umgedeutet und in der NS-Rassenideologie zum Inbegriff der überlegenen „Herrenrasse" erhoben.

Mögliche Ursachen faschistischer Mentalitäten

Umstritten bleibt die Frage, warum einzelne Länder dem Faschismus anheim fielen, während andere sich als resistent erwiesen (➧ M7). Ein Erklärungsmodell besagt, in katholisch-konservativen Ländern sei zentralistisch-hierarchisches Gedankengut leichter politisch umsetzbar gewesen als in Ländern mit demokratischer Tradition, in denen die Trennung zwischen Kirche und Staat schon früh erfolgt sei.

Die marxistische These, der Faschismus sei die letzte Ausformung des Kapitalismus vor seinem Niedergang, führte zu einer gefährlichen Unterschätzung der Diktaturen der Zwischenkriegszeit. Die enttäuschten proletarisierten Massen wandten sich – entgegen den marxistischen Prognosen – nur teilweise der Linken zu, viele strömten ins Lager der Rechten. Irrationalität und schichtenübergreifende psychologische Massenphänomene müssen bei der Frage nach den Entstehungsbedingungen faschistischer Bewegungen noch genauer untersucht und gebührend berücksichtigt werden.

Grundbegriff: Totalitarismus ⇢ Der Begriff „totalitär" wurde erstmals 1923 von liberalen italienischen Politikern verwendet, die damit den ungezügelten Machtwillen und die Unterdrückungsmechanismen des Faschismus anprangern wollten. Mussolini selbst griff die Formulierung 1925 auf und nahm sie mit einer positiven Umdeutung für seine Bewegung in Anspruch.

Heute gilt ein Staat dann als totalitär, wenn er über Gesellschaft und Individuum in allen Lebensbereichen uneingeschränkt verfügen will. Um seinen „monolithischen" Herrschaftsanspruch zu verwirklichen, muss der totalitäre Staat die Grundbestandteile einer pluralistischen Verfassungsordnung beseitigen, wie Gewaltenteilung, freie Wahlen, unabhängige Meinungsbildung. Die gesamte Staatsgewalt ist auf einen kleinen Machtkern konzentriert. Dieser vertritt eine „offizielle" Ideologie und schreckt bei der Durchsetzung seiner Maßnahmen vor propagandistischer Manipulation, Gewalt und Terror nicht zurück.

Als Musterbeispiele totalitärer Herrschaft gelten die bolschewistische Sowjetunion unter Stalin und Deutschland in der Zeit des Nationalsozialismus. Da es eine vollständige Gleichschaltung aller Lebensbereiche aber auch in diesen Diktaturen nicht gegeben hat, wird die Verwendung des Totalitarismus-Begriffs heute von vielen Forschern gänzlich abgelehnt. Seine Bedeutung mag darin bestehen, dass er zur Differenzierung zwischen bestimmten demokratisch nicht legitimierten Regierungsformen beiträgt, so beispielsweise in Abgrenzung zu autoritären Herrschaftssystemen. Letztere wollen in aller Regel nicht neue, ideologisch orientierte Werteordnungen oder einen „neuen Menschen" schaffen. Sie gewähren zwar keine politische Freiheit, belassen dem Einzelnen ansonsten aber seinen privaten Freiraum. Die Intensität des „Vernichtungswillens" gegen Oppositionelle oder ethnische Randgruppen ist deshalb deutlich geringer. „Autoritäre Herrschaft schränkt die Freiheit ein, totalitäre Herrschaft schafft die Freiheit ab" (Hannah Arendt).

1.2 Von der „Bewegung“ zur „Machtergreifung“

▲ *Plakat, vermutlich zur Volksabstimmung vom 19. August 1934 (nach dem Tod des Reichspräsidenten Paul von Hindenburg) über die Zusammenlegung des Reichspräsidenten- und des Reichskanzleramtes in der Person des „Führers und Reichskanzlers“ Adolf Hitler.*

8./9.11.1923
Der Hitler-Putsch in München scheitert

4.5.1924
Die NSDAP zieht mit 32 Mandaten in den Reichstag ein

ab 29.3.1930
Heinrich Brüning regiert als Kanzler des ersten Präsidialkabinetts mit Notverordnungen ohne parlamentarische Mehrheit

14.9.1930
„Septemberwahl“: Die radikalen Parteien erreichen einen deutlichen Stimmenzuwachs

31.7.1932
Die NSDAP wird zur stärksten Partei

30.1.1933
Hitler wird vom Reichspräsidenten zum Reichskanzler ernannt

4.2.1933
Verordnung des Reichspräsidenten „Zum Schutze des deutschen Volkes“: Die Versammlungs- und Pressefreiheit wird eingeschränkt

27.2.1933
Brand des Reichstags

5.3.1933
Bei den Reichstagswahlen verfehlt die NSDAP mit 43,9 % die erhoffte Mehrheit

23.3.1933
„Ermächtigungsgesetz“: Die Regierung Hitler erhält diktatorische Vollmacht

M1

„Nicht unser Staat“

Der sozialdemokratische Reichstagspräsident Paul Löbe (1875-1967) berichtet in seinen Lebenserinnerungen vom Stil der parlamentarischen Arbeit nach den Reichstagswahlen von 1930:

Einige Jahre konnte der Reichstag wieder ordnungsmäßig arbeiten. Als aber 1930 das deutsche Volk 107 Nationalsozialisten neben 77 Kommunisten in den Wallot-Bau[1] entsandte und 40 deutschnationale Hugenbergianer[2] ihre schützende Hand über die Nazis hielten, brach der Sturm aufs Neue los. Äußerste Rechte und äußerste Linke warfen sich die Bälle zu, unterstützten gegenseitig ihre Obstruktionsanträge[3], begleiteten die jeweiligen Schimpfkonzerte ihrer Antipoden mit tosendem Beifall und versuchten durch unsinnige und demagogische Anträge die Arbeit des Parlaments und der Regierung lahm zu legen.

Auch dort, wo es zu äußerlichen Störungen nicht kam, sorgte oft eine durchtriebene Unehrlichkeit dafür, die Volksvertretung zu diskreditieren. Bei einer Reichshaushaltsberatung stellten die Kommunisten eine Reihe von Anträgen, unsympathische Steuern und Abgaben aufzuheben oder herabzusetzen, sodass bei Annahme dieser Anträge die Reichseinnahmen von zehn Milliarden auf sechs vermindert worden wären. Bei dem Ausgabenetat kamen dann so viel populäre Anträge auf Rentenerhöhungen, Wohnhausbauten, Erweiterung des Kreises der Versorgungsberechtigten, dass die Ausgaben des Etats von zehn auf 14 Milliarden steigen mussten. Als ich den kommunistischen Wortführer fragte, woher die Mittel für eine solche Wirtschaft kommen, wie das Defizit von acht Milliarden gedeckt werden sollte, erwiderte er kaltschnäuzig, darüber könne sich ja die Regierung den Kopf zerbrechen, „es ist ja nicht unser Staat, sondern der eure“. Genauso unehrlich war die Taktik der nationalsozialistischen Fraktion. Sie beantragte, dass niemand im Reich mehr als tausend Mark Monatseinkommen beziehen sollte, dachte aber gar nicht daran, selbst diesen Grundsatz zu befolgen, sondern wollte mit solch demagogischen Anträgen nur die anderen Parteien in Verlegenheit bringen […].

Günter Schönbrunn (Bearb.), Weltkriege und Revolutionen (Geschichte in Quellen), München [5]1995, S. 249

1. *Beschreiben Sie, wie Radikale von links und rechts die parlamentarische Arbeit lahm legten.*
2. *Diskutieren Sie, welche Wirkung diese Parlamentsarbeit auf die Öffentlichkeit haben musste.*
3. *Lebenserinnerungen sind zwar aus unmittelbarem Erleben heraus geschrieben, aber meistens mit zeitlichem Abstand. Außerdem sind sie natürlich subjektiv und für einen bestimmten Adressatenkreis gedacht. Diskutieren Sie ihren Nutzen und Nachteil als historische Quelle.*

---

1) *Gemeint ist der Reichstag, den der Architekt Paul Wallot (1841-1912) entwarf.*

2) *Alfred Hugenberg (1865-1951) war Medienunternehmer, der mit seinen rechtsnationalen Produkten großen Einfluss auf die öffentliche Meinung in der Weimarer Republik ausübte; von 1928 bis 1933 war er Vorsitzender der DNVP.*

3) *Obstruktion: Verschleppung, Verhinderung*

M2

Verfassungspläne

Noch als Reichskanzler stellt der ehemalige Zentrumspolitiker Franz von Papen (1879-1969) am 12. Oktober 1932 bayerischen Industriellen folgende Pläne vor:

Wir wollen eine machtvolle und überparteiliche Staatsgewalt schaffen, die nicht als Spielball von den politischen und gesellschaftlichen Kräften hin- und hergetrieben wird, sondern über ihnen unerschütterlich steht […]. Die Reform der Verfassung muss dafür sorgen, dass eine solche machtvolle und autoritäre Regierung in die richtige Verbindung mit dem Volke gebracht wird.

An den großen Grundgesetzen […] soll man nicht rütteln, aber die Formen des politischen Lebens gilt es zu erneuern. Die Reichsregierung muss unabhängiger von den Parteien gestellt werden. Ihr Bestand darf nicht Zufallsmehrheiten ausgesetzt sein. Das Verhältnis zwischen Regierung und Volksvertretung muss so geregelt werden, dass die Regierung und nicht das Parlament die Staatsgewalt handhabt. Als Gegengewicht gegen einseitige, von Parteiinteressen herbeigeführte Beschlüsse des Reichstags bedarf Deutschland einer besonderen Ersten Kammer mit fest abgegrenzten Rechten und starker Beteiligung an der Gesetzgebung. Heute ist das einzige Korrektiv gegen das überspitzte parlamentarische System und gegen das Versagen des Reichstags die Verordnungsgewalt des Reichspräsidenten aufgrund des Artikels 48 der Reichsverfassung. Sobald aber wieder stetige und normale Verhältnisse herrschen, wird auch kein Anlass mehr sein, den Artikel 48 in der bisherigen Weise anzuwenden.

Die Reichsregierung beabsichtigt, die Verfassungsreform in engem Einvernehmen mit den Ländern durchzuführen. [...]

Die Reichsregierung hat bei ihrem Antritt als oberstes Ziel ihrer Innenpolitik die Vereinigung aller wahrhaft nationalen Kräfte proklamiert. Das Ziel bleibt unverrückbar bestehen – es muss bestehen bleiben – um Deutschlands willen – auch wenn die Wege heute auseinander führen. Nichts kann das Vertrauen in den Aufstieg der Nation mehr hindern als die Unstabilität der politischen Verhältnisse, als Regierungen, die nur Treibholz sind auf den Wellen der Partei und abhängig von jeder Strömung. Diese Art der Staatsführung der Parteiarithmetik ist im Urteil des Volkes erledigt.

Heinz Hürten (Hrsg.), Weimarer Republik und Drittes Reich 1918-1945 (Deutsche Geschichte in Quellen und Darstellung, Band 9), Stuttgart 1995, S. 132 ff.

1. *Wie begründet von Papen seine Pläne?*
2. *Erörtern Sie, welche von ihm geplanten Verfassungsänderungen mit dem Grundgesetz nicht vereinbar wären.*

M3

„Mitreißen zu bejahender Kraft"

Obwohl die NSDAP in den Novemberwahlen 1932 deutliche Stimmenverluste hinnehmen muss, legen Mitte November führende Persönlichkeiten aus Wirtschaft und Industrie sowie aus großagrarischen Kreisen dem Reichspräsidenten von Hindenburg folgende Bitte vor:

Der Ausgang der Reichstagswahl vom 6. November d. J. hat gezeigt, dass das derzeitige Kabinett [...] für den von ihm eingeschlagenen Weg keine ausreichende Stütze im deutschen Volk gefunden hat, dass aber das von Eurer Exzellenz gezeigte Ziel eine volle Mehrheit im deutschen Volke besitzt, wenn man – wie es geschehen muss – von der staatsverneinenden kommunistischen Partei absieht. Gegen das bisherige parlamentarische Parteiregime sind nicht nur die Deutschnationale Volkspartei und die ihr nahe stehenden kleineren Gruppen, sondern auch die Nationalsozialistische Deutsche Arbeiterpartei grundsätzlich eingestellt und haben damit das Ziel Eurer Exzellenz bejaht. [...] Es ist klar, dass eine des Öfteren wiederholte Reichstagsauflösung mit sich häufenden, den Parteikampf immer weiter zuspitzenden Neuwahlen nicht nur einer politischen, sondern auch jeder wirtschaftlichen Beruhigung und Festigung entgegenwirken muss. Es ist aber auch klar, dass jede Verfassungsänderung, die nicht von breitester Volksströmung getragen ist, noch schlimmere wirtschaftliche, politische und seelische Wirkungen auslösen wird. [...]

Wir bekennen uns frei von jeder engen parteipolitischen Einstellung. Wir erkennen in der nationalen Bewegung, die durch unser Volk geht, den verheißungsvollen Beginn einer Zeit, die durch Überwindung des Klassengegensatzes die unerlässliche Grundlage für einen Wiederaufstieg der deutschen Wirtschaft erst schafft. Wir wissen, dass dieser Aufstieg noch viele Opfer erfordert. Wir glauben, dass diese Opfer nur dann willig gebracht werden können, wenn die größte Gruppe dieser nationalen Bewegung führend an der Regierung beteiligt wird.

Die Übertragung der verantwortlichen Leitung eines mit den besten sachlichen und persönlichen Kräften ausgestatteten Präsidialkabinetts an den Führer der größten nationalen Gruppe wird die Schlacken und Fehler, die jeder Massenbewegung notgedrungen anhaften, ausmerzen und Millionen Menschen, die heute abseits stehen, zu bejahender Kraft mitreißen.

Wolfgang Michalka und Gottfried Niedhart (Hrsg.), Deutsche Geschichte 1918-1933, Frankfurt am Main 2002, S. 224 f.

Analysieren und bewerten Sie die Argumente, mit denen die Unterzeichneten für eine Berufung Hitlers als Reichskanzler eintreten.

→ Ziel: wollen implizit Hitler als Reichskanzler

▲ *Nationalsozialistisches Wahlplakat von 1932.*
- *Was suggeriert das Plakat den (möglichen) Wählerinnen und Wählern?*
- *Wen wollen die Nationalsozialisten erreichen, wen erreichen sie tatsächlich? Vergleichen Sie mit M4 und M5.*

M4
Wer wählte Hitler?

Die soziale Zusammensetzung der NSDAP-Wählerschaft nach Berufsgruppen, unabhängig von einer tatsächlichen Erwerbstätigkeit:

	1928	1930	1932[1]	1932[2]	1933	Alle[3]
Selbstständige/ Mithelfende	26	27	31	30	31	24
Angestellte/ Beamte	12	13	11	12	12	15
Arbeiter	30	26	25	26	26	32
Berufslose[4]	13	17	17	17	16	13
Hausfrauen etc.	17	17	16	16	16	17
Alle[5]	98	100	100	100	101	101

Nach: Jürgen Falter, Hitlers Wähler, München 1991, S. 288

M5
Die nationalsozialistischen Hochburgen

Vergleicht man die Sozialstruktur jener Kreise, in denen die NSDAP bei der Reichstagswahl im November 1932 deutlich überdurchschnittlich viele Stimmen bekam, mit der Sozialstruktur des Deutschen Reiches insgesamt, ergeben sich aussagekräftige Abweichungen.
(Die erste Zeile ist dabei wie folgt zu lesen: Während in den nationalsozialistischen Hochburgen durchschnittlich 9 Prozent der Einwohner katholisch waren, lag der Anteil der Katholiken im gesamten Deutschen Reich bei 32 Prozent.)

	NSDAP-Hochburgen	Reich
Katholiken	9	32
Stadtbewohner	22	54
in der Landwirtschaft tätig	51	31
in der Industrie tätig	31	41
Selbstständige, mithelfende Angehörige	41	28
Beamte	3	4
Angestellte	5	12
Arbeiter	26	27
arbeitslose Angestellte	1	2
arbeitslose Arbeiter	9	13

Nach: Jürgen Falter, a. a. O., S. 353

1. *Analysieren Sie den jeweiligen Anteil der Berufsgruppen an der Gesamtstimmenzahl der NSDAP in M4.*
2. *Zeigen Sie Trends zwischen 1928 und 1933 auf.*
3. *Analysieren und interpretieren Sie die Abweichungen zwischen den NSDAP-Hochburgen und dem Reichsdurchschnitt in M5.*
4. *Vergleichen Sie die Ergebnisse von M4 und M5. Diskutieren Sie, ob die NSDAP-Wählerschaft nur einzelne Bevölkerungsgruppen des Deutschen Reiches repräsentiert.*

---
1) *Reichstagswahlen vom 31. Juli 1932*
2) *Reichstagswahlen vom 6. November 1932*
3) *Anteil der Berufsgruppe an allen Wahlberechtigten*
4) *davon ca. 90 % Rentner und Pensionäre (1933)*
5) *Summe der NSDAP-Wähler in dem jeweiligen Jahr; Abweichungen von 100 sind die Folge von Rundungsfehlern*

M6

Verordnung „Zum Schutz von Volk und Staat“ und „Ermächtigungsgesetz“

Am 28. Februar 1933, einen Tag nach dem Reichstagsbrand, erlässt Reichspräsident Paul von Hindenburg eine Verordnung „Zum Schutz von Volk und Staat“. Aufgrund des Artikels 48, Absatz 2 der Reichsverfassung wird zur Abwehr kommunistischer staatsgefährdender Gewaltakte Folgendes verordnet:

§ 1. Die Art. 114, 115, 117, 118, 123, 124 und 153 der Verfassung des Deutschen Reiches werden bis auf weiteres außer Kraft gesetzt. Es sind daher Beschränkungen der persönlichen Freiheit, des Rechts der freien Meinungsäußerung einschließlich der Pressefreiheit, des Vereins- und Versammlungsrechts, Eingriffe in das Brief-, Post-, Telegrafen- und Fernsprechgeheimnis, Anordnungen von Haussuchungen und von Beschlagnahmen sowie Beschränkungen des Eigentums auch außerhalb der sonst hierfür bestimmten gesetzlichen Grenze zulässig.
§ 2. Werden in einem Lande die zur Wiederherstellung der öffentlichen Sicherheit und Ordnung nötigen Maßnahmen nicht getroffen, so kann die Reichsregierung insoweit die Befugnisse der obersten Landesbehörde vorübergehend wahrnehmen.

Das folgende „Gesetz zur Behebung der Not von Volk und Reich“ (das sogenannte „Ermächtigungsgesetz“) vom 23. März 1933 stellt zusammen mit der Verordnung „Zum Schutz von Volk und Staat“ die verfassungsrechtliche Grundlage des NS-Staates dar:

Art. 1: Reichsgesetze können außer in dem in der Reichsverfassung vorgesehenen Verfahren auch durch die Reichsregierung beschlossen werden. […]
Art. 2: Die von der Reichsregierung beschlossenen Reichsgesetze können von der Reichsverfassung abweichen, soweit sie nicht die Einrichtung des Reichstages und des Reichsrates als solche zum Gegenstand haben. Die Rechte des Reichspräsidenten bleiben unberührt.
Art. 3: Die von der Reichsregierung beschlossenen Reichsgesetze werden vom Reichskanzler ausgefertigt und im Reichsgesetzblatt verkündet. Sie treten, soweit sie nichts anderes bestimmen, mit dem auf die Verkündung folgenden Tag in Kraft. Die Art. 68-77 der Reichsverfassung finden auf die von der Reichsregierung beschlossenen Gesetze keine Anwendung.[1)]
Art. 4: Verträge des Reiches mit fremden Staaten, die sich auf Gegenstände der Reichsgesetzgebung beziehen, bedürfen für die Dauer der Geltung dieses Gesetzes nicht der Zustimmung der an der Gesetzgebung beteiligten Körperschaften. Die Reichsregierung erlässt die zur Durchführung dieser Verträge erforderlichen Vorschriften.

Walther Hofer (Hrsg.), Der Nationalsozialismus. Dokumente 1933–1945, Frankfurt am Main [49]2004, S. 53 und 57

▲ *„Göring – der Henker des Dritten Reichs“, Fotomontage von John Heartfield (1891-1968) für die sozialistische „Arbeiter Illustrierte Zeitung“, 1933. Hermann Göring (1893-1946, Selbstmord) war seit 1933 Reichsminister und preußischer Ministerpräsident.*

1. *Erörtern Sie, welche Konsequenzen die Verordnung „Zum Schutz von Volk und Staat“ und das „Ermächtigungsgesetz“ für den politischen Alltag haben mussten.*
2. *Überlegen Sie, welche Möglichkeiten der Opposition und der Gewaltenkontrolle zu diesem Zeitpunkt noch gegeben waren.*

---
1) Geregelt war hier das übliche Verfahren der Gesetzgebung.

Attacken auf die Republik

Die Weimarer Republik hatte von Anfang an mit vielen Problemen zu kämpfen. Außenpolitisch ging es darum, sich schrittweise wieder eine unabhängige und akzeptierte Position in der Staatengemeinschaft zu verschaffen. Innenpolitisch musste sie sich mit gravierenden wirtschaftlichen und sozialen Problemen auseinandersetzen. Die Staatsfinanzen waren durch die Reparationszahlungen belastet, die Industrie war infolge des Krieges und der Weltwirtschaftskrise von 1929 geschwächt. Steigende Inflation und Arbeitslosigkeit ließen die Unzufriedenheit mit der Republik in der breiten Bevölkerung weiter anwachsen. Viele Deutsche hatten die neue Staatsform von Beginn an innerlich nicht akzeptiert und trauerten der Monarchie und der Zeit der „nationalen Größe" hinterher.

Extreme Linke und Rechte bekämpften mit allen Mitteln den Parlamentarismus. In den ersten Jahren der Republik häuften sich Attentate radikaler Rechter auf die „Erfüllungspolitiker". Eine rechtsextreme Gruppe um General *Erich Ludendorff* und *Wolfgang Kapp* sammelte unzufriedene ehemalige Soldaten um sich, die vom 13. bis 16. März 1920 einen Umsturzversuch unternahm (*Kapp-Putsch*), bei dem sich die Reichswehr weigerte, zum Schutz des Staates einzuschreiten.

Insbesondere München wurde zu einem Sammelbecken der rechten Kräfte in Deutschland. Eine der auffälligsten Gruppen war die NSDAP unter ihrem Vorsitzenden Adolf Hitler. 1919 war er der kurz zuvor in München gegründeten *Deutschen Arbeiterpartei (DAP)* beigetreten, die sich 1920 in NSDAP umbenannte. Mit gehässigen Reden gegen die Republik und maßloser Hetze gegen die Juden machte Hitler die Partei bald zum Tagesgespräch in München. Im Herbst 1923 wollte Hitler den schon länger geplanten „Marsch nach Berlin" durchführen und erklärte bei einer republikfeindlichen Veranstaltung am 8. November 1923 im Münchener Bürgerbräukeller den Ausbruch der „nationalen Revolution" und die Absetzung der Reichsregierung. Am folgenden Tag unternahm er gemeinsam mit General Ludendorff einen Demonstrationszug zur Feldherrnhalle, um die Bevölkerung für seine Umsturzpläne zu gewinnen (*Hitler-Putsch*). Doch die Landespolizei stoppte den Zug und verhaftete die Verantwortlichen. Hitler erhielt fünf Jahre Festungshaft in Landsberg, wurde jedoch bereits nach neun Monaten wieder entlassen.

Nach seiner Haftzeit änderte Hitler nicht sein Ziel, sondern nur die Taktik: 1925 gründete er die NSDAP unter seiner uneingeschränkten Führerschaft neu und versuchte nun durch die Schaffung einer Massenbasis die Regierung auf legalem Wege zu übernehmen.

Regieren ohne Mehrheit – die Präsidialkabinette

Am Streit um die Festlegung des Beitragssatzes zur Arbeitslosenversicherung scheiterte am 27. März 1930 die letzte von einer parlamentarischen Mehrheit getragene Regierung, die *Große Koalition* aus Sozialdemokratischer Partei Deutschlands (SPD), Zentrum, Deutscher Demokratischer Partei (DDP), Deutscher Volkspartei (DVP) und Bayerischer Volkspartei (BVP) unter Reichskanzler *Hermann Müller* (SPD).

Als es den Parteien nicht mehr gelang, regierungsfähige Mehrheiten zu bilden (▸ M1), dachte man in der rechtskonservativen Umgebung des seit 1925 amtierenden Reichspräsidenten *Paul von Hindenburg* zunehmend an andere, außerparlamentarische Lösungen zur Bewältigung der ständigen Krisen (▸ M2). Eine Regierungsbil-

dung neuen Stils sollte die alten Eliten wieder an die Macht bringen. Eine der treibenden Kräfte war General *Kurt von Schleicher*, Chef des Ministeramtes im Reichswehrministerium. Er schlug Hindenburg vor, eine nach rechts orientierte bürgerliche Regierung zu ernennen, die nur dem Reichspräsidenten verantwortlich sein sollte (*Präsidialkabinett*). Der Präsident sollte dabei die Handlungsfähigkeit des Kabinetts durch Einsatz der Verfassungsartikel 48 (Notverordnungsrecht) und 25 (Reichstagsauflösung) sicherstellen. Hindenburg stimmte zu und ernannte am 29. März 1930 *Heinrich Brüning* zum Reichskanzler.
Brüning nahm mit einer rigiden Sparpolitik die hohe Arbeitslosigkeit und das Elend großer Bevölkerungsteile in Kauf, um den Alliierten die Unerfüllbarkeit ihrer Reparationsforderungen deutlich vor Augen zu führen. Gehaltskürzungen im öffentlichen Dienst, Leistungsabbau im sozialpolitischen Bereich und Steuererhöhungen führten allerdings dazu, dass die Kaufkraft der Bevölkerung sank und die Einnahmen des Staates weiter zurückgingen.
Als sich der Reichstag im Juli 1930 weigerte, einem Bündel neuer einschneidender sozialpolitischer Maßnahmen der Regierung zuzustimmen, löste ihn der Reichspräsident auf und setzte für den 14. September Neuwahlen fest.

▲ *„Der Reichstag wird eingesargt", Collage von John Heartfield zum 30. August 1932.*
- *Wofür steht bei John Heartfield der Reichstag?*
- *Begründen Sie, warum der Künstler die SPD ins Blickfeld rückt.*
- *Ziehen Sie die Fotomontage auf S. 23 hinzu und analysieren Sie, inwiefern die beiden Abbildungen die Haltung Heartfields gegenüber der politischen Entwicklung zum Ausdruck bringen.*

Die Krise der Demokratie

Die radikalen Parteien führten einen Wahlkampf, wie man ihn bisher in Deutschland noch nicht erlebt hatte. Mit ihren nationalistisch-antisemitischen Parolen mobilisierte die NSDAP viele Bürger, die zwei Jahre vorher noch nicht gewählt hatten. Ihr Stimmenanteil wuchs von 800 000 (1928) auf nun 6,4 Millionen. Dies machte sie hinter der SPD zur zweitstärksten Fraktion im Reichstag.
Nach den „Erbitterungswahlen" von 1930 war im Reichstag eine parlamentarische Mehrheitsbildung erst recht erschwert. Aber da die SPD aus der begründeten Furcht vor einer weiteren Radikalisierung des Wählerwillens heraus Brünings Kurs unterstützte, konnte dieser seine Notverordnungspraxis vorläufig fortsetzen. Während der Reichstag 1930 immerhin noch 94 Sitzungen abhielt, sank die Zahl bis 1932 auf nur noch 13! Waren es 1930 noch 98 Gesetze, die der Reichstag verabschiedete, so blieben 1932 gerade noch fünf. Im Gegenzug dazu schnellte die Anzahl der Notverordnungen von fünf (1930) auf 66 (1932) hoch.

Politische Grundorientierung im deutschen Parteienspektrum 1928–1933[1)]

	1928	1930	1932/1	1932/2	1933
Autoritäres Lager (NSDAP, DVP, DNVP[2)])	16	30	45	42	55
Demokratisches Lager (SPD, DDP, Zentrum, DVP)	49	43	38	36	33
Linkes Lager (KPD[3)])	11	13	14	17	12
Splitterparteien	14	14	3	5	–

Nach: Hans-Ulrich Wehler, Deutsche Gesellschaftsgeschichte, Bd. 4, München 2003, S. 359

Der Weg in die Diktatur

Brüning verlor zunehmend das Vertrauen Hindenburgs und trat deshalb Ende Mai 1932 zurück.
Franz von Papen bildete ein neues Kabinett, in dem von elf Ministern sieben adelig waren (*Kabinett der Barone*). Der Reichstag wurde am 4. Juni aufgelöst, die im April 1932 verbotene *Sturmabteilung (SA)*[4)] wieder zugelassen und Neuwahlen für den 31. Juli ausgeschrieben. Hitler verweigerte auch dieser Regierung die Zusammenarbeit und attackierte sie schonungslos.
Die Wahlen brachten der NSDAP einen sensationellen Erfolg. Sie verdoppelte ihre Mandatszahl und wurde stärkste Fraktion. Nach diesem Wahlerfolg forderte Hitler für sich das Amt des Reichskanzlers. Hindenburg lehnte ab.
Gleich in der ersten Sitzung des neu gewählten Reichstags am 30. August sprach eine deutliche Mehrheit Papen das Misstrauen aus (512 gegen 42). Trotz dieser vernichtenden parlamentarischen Niederlage blieb er im Amt und löste den Reichstag am 12. September erneut auf. Am 6. November fanden Neuwahlen statt. Die KPD konnte wiederum ihren Stimmenanteil steigern, während die NSDAP überraschend zwei Millionen Wähler verlor. Hitler wusste, dass ihm nicht mehr viel Zeit blieb, sein Ziel zu erreichen, da sich die Wirtschaftslage allmählich besserte, die Arbeitslosigkeit zurückging und damit viele nationalsozialistische Parolen gegenstandslos wurden.
Als von Papen zur Überwindung der parlamentarischen Blockade durch die antidemokratischen Parteien den Staatsnotstand auszurufen beabsichtigte, wurde er von Hindenburg am 3. Dezember entlassen. Von Papens Nachfolger, General von Schleicher, wollte mit einem „sozialen" Programm neue Arbeitsplätze schaffen. Er scheiterte, weil ihm die Gewerkschaften und die SPD ihre Unterstützung versagten.
Reichspräsident von Hindenburg wurde nun von seinem engsten Beraterkreis, von führenden Unternehmern aus Wirtschaft und Industrie und vor allem durch von Papen bedrängt, Hitler zum Reichskanzler zu ernennen (➧ M3). Für von Papen war der Vizekanzlerposten vorgesehen. Zusammen mit den anderen konservativen Ministern glaubte er, die drei Nationalsozialisten – Hitler als Reichskanzler, *Wilhelm Frick* als Reichsinnenminister und *Hermann Göring* als preußischer Innenminister – ausreichend „eingerahmt" zu haben. Am 28. Januar 1933 trat von Schleicher zurück und der Reichspräsident ernannte zwei Tage später Hitler zum Kanzler.

---

1) *Zu den Wahlergebnissen von 1919 bis 1933 vgl. die letzten beiden Seiten in diesem Band.*
2) *Deutschnationale Volkspartei*
3) *Kommunistische Partei Deutschlands*
4) *seit 1921 aus Freiwilligen gebildete militärisch organisierte und uniformierte Kampf- und Schutztruppe der NSDAP*

Mitglieder und Wähler der NSDAP

Als sich die NSDAP 1920 ihr Parteiprogramm gegeben hatte, war sie eine unter zahllosen radikalen Splitterparteien. Zum Zeitpunkt der „Machtergreifung" im Januar 1933 war die Zahl ihrer Mitglieder auf 849 000 angewachsen, bei Kriegsende 1945 lag sie bei rund sechs Millionen. Diejenigen, die in den Zwanzigerjahren der Partei beitraten, stammten vor allem aus der unteren Mittelschicht, waren Handwerker, Gewerbetreibende und Angestellte. Daneben wuchs aber auch der Anteil der Arbeiter, vor allem der Heim- und Landarbeiter, erheblich an. Seit 1930 traten dann ebenso Angehörige der oberen Mittelschicht der „Bewegung" bei. Agrarkrise und Depression trieben selbstständige Bauern und kleine Geschäftsleute sowie die Beamten und Angestellten der neuen Mittelschicht in die Reihen der NSDAP (▶ M4). Die alten Eliten und Kreise der Großindustrie blieben überwiegend reserviert. Sie neigten eher zu einer autoritären Regierung im Stile der letzten Weimarer Präsidialkabinette.
Das Mitgliederprofil der NSDAP entsprach weitgehend dem anderer faschistischer Parteien in Europa. Der Anteil der Frauen war sehr gering, denn die Partei, militaristisch, wie sie sich gab, glich eher einem „Männerbund". Auffallend war die Dominanz der jungen Generation. Viele Mitglieder hatten daher noch keine feste Anstellung. Jugendlichkeit und Dynamik zählten zu den Charakteristika der NSDAP, auf deren Betonung sie großen Wert legte.
Erst als die NSDAP ihre Macht im Staat gefestigt hatte, setzte der große Ansturm all derer auf die Hitlerpartei ein, die sich in Politik, Verwaltung und Gesellschaft eine angesehene oder zumindest gesicherte Position versprachen, wenn sie ihre Zugehörigkeit zum neuen Regime dokumentierten. Auch Industrie und Großfinanz waren schnell darauf bedacht, sich mit dem Regime zu arrangieren, zumal ein starker Staat und die Beseitigung einer selbstständigen Gewerkschaftsbewegung der Wirtschaft günstige Rahmenbedingungen verhießen.

Was machte die NSDAP attraktiv?

Stand die erste Generation der „alten Kämpfer" noch unter dem Eindruck von Schützengraben und der „nationalen Schande" eines verlorenen Krieges, so suchte die nachfolgende Generation die Geschlossenheit einer Gemeinschaft, die scheinbar stark genug war, durch Protest gegen die bestehende Ordnung die Welt nach ihrer Vorstellung neu zu gestalten.
Die Furcht vor dem sozialen Abstieg, vor dem die etablierten Parteien nicht zu schützen schienen, einte Menschen ganz unterschiedlicher Herkunft. Viele waren auf der Suche nach einem „dritten Weg" zwischen Kapitalismus und Sozialismus. Dies gilt vor allem für Angehörige des Mittelstandes, die sich durch linke Bewegungen in ihrem Selbstverständnis bedroht sahen.
Außerdem zogen Tatkraft und Durchsetzungsvermögen der NSDAP Mitglieder und Wähler an, in protestantischen Gebieten mehr als in katholischen, in Kleinstädten bzw. ländlichen Gebieten eher als in Großstädten (▶ M5). Emotionale Bezüge wie „Ehre, Größe, Heroismus, Opferbereitschaft, Hingabe", nicht wirtschaftliche Versprechungen führten der „Bewegung" ihre Wähler und Sympathisanten zu. Viele von ihnen wollten mit ihrem Wahlverhalten nur ihre Unzufriedenheit mit den gegenwärtigen Verhältnissen ausdrücken. Dies erklärt auch die starken Schwankungen der NSDAP in der Gunst der Wähler.

„Führer in ein neues Zeitalter“

Als Hitler am 30. Januar 1933 von Reichspräsident Hindenburg zum Reichskanzler ernannt wurde, schien sich rein äußerlich nichts Wesentliches an der bisherigen politischen Situation geändert zu haben: Hitler war Chef eines Präsidialkabinetts wie seine drei unmittelbaren Amtsvorgänger. Der „Führer“ und seine Partei feierten die Berufung in die Regierungsverantwortung jedoch als „Machtergreifung“ und „nationale Revolution“. Die Fackelzüge, die am Abend des 30. Januar in Berlin und vielen Städten Deutschlands von der NSDAP unter Beteiligung konservativer Kräfte inszeniert wurden, huldigten nicht einem weiteren Kanzler der Republik, sondern dem „Führer in ein neues Zeitalter“.
Die neue Regierung besaß keine Mehrheit im Reichstag. Hitler ließ dennoch Koalitionsverhandlungen, die ihm eine Majorität hätten sichern können, bewusst scheitern. Stattdessen wurden der Reichstag aufgelöst und Wahlen zum 5. März anberaumt. Die parlamentsfreie Atempause wollte Hitler nutzen, um mithilfe von Notverordnungen vollendete Tatsachen zu schaffen und die Wähler massiv zu beeinflussen, denn die Erreichung der absoluten Mehrheit schien für die NSDAP in greifbare Nähe gerückt.

Der Reichstagsbrand und seine Folgen

Am 27. Februar, eine Woche vor der Wahl, brannte der Reichstag in Berlin. Der am Tatort festgenommene Holländer *Marinus van der Lubbe* schien den Beweis zu liefern, dass die kommunistische Bewegung die Brandstiftung als Fanal zu einem Umsturz benutzen wollte. Die genauen Hintergründe des *Reichstagsbrandes* sind bis heute noch nicht einwandfrei geklärt, aber die meisten Historiker gehen inzwischen von einer Alleintäterschaft van der Lubbes aus. Sofort veranlasste Hitler die Verhaftung von 4 000 kommunistischen Abgeordneten und Funktionären sowie das Verbot der kommunistischen und sozialdemokratischen Presse. Die von Hindenburg am 28. Februar 1933 erlassene *Verordnung zum Schutz von Volk und Staat* schuf dazu die rechtlichen Voraussetzungen, die Grundrechte außer Kraft zu setzen (▸ M6).
Trotz massiver Behinderung der anderen Parteien und eines pausenlosen Propagandaaufwands war das Wahlergebnis des 5. März für die NSDAP enttäuschend. Sie verfehlte mit 43,9 Prozent der abgegebenen Stimmen klar die erhoffte absolute Mehrheit.
Am 21. März wurde der Reichstag in der Garnisonkirche zu Potsdam mit einem Staatsakt eröffnet. Zwei Tage nach dem *Tag von Potsdam* legte Hitler den Abgeordneten ein „Gesetz zur Behebung der Not von Volk und Reich“, das sogenannte *Ermächtigungsgesetz*, zur Abstimmung vor. Obwohl NSDAP und DNVP eine handlungsfähige Mehrheit im Reichstag bildeten, sollte der Regierung – zunächst auf vier Jahre – das Recht eingeräumt werden, Gesetze ohne Mitwirkung von Reichstag und Reichsrat zu erlassen. Parlamentarismus und Gewaltenteilung wurden damit praktisch aufgehoben, alle Staatsgewalt konzentrierte sich auf die Exekutive. Da die Gesetze auch inhaltlich von der Verfassung abweichen konnten, waren die Grundpfeiler der Staatsordnung von Weimar ausgehöhlt.
Die Vertreter der bürgerlichen Parteien gaben eingeschüchtert nach, in der Hoffnung, Schlimmeres zu verhüten und durch ihr Entgegenkommen später Einfluss auf die Durchführung des Gesetzes nehmen zu können. Nur die SPD – die Kommunisten waren schon ausgeschaltet – verweigerte ihre Zustimmung, ohne die notwendige Zweidrittelmehrheit verhindern zu können. Auch der Reichsrat ließ das Gesetz ohne Einwand passieren.

1.3 „Gleichschaltung“ und Führungschaos

31. 3. 1933
Ein vorläufiges Gesetz schaltet die Länder mit dem Reich gleich

7. 4. 1933
Das „Gesetz zur Wiederherstellung des Berufsbeamtentums“ schließt politisch „unzuverlässige Elemente“ und Juden vom Staatsdienst aus

22. 6. –5. 7. 1933
Alle übrigen Parteien werden verboten bzw. zur Selbstauflösung gezwungen

30. 1. 1934
„Gesetz über den Neuaufbau des Reiches“: die Länderparlamente werden aufgehoben, und die Hoheitsrechte der Länder fallen an das Reich

1. 12. 1936
Die Hitler-Jugend (HJ) wird per Gesetz zur „Staatsjugend“ erhoben; ab 1939 ist die Mitgliedschaft vom zehnten Lebensjahr an Pflicht

▲ *„Erntedankfest“ auf dem Bückeberg in Niedersachsen; Hitler sprach hier am 30. September 1934 vor 700 000 Bauern. Das Foto stammt von dem Fotografen Heinrich Hoffmann, der seit den 1920er-Jahren für Hitler arbeitete und dessen Bilder nahezu Exklusivrechte besaßen. Bis 1945 wurden ca. 2,5 Mio. Exemplare seiner Hitler-Fotos verbreitet.*

▲ *Szene einer Reichstagssitzung 1935 nach einer Hitlerrede.*
● *Der Volksmund nannte den Reichstag seit 1933 „Reichsgesangverein". Warum?*

M1

„Gemeinnutz geht vor Eigennutz"

Der Braunschweiger Stadtbaurat und langjährige stellvertretende Oberbürgermeister von Braunschweig, Karl Gebensleben (1871-1936), schreibt am 25. Mai 1933 seiner Tochter:

Wir freuen uns ja so auf euren Besuch. Die Vorbereitungen sind schon im Gange. Nun, du wirst dich wundern, wie anders manches geworden ist. Eine straffe Disziplin in allen Orten und Stellen des öffentlichen Lebens und der Wirtschaft. Das allein maßgebliche Führerprinzip ist überall durchgeführt. Da gibt es keinen Parlamentarismus mehr, keine Kompromisse. Alles hat dem Führer und den Führern zu folgen. Die Gleichschaltung bis in die kleinsten Stellen ist reibungslos durchgeführt. Das ist sicher von größtem Werte, um die radikale Umstellung durchzusetzen. Mit der Zeit wird allerdings eine dem gleichen Ziele zustrebende Opposition nach dem Vorbild des englischen Parlamentarismus mit zugelassen werden können. Das muss die Zeit uns lehren.

Am Freitag voriger Woche wurden Mutti und ich in die NSDAP aufgenommen und mit uns eine größere Zahl von Prominenten (Minister, Präsidenten, Adelige und ehemalige Führer der Deutschnationalen usw.). Durch Handschlag wurden wir verpflichtet, dem Führer unbedingt Gefolgschaft zu leisten. In der Stadtverordnetensitzung am Montag waren nicht nur die ganzen Stadtverordneten, sondern auch der gesamte Rat im Braunhemd erschienen – eine geschlossene Einheit. So geschlossen ist die Einheit, dass in Zukunft 90% aller Ratsanträge gar nicht in der Stadtverordnetensitzung mehr beraten zu werden brauchen, sondern in einem kleinen Ausschuss erledigt werden. Dadurch wird Kraft und Zeit zu nutzbringender Arbeit geschaffen. So hat also euer „alter" Vati sich auch Braunhemd, Schirmmütze, Riemen, Schlips und Parteizeichen schleunigst beschaffen müssen. Mutti meinte, die Uniform stände mir großartig und mache mich

Jahrzehnte (?) jünger!!! Oh!!! Ja, ja, [...] wenn mir das jemand früher gesagt hätte! Aber es ist doch ein erhebendes Gefühl, wie durch die Disziplin jeder sich anstrengt, das Beste für das Vaterland zu tun – streng nach dem Leitsatz *Gemeinnutz geht vor Eigennutz.*

Hedda Kalshoven, Ich denk so viel an Euch. Ein deutsch-holländischer Briefwechsel 1920-1949, München 1995, S. 202

Erläutern und kommentieren Sie, wie der Kommunalpolitiker Gebensleben den politischen Wandel erlebt und „bewältigt".

M2

„Gleichschaltung" im Alltag

Ernst Niekisch (1889-1967), der 1939 wegen „literarischen Hochverrats" zu einer lebenslänglichen Zuchthausstrafe verurteilt wird, beschreibt und interpretiert um 1935 die tief greifenden Veränderungen in der Gesellschaft:

Ein Taumel der „Gleichschaltung" erfasste das ganze Volk. Alle öffentlichen und privaten Einrichtungen, Organisationen und Korporationen, alle wirtschaftlichen Betriebe und kulturellen Gesellschaften, alle Verbände und Vereine „schalteten sich gleich". Zweck der Gleichschaltung war die Herstellung der „Volksgemeinschaft". Die „Volksgemeinschaft" ist kein gesellschaftlicher Ordnungszustand höherer Art. Nirgends trügt der Schein mehr, als er hier es tut. [...] in der „Volksgemeinschaft" soll das ganze Volk auf die formlos chaotische Existenzweise menschlichen Abschaums heruntergebracht werden. Sinn und Inhalt der Volksgemeinschaft ist lediglich die Solidarität des lumpenproletarischen Gesindels.
Irgendwelche untergeordneten Organe oder Angestellte zogen plötzlich ihr nationalsozialistisches Mitgliedsbuch, das sie bisher sorgfältig verborgen gehabt hatten, aus der Tasche und trumpften damit auf; zuweilen war es der Portier, der sich überraschend als Vertrauensmann der nationalen Revolution entpuppte und sich über Nacht zum wichtigsten und ersten Mann emporschwang. Das Mitgliedsbuch und das braune Hemd waren Ausweise, durch welche sich die Inhaber befugt hielten, nach den Zügeln zu greifen und die Leitung zu übernehmen. [...]
Der Punkt, an dem der Hebel ansetzt, welcher den Menschen gleichschaltet, ist die Existenzfrage. Wenn der Mann nicht richtig liegt, bekommt er kein Futter mehr. Unverhüllter wurde noch niemals auf den Magen gedrückt, um die richtige Gesinnung herauszupressen. Der Beamte zitterte um Gehalt und Versorgung: Das „Gesetz zur Wiederherstellung des Berufsbeamtentums" brachte den festen Turm seiner „wohlerworbenen Rechte" zum Einsturz. [...] Die nationalsozialistische Empörung über marxistische „Parteibuchbeamte" entlarvte sich als purer Brotneid; die „Wiederherstellung des Berufsbeamtentums" bestand darin, alle Ämter mit nationalsozialistischen Parteibuchbeamten zu überschwemmen. Die bürokratische Gleichschaltung war eine groß angelegte Veranstaltung allgemeiner „Umbonzung".
Angestellten und Arbeitern erging es nicht besser; sie verloren die Arbeitsplätze, wenn ihr Eifer der Gleichschaltung enttäuschte. Entzog sich ein Arbeiter dem anbefohlenen Aufmarsch, wurde er fristlos entlassen: Er war als „Staatsfeind" nicht würdig, wirtschaftlich geborgen zu sein. Der Organisationszwang, dem die Angehörigen der freien Berufe, Gewerbetreibenden, Handwerker, Kaufleute, Unternehmer unterlagen, bot Handhaben, sie zu maßregeln; wurden sie aus ihrer „Berufskammer" entfernt, war ihnen das Recht auf Berufsausübung genommen; sie waren brotlos und ins wirtschaftliche Nichts verstoßen. Die nationalsozialistische Weltanschauung zog ihre überzeugende Kraft aus der Sorge um den Futterplatz; weil der nationalsozialistische Herr den Brotkorb monopolisiert hatte, sang jedermann sein Lied.

Ernst Niekisch, Das Reich der niederen Dämonen, Hamburg 1953, S. 131-135

1. *Wie definiert Niekisch den Begriff „Gleichschaltung"?*
2. *Erläutern Sie die Gründe dafür, dass die „Gleichschaltung" nach Meinung des Autors so reibungslos verlief.*
3. *Analysieren Sie auf der Basis von Niekischs Erörterung Anspruch und Wirklichkeit der nationalsozialistischen „Volksgemeinschaft".*

M3
Der Weg des „gleichgeschalteten" Staatsbürgers

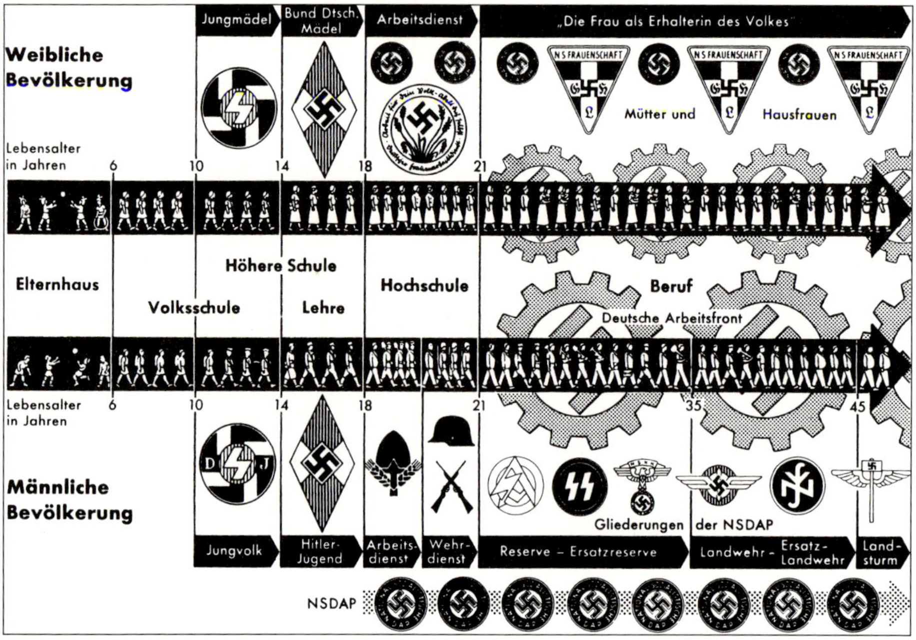

1. *Erläutern Sie anhand der Grafik den Weg des „gleichgeschalteten" Staatsbürgers.*
2. *Wer konnte sich dem Zwang der Gleichschaltung am ehesten entziehen?*

M4
Gleichschaltungsvisionen

Hitler formuliert am 2. Dezember 1938 in einer Rede seine Vorstellungen von „Gleichschaltung":

Diese Jugend, die lernt ja nichts anderes als deutsch denken, deutsch handeln, und wenn diese Knaben mit 10 Jahren in unsere Organisation hineinkommen und dort oft zum ersten Mal überhaupt eine frische Luft bekommen und fühlen, dann kommen sie vier Jahre später vom Jungvolk in die Hitlerjugend, und dort behalten wir sie wieder vier Jahre. Und dann geben wir sie erst recht nicht zurück in die Hände unsrer alten Klassen- und Standeserzeuger, sondern dann nehmen wir sie sofort in die Partei, in die Arbeitsfront, in die SA oder in die SS [...] und so weiter. Und wenn sie dort zwei Jahre oder anderthalb Jahre sind und noch nicht ganze Nationalsozialisten geworden sein sollten, dann kommen sie in den Arbeitsdienst und werden dort wieder sechs Monate geschliffen. [...] Und was dann nach 6 oder 7 Monaten noch an Klassen- und Standesdünkel da und dort vorhanden sein sollte, das übernimmt die Wehrmacht zur weiteren Behandlung auf zwei Jahre. Und wenn sie nach zwei, drei oder vier Jahren zurückkehren, dann nehmen wir sie, damit sie auf keinen Fall rückfällig werden, sofort wieder in die SA, SS und so weiter, und sie werden nicht mehr frei ihr ganzes Leben. Und wenn mir einer sagt, ja da werden aber immer noch welche übrigbleiben: Der Nationalsozialismus steht nicht am Ende seiner Tage, sondern erst am Anfang!

Arno Klönne, Jugend im Dritten Reich. Die Hitler-Jugend und ihre Gegner, München 1995, S. 30

Erläutern Sie, was die Nationalsozialisten mit der totalen Erfassung und Organisation der Jugend beabsichtigten.

M5

Die Autorität des „Führers"

Hitler erklärt in „Mein Kampf":

Die Bewegung vertritt im Kleinsten wie im Größten den Grundsatz der unbedingten Führerautorität, gepaart mit höchster Verantwortung.

Die praktischen Folgen dieses Grundsatzes in der Bewegung sind nachstehende:

Der erste Vorsitzende einer Ortsgruppe wird durch den nächsthöheren Führer eingesetzt, er ist der verantwortliche Leiter der Ortsgruppe. Sämtliche Ausschüsse unterstehen ihm, und nicht er umgekehrt einem Ausschuss. Abstimmungs-Ausschüsse gibt es nicht, sondern nur Arbeits-Ausschüsse. Die Arbeit teilt der verantwortliche Leiter, der erste Vorsitzende, ein. Der gleiche Grundsatz gilt für die nächsthöhere Organisation, den Bezirk, den Kreis oder den Gau. Immer wird der Führer von oben eingesetzt und gleichzeitig mit unbeschränkter Vollmacht und Autorität bekleidet. Nur der Führer der Gesamtpartei wird aus vereinsgesetzlichen Gründen in der Generalmitgliederversammlung gewählt. Er ist aber der ausschließliche Führer der Bewegung. Sämtliche Ausschüsse unterstehen ihm und nicht er den Ausschüssen. Er bestimmt und trägt damit aber auch auf seinen Schultern die Verantwortung. Es steht den Anhängern der Bewegung frei, vor dem Forum einer neuen Wahl ihn zur Verantwortung zu ziehen, ihn seines Amtes zu entkleiden, insofern er gegen die Grundsätze der Bewegung verstoßen oder ihren Interessen schlecht gedient hat. An seine Stelle tritt dann der besser könnende, neue Mann, jedoch mit gleicher Autorität und gleicher Verantwortlichkeit.

Es ist eine der obersten Aufgaben der Bewegung, dieses Prinzip zum bestimmenden nicht nur innerhalb ihrer eigenen Reihen, sondern auch für den gesamten Staat zu machen.

Wer Führer sein will, trägt bei höchster unumschränkter Autorität auch die letzte und schwerste Verantwortung.

Wer dazu nicht fähig oder für das Ertragen der Folgen seines Tuns zu feige ist, taugt nicht zum Führer. Nur der Held ist dazu berufen.

Der Fortschritt und die Kultur der Menschheit sind nicht ein Produkt der Majorität, sondern beruhen ausschließlich auf der Genialität und der Tatkraft der Persönlichkeit.

Diese heranzuzüchten und in ihre Rechte einzusetzen, ist eine der Vorbedingungen zur Wiedergewinnung der Größe und Macht unseres Volkstums.

Adolf Hitler, Mein Kampf. Zwei Bände in einem Band, München [51]1933, S. 378 f.

Vergleichen Sie das „Führerprinzip" mit den Prinzipien demokratischer Meinungsfindung.

M6

„Jeder sein eigener Hitler"

Ein interner Vermerk der NSDAP-Gauleitung in Hannover vom 9. November 1933 beklagt Querelen mit der NS-Frauenschaft:

Infolge falscher Adresse ist heute ein Dokument in meine Hände geraten, das beweist, dass die Gau-Frauenschaft einen eigenen Nachrichtendienst aufgezogen hat, um den Nachrichtendienst der Gau-Frauenschaft, Odeonstr. 15/16, zu sabotieren.

Ich muss mich aufs Schärfste gegen eine solche Handlungsweise wenden, die wieder einmal beweist, dass die Gauleiterin [sich] mit Dingen befasst, die nicht ihre Sache sind, und dies in einer Form, die der Sache ungemein schadet. Nicht allein, dass auf diese Weise das Führerprinzip, wie so oft, ganz falsch ausgelegt wird, es wird bewusst gegen eine Anordnung des Gauleiters gearbeitet, der seiner Zeit die Organisation innerhalb der H.A. III angeordnet hat. Ich muss aufs Stärkste dagegen protestieren, dass es dahin kommt, dass jeder sein eigener Hitler ist, wie man es zu beobachten leider mehr und mehr Gelegenheit hat. Dieses schadet der Bewegung wesentlich mehr, als wenn ein Mensch aus Unfähigkeit etwas versiebt.

Raimond Reiter, Frauen im Dritten Reich in Niedersachsen, Pfaffenweiler 1998, S. 70 f.

1. *Erläutern Sie, wie viele und welche Institutionen hier einander gegenüberstehen.*
2. *Welche Systemschwächen deckt der Schreiber der Aktennotiz auf?*

M7
Staat und Partei im „Führerstaat"

▶ *Parteienhierarchie und Staatsämter überschnitten sich sowohl in ihren Kompetenzen als auch personell: Mit zwei Ausnahmen waren z. B. alle Reichsstatthalter zugleich auch Gauleiter in ihrem Amtsbereich.*

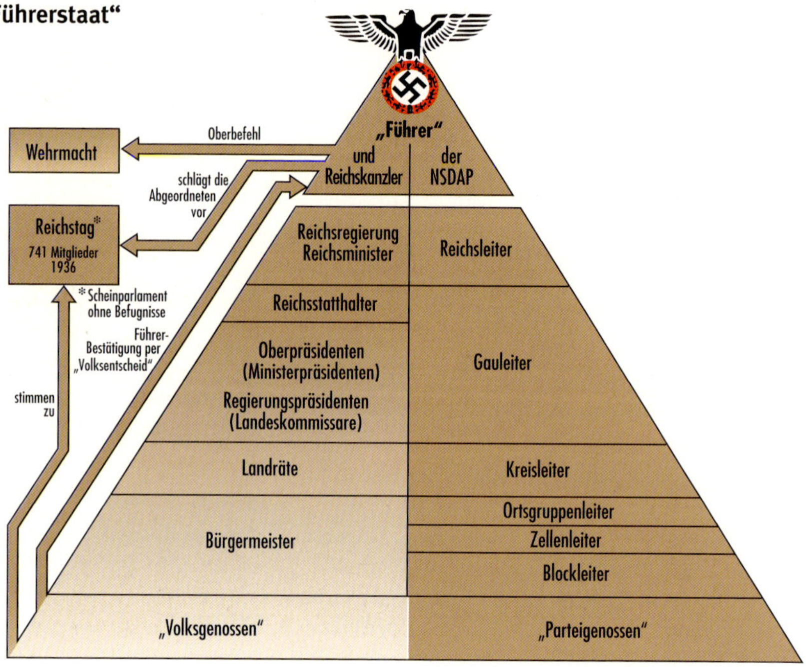

M8
Rivalität

Der britische Historiker Ian Kershaw (geb. 1943) beschreibt im ersten Teil seiner Hitler-Biografie, wie Hitler seine Machtposition festigte:

Zusammenstöße in Fragen der Strategie, Streitereien unterschiedlicher Fraktionen und persönliche Rivalitäten traten in der NSDAP beinahe endemisch[1)] auf. Die endlosen Konflikte und Animositäten, die gewöhnlich persönliche oder taktische und keine ideologischen Ursachen hatten, machten notwendigerweise vor einem Angriff auf Hitler Halt. Er griff so wenig wie möglich ein. Die Rivalität und der Wettstreit zeigten ihm nur, welcher unter seinen miteinander wetteifernden Untergebenen nach seinem eigenen sozialdarwinistischen Begriff der Stärkere sein würde. Auch unternahm er nichts, um die ideologischen Schattierungen innerhalb der Partei miteinander zu versöhnen, es sei denn, sie drohten kontraproduktive Wirkungen zu entfalten. Der Führerkult wurde akzeptiert, weil er allen Beteiligten als einziges Rezept galt. Die persönliche Treue gegenüber Hitler, ob nun aufrichtig empfunden oder einem Zwang folgend, war der Preis der Einheit. In manchen Fällen waren die NS-Führer ganz und gar von Hitlers „Größe" und „Mission" überzeugt. In anderen konnten sie den eigenen Ehrgeiz nur weiterhin befriedigen, indem sie dem obersten „Führer" nach dem Munde redeten. Auf diese Weise wuchs Hitlers Herrschaft über die „Bewegung" bis zu dem Punkt, wo er so gut wie unangreifbar geworden war.

Ian Kershaw, Hitler 1889-1936, übersetzt von Jürgen Peter Krause und Jörg W. Rademacher, Stuttgart 1998, S. 380

1. *Erläutern Sie, wie Hitler nach Meinung von Kershaw das „Führerprinzip" für sich nutzte.*
2. *Vergleichen Sie M5, M6 und M7. Diskutieren Sie Anspruch und Wirklichkeit des „Führerprinzips".*

---

1) *endemisch: typisch für ein bestimmtes Umfeld*

▶ *Kennzeichen der Gleichschaltung. Bereits vor 1933 waren die Mitglieder der NSDAP zum Tragen von uniformierter Kleidung verpflichtet. Nach der „Machtergreifung" wurde die Uniformierung im Sinne des Führer- und Folgschaftsprinzips auf fast sämtliche Bereiche des öffentlichen Lebens ausgedehnt. Wer sich weigerte, musste mit disziplinarischen Maßnahmen rechnen. Links im Bild: das Hemd eines Bannführers im HJ-Streifendienst; rechts außen: Waffenrock der Schutzpolizei, dahinter: Waffenrock der SS (Schutzstaffel).*

„Gleichschaltung" von Ländern, Verwaltung und Parteien

Mit dem „Ermächtigungsgesetz" hatte Hitler formalrechtlich legal den Freibrief erhalten, Staat und Gesellschaft „gleichzuschalten". Partei und Regierung beseitigten in den ersten Monaten nach der Machtübernahme schrittweise das föderalistische Eigenleben von Ländern und Gemeinden: Landtage, Stadt- und Gemeinderäte wurden nach dem Ergebnis der Reichstagswahl vom 5. März 1933 umgebildet. Von missliebigen Parteien errungene Sitze verfielen, sodass die Nationalsozialisten fast überall ein Übergewicht erhielten. Darüber hinaus setzte Hitler in den Ländern *Reichsstatthalter* ein, die befugt waren, Regierungen zu bilden und zu entlassen. Jeder Reichsstatthalter war seinerseits an die Weisungen des Führers gebunden, die totale Kontrolle der Gebietskörperschaften damit gesichert. Als am 30. Januar 1934 die Länder auch formal ihre Selbstständigkeit verloren, wurde dies kaum noch bemerkt.

Maßgeblich zur Festigung des neuen Regimes trug die *Gleichschaltung* des Verwaltungsapparats bei. Schon in den ersten Tagen nach der „Machtergreifung" waren in Säuberungsaktionen widerstrebende Beamte aus dem Dienst entfernt worden. Legalisiert wurden die Entlassungen erst nachträglich durch das *Gesetz zur Wiederherstellung des Berufsbeamtentums* vom 7. April 1933. Drohung und Einschüchterung, aber auch das im Beamtentum verankerte obrigkeitsstaatliche Denken passten die Beamtenschaft rasch in das Herrschaftsgefüge ein (▶ M1, M2).

Um die politische Opposition endgültig auszuschalten, wurde nach der Zerschlagung der KPD im Sommer 1933 die SPD verboten. Die anderen Parteien lösten sich unter massivem Druck selbst auf. Im Reichstag saßen fortan nur noch Mitglieder der NSDAP. Da das Parlament als Gegengewicht zur Exekutive praktisch ausgeschaltet war, konnte Hitler mit „Führererlassen" regieren, die an die Stelle von Gesetzen traten. Es galt sein Wort: „Es gibt keine Majoritätsentscheidungen, sondern nur verantwortliche Personen" (▶ M5). Dieses „Führer- und Gefolgschaftsprinzip" übertrug Hitler auf Partei, Staat, Wirtschaft und die gesamte Gesellschaftsordnung.

Nach dem Tod Hindenburgs am 2. August 1934 stand der Diktatur Hitlers endgültig nichts mehr im Wege. Ohne Wahl übernahm er das Amt des Reichspräsidenten und nannte sich nun „Führer und Reichskanzler". Die Reichswehr und alle Beamten mussten sich durch einen Eid persönlich auf Hitler verpflichten.

Der „Röhm-Putsch“

1934, als weitere Säuberungs- und Besetzungsaktionen nicht mehr notwendig erschienen, wuchs die Unzufriedenheit in der auf drei Millionen Mitglieder angewachsenen SA. Sie hatte in der „Kampfzeit“ seit 1922 die Hauptlast der politischen Auseinandersetzungen getragen. Nun wollte sie einen angemessenen Anteil an der „Siegesbeute“ erhalten. Man drohte mit dem Übergang von der nationalen zur nationalsozialistischen Revolution, weil der politischen die soziale Machtergreifung folgen sollte. Außerdem träumte SA-Stabschef *Ernst Röhm* davon, als Minister einem Volksheer vorzustehen, dessen Kern nicht die Reichswehr, sondern seine eigene Organisation bilden sollte. Hitler hingegen hatte bereits im Juli 1933 erklärt, dass die Revolution sich „nicht zu einem Dauerzustand ausbilden“ dürfe. Mit Blick auf sein ehrgeiziges außenpolitisches Programm suchte er das Bündnis mit den konservativen Eliten und der Wirtschaft sowie mit der Reichswehr. Gemeinsam mit der Reichswehr und der *Schutzstaffel (SS)*[1] plante er die Liquidierung der SA-Spitzen. Eine für den 30. Juni 1934 anberaumte Tagung in Bad Wiessee diente der Verhaftung und Erschießung von Röhm und anderen SA-Führern. Gleichzeitig wurden weitere Persönlichkeiten des politischen Lebens umgebracht, wie Kurt von Schleicher.

Die Reichsregierung legalisierte diesen von Hitler veranlassten und ohne gerichtliches Verfahren vollstreckten Massenmord nachträglich als „Staatsnotwehr“. Die SA war von nun an ein gefügiges Instrument in der Hand des „Führers“. Der Öffentlichkeit wurde die ganze Aktion als *Röhm-Putsch* dargestellt. Bemerkenswerterweise begrüßten viele die „Rechtssicherheit“, die durch die Entmachtung der SA eingetreten war – die Bewunderung für den „Führer“ wuchs.

▲ *Im Laufe eines Schuljahres fanden zahlreiche von der NS-Führung vorgeschriebene Feierlichkeiten statt. Dazu gehörte auch das mit einer Zeremonie verbundene gemeinsame Einholen der Fahne am Ende jeden Schuljahres, wie hier auf dem Schulhof einer Berliner Volksschule im Bezirk Tempelhof, Foto vom 31. März 1939.*

Totale Organisation

Bereits ab dem zehnten Lebensjahr sollten die Jugendorganisationen der NSDAP, *Hitler-Jugend (HJ)* und *Bund Deutscher Mädel (BDM)*, möglichst alle Kinder eines Jahrgangs erfassen. Alle anderen Jugendverbände wurden früher oder später in HJ und BDM überführt. Per Gesetz erhoben die Nationalsozialisten die HJ 1936 zur „Staatsjugend“ und damit neben Elternhaus, Schule und Kirche zum wichtigsten Kontroll- und Erziehungsinstrument. Drei Jahre später wurde die Mitgliedschaft Pflicht. In beiden Organisationen – und ebenso in den Schulen – wurde die Jugend im Sinne der nationalsozialistischen Ideologie gedrillt, um sie zu „treuen Dienern des nationalsozialistischen Staates“

---

[1] *zur SS vgl. S. 50*

zu erziehen. Nicht mehr die liberalen Bildungsziele der Weimarer Zeit zählten, sondern Gleichschritt und Wehrertüchtigung. Der für alle Jugendlichen verpflichtende Reichsarbeitsdienst sollte die in HJ und BDM angelegte ideologische Ausrichtung fortsetzen.

Menschen in Beruf oder Freizeit, Gesunde und Invalide, Jugendliche und Greise, Frauen und Männer – alle sollte das parteigesteuerte Organisationsnetz des totalitären Staates erfassen. Dies gelang mithilfe von Unterorganisationen wie *Deutsche Arbeitsfront* (*DAF*)[1], NS-Studentenbund, NS-Frauenschaft und anderen mehr. Für viele Berufssparten bestanden zudem gesonderte, der NSDAP untergeordnete Vereinigungen, z.B. der NS-Lehrerbund oder der NS-Ärztebund. Das Netz war so eng geknüpft, dass der Einzelne kaum entschlüpfen konnte (➧ M3, M4).

Führung oder Chaos?

Die Ausschaltung oppositioneller Gruppen schien auf den ersten Blick den Staat zu stärken, der sich nicht länger im pluralistisch-liberalen Meinungsstreit behaupten musste. Es zeigte sich jedoch, dass neben den Staat nun die NSDAP als „Trägerin des deutschen Staatsgedankens" trat. Ihre Stellung war seit der Ausschaltung der anderen Parteien unangefochten. Die Aufgabe der NSDAP bestand nun nicht länger in Opposition und Straßenkampf, sondern in der Durchdringung aller Lebensbereiche, mit dem Ziel einer totalitären Herrschaftsübernahme. Die Partei durchdrang die Gesellschaft und trat damit in Konkurrenz zu den bestehenden staatlichen oder kommunalen Institutionen.

Die Folge war ein undurchsichtiger Wirrwarr von Kompetenzen (➧ M6, M7). Während der Staat üblicherweise das öffentliche Leben auf der Basis von Gesetzen reglementiert und gestaltet, trafen jetzt Parteiorganisationen oder deren Repräsentanten neben der staatlichen Bürokratie Einzelentscheidungen oder versuchten zumindest, die Verwaltung in ihrem Sinne zu beeinflussen. Vielfach verschmolzen Partei- und Staatsorganisation miteinander. So hatten die Gauleiter der NSDAP häufig zugleich hohe Ämter in den „gleichgeschalteten" Ländern inne, oder die Ortsgruppenleiter der Partei übernahmen gleichzeitig das Bürgermeisteramt. Die Kontrolle der öffentlichen Hand und des gesellschaftlichen Alltags insgesamt ließ die *Parteibürokratie* ständig anwachsen. Gab es 1935 33 Gauleiter, 827 Kreisleiter, 21000 Ortsgruppenleiter und 260000 Zellen- und Blockleiter, so betrug die Zahl dieser Funktionäre zwei Jahre später bereits 700000, und während des Krieges waren es zwei Millionen. Über allen Einzelentscheidungen und den vielen parteiinternen Rivalitäten stand der uneingeschränkte „Führerwille", den es – je nachdem, was darunter verstanden wurde – möglichst in vorauseilendem Gehorsam zu erfüllen galt (➧ M8).

Charakteristisch für die *Polykratie*[2] war das Entstehen zahlloser „Sonderverwaltungen", die neben der staatlichen Bürokratie ein Eigenleben führten und dem „Führer" direkt unterstellt waren. Einer solchen Parteibehörde stand z.B. Hermann Göring ab 1936 als „Beauftragter für den Vierjahresplan"[3] vor und konnte in dieser Funktion an allen staatlichen Stellen vorbei unmittelbaren Einfluss auf die Wirtschaft nehmen.

---

[1] *zur DAF siehe S. 72 und 77*

[2] *Polykratie (von griech. poly: „viel" und kratos: „Macht"): Vielzahl konkurrierender Herrschaftsansprüche und Zuständigkeiten*

[3] *zum Vierjahresplan siehe S. 83 und 87*

Grundbegriff: Diktatur ···› Die Bezeichnung „Diktator" stammt aus der altrömischen republikanischen Verfassung. Der Diktator vereinigte in politischen Notzeiten die Staatsgewalt in seiner Person, allerdings höchstens für sechs Monate. Ursprünglich begrenzte die Diktatur also die Teilhabe berufener Verfassungsorgane an der politischen Macht; demokratische Grundsätze wie die Gewaltenteilung durften aber nur in inneren und äußeren Ausnahmesituationen zum Schutz der Verfassung außer Kraft gesetzt werden.
Solche Grenzsituationen wurden schon zu allen Zeiten ausgenutzt, um an Stelle des Sonderfalls eine Dauereinrichtung zu etablieren. In der Neuzeit bildeten sich Diktaturen häufig im Zusammenhang mit Krisen und revolutionären gesellschaftlichen Umbrüchen, zum Beispiel nach der Revolution von 1789 in Frankreich oder zwischen den beiden Weltkriegen in der Sowjetunion, Italien, Deutschland und Spanien. Heute bestehen solche Tendenzen vor allem in den Entwicklungs- und Schwellenländern der „Dritten Welt". Einige Strukturmerkmale sind allen Diktaturen der Neuzeit gemeinsam:

1. Die Staatsgewalt wird allein von einer Person oder Gruppe (Partei, Militär) ausgeübt.
2. Es herrscht keine Gewaltenteilung.
3. Oppositionen und pluralistische Gruppen in der Gesellschaft werden unterdrückt.
4. Menschen- und Bürgerrechte sind in der Praxis stark eingeschränkt.
5. Presse und Medien werden zensiert und gleichgeschaltet.

Besonders bedrohlich für den Bürger sind „totalitäre" Diktaturen (vor allem die Sowjetunion in der Stalin-Ära und das Deutsche Reich unter Hitler). Diese wähnen sich im Besitz einer allgemein verbindlichen Heilslehre und sind deshalb in besonders hohem Maße bereit, zur Durchsetzung ihrer Ideologie Gewalt und Terror gegen Andersdenkende einzusetzen.

1.4 Propaganda in allen Bereichen

10. 5. 1933
Bücherverbrennung: unliebsame Autoren werden öffentlich gebrandmarkt

22. 9. 1933
Einrichtung der Reichskulturkammer: der gesamte Kulturbetrieb wird überwacht

4. 10. 1933
Schriftleitergesetz: die ganze deutsche Presse hat der nationalsozialistischen Herrschaft zu dienen; „Schriftleiter" sind nicht mehr den Verlagen, sondern dem Staat verantwortlich

▲ *Werbung für den Volksempfänger, 1936.*
Zwischen 1933 und 1941 stieg der Anteil der deutschen Haushalte mit Rundfunkgerät von 25 auf 65 Prozent.

M1
„Diener dieses Staates“

Karl Overdyck, Hauptschriftleiter und Vorsitzender des Landesverbandes Württemberg im Reichsverband der Deutschen Presse, äußert sich Anfang Oktober 1933 folgendermaßen:

Die Presse und damit der Beruf des Journalisten sind vom Gespenst einer chaotischen Zeit befreit. [... Sie] sind vom Staat und von der Öffentlichkeit berufen, Verteidiger der Volksgemeinschaft, Künder dieses neuen Staates und damit Diener des Volksganzen zu sein. Als Diener dieses Staates ist dem deutschen Journalisten keineswegs eine eigene Meinung oder eine Kritik versperrt, umso weniger als sich seine Meinung und seine Kritik mit der Meinung und der Kritik des Staates im Prinzip deckt. Er hat die Meinung der Öffentlichkeit überall da zum Ausdruck und an das Ohr des Staates zu bringen, wo Schädlinge des Volksganzen und des Staates am Werk sind. Seine erste und wichtigste Aufgabe ist, die geistige und volkliche Einigkeit zu wahren, der Verwirklichung des nationalsozialistischen Gedankenguts zu dienen und die Durchdringung des Einzelnen von den Pflichten jedes deutschen Menschen zu fördern.

Paul Sauer, Württemberg in der Zeit des Nationalsozialismus, Ulm 1975, S. 124 f.

1. *Erläutern Sie die Rolle, die den Journalisten im Nationalsozialismus zugedacht war.*
2. *Formulieren Sie die Gegenerklärung eines Presseleiters aus „chaotischer Zeit“.*
3. *Stellen Sie die Bedeutung einer unabhängigen Presse für das geistige und politische Leben eines Staates dar.*

M2
Bomben im Mathematik-Unterricht

Ein NS-Rechenbuch liefert Zahlen zur militärischen Stärke benachbarter Länder und stellt dazu unter der Überschrift „Luftangriffe drohen überall“ unter anderem die folgenden Fragen:

a) Wie viele Kriegsflugzeuge haben die angegebenen Staaten, soweit sie Nachbarn Deutschlands sind, insgesamt?

b) Die Stadt Essen ist von der französischen Grenze ... Kilometer, von der belgischen Grenze ... Kilometer entfernt (Atlas!). Wie viele Minuten braucht ein Flugzeug für diese Strecke bei 250 Kilometern Stundengeschwindigkeit?
Auf dem Messtischblatt 1:25 000 bildet die Innenstadt von Essen einschließlich der Kruppschen Fabrik ein Rechteck von 10-6,5 Zentimetern. Wie viele Quadratkilometer umfasst das Rechteck (auf Ganze genau)? Wie viele Bomben von je 1 000 Kilogramm wären zur Vernichtung dieses Gebiets erforderlich, wenn eine solche Bombe alle Gebäude im Umkreis von 50 Metern zum Einsturz bringt? [...] Wie viele Staffeln zu je zehn Flugzeugen müssten eingesetzt werden, wenn jedes Flugzeug zwei solcher Bomben mitführen könnte?

c) Ein moderner Nachtbomber kann 1 800 Brandbomben tragen. Auf wie viel Kilometern Streckenlänge kann er diese Bomben verteilen, wenn er bei einer Stundengeschwindigkeit von 250 Kilometern in jeder Sekunde eine Bombe wirft?

Harald Focke und Uwe Reimer, Alltag unterm Hakenkreuz, Hamburg 1979, S. 90 f.

1. *Erläutern Sie, inwiefern dieser Schulbuchtext als Propaganda zu bezeichnen ist.*
2. *Überlegen Sie, wie diese Form der Propaganda bei den Schülern gewirkt haben mag.*
3. *Auch heute übt der Staat (nicht nur in Deutschland) Kontrolle über Unterrichtsinhalte und Lehrwerke aus. Diskutieren Sie darüber, ob und inwieweit das sinnvoll ist.*

M3
Wie erfolgreich war die Propaganda?

Der Historiker Bernd Jürgen Wendt (geb. 1934) untersucht die tatsächliche Wirkung der nationalsozialistischen Propaganda auf die Bevölkerung:

Dringend muss davor gewarnt werden, unkritisch aus den oft eindrucksvollen Produkten der nationalsozialistischen Propaganda etwa durch die unkommentierte Vorführung von Wochenschauen oder Propagandafilmen bereits auf ihre tatsächliche Wirkung zu schließen.

Resistenz oder Anfälligkeit gegenüber nationalsozialistischer Propaganda und Indoktrination waren wesentlich abhängig von der politischen Einstellung, dem sozialen und politischen Milieu, in dem man aufgewachsen war und lebte, von Erziehung und Schulbildung, Wohnort und persönlichem Umfeld. Goebbels[1] war stets bemüht, in einer taktischen „Variationstoleranz" (Bracher) propagandistische Indoktrination differenziert nach den Adressaten und schichtenspezifisch einzusetzen, auch gewisse Rücksichten auf kulturelles Erbe und bürgerliche Traditionspflege zu nehmen, sterile Uniformität zu vermeiden und dort, wo er es für angebracht hielt, etwa bei der Darbietung eines deutschen (!) Jazz, in der Schlagerkultur oder bei Hollywoodfilmen selbst noch mit der emigrierten Marlene Dietrich[2] die Zügel zu lockern. […]

Die Propagierung der Idee des Nationalsozialismus, so verschwommen und eklektisch[3] sie auch sein mochte, stieß dort auf eine zusätzliche Resonanz, wo sie offenkundig Erfolge aufweisen konnte. Denn das Leben damals verhieß vielen, die vorher davon nicht einmal zu träumen gewagt hatten, um den Preis der politischen Anpassung einen höheren Grad an Mobilität, freiere Lebensformen etwa für junge Mädchen, die über BDM und Beruf dem Mief dörflicher Enge entwachsen konnten, materielle Vorteile wie einen Arbeitsplatz, die Chance individueller Bewährung, nichtakademische Karrieremuster, soziale Betreuung oder auch ein reiches Angebot für die Gestaltung der Freizeit mit KdF-Reisen[4], Kulturveranstaltungen usf.

Bernd Jürgen Wendt, Deutschland 1933-1945. Das Dritte Reich, Hannover 1995, S. 142 ff.

▲ *Hans Albers (1891-1960) war einer der beliebtesten deutschen Schauspieler, hier in „Münchhausen" 1943.*

• *Erläutern Sie, inwiefern mit solchen Filmen Gegenwelten zur Kriegsrealität geschaffen wurden.*

1. *Erörtern Sie in Anlehnung an den Text von Wendt, warum die NS-Propaganda nur zum Teil erfolgreich war. Beziehen Sie auch M2 in Ihre Überlegungen mit ein.*
2. *Sind wir heute resistenter gegen Propaganda? Begründen Sie Ihre Meinung.*

---

1) *Der Germanist, Schriftsteller und nationalsozialistische Politiker Dr. Joseph Goebbels (1897-1945, Selbstmord), war von 1933 bis 1945 Reichsminister für Volksaufklärung und Propaganda; siehe S. 43*

2) *Marlene Dietrich (1901-1992) war nach ihrem Welterfolg mit „Der blaue Engel" von 1930 die bekannteste deutsche Schauspielerin. Sie stellte sich gegen die Nationalsozialisten und ging in die USA.*

3) *zusammengesucht, ohne eigenen Stil*

4) *Kraft durch Freude, Unterorganisation der Deutschen Arbeitsfront (DAF); siehe dazu S. 73 und 78*

▲ *„Mutter und Kind", Gemälde von Alfred Bernert (1893-1991). Das Bild wurde während des „Dritten Reiches" als Plakat und Postkarte mit folgender Unterschrift verbreitet: „In meinem Staat ist die Mutter wichtigste Staatsbürgerin. Adolf Hitler."*

● *Analysieren Sie die künstlerischen Mittel, mit denen die Bildaussage erreicht werden soll. Erläutern Sie die kunsthistorische Tradition, an die der Maler anknüpfen will.*

M4
Die „deutsche Familie"

1939 wird beim Reichsparteitag eine Ausstellung „Frau und Mutter – Lebensquell des Volkes" gezeigt. Aus einem Begleittext:

Ein deutsches Wort nennt den Mann den Kopf der Familie. Er ist der sorgende Verstand der Seinen, den sein Beruf oftmals zur Härte gegen sich und andere zwingt. Die Frau wird in diesem Sprichwort das Herz der Familie genannt. Ihr wird der Mittelpunkt dieses lebendigen Organismus zugewiesen, von ihr nimmt das Familienleben seinen Ausgang. Noch mehr: So wie wir glauben, dass das Gefühl dem Herzen entströmt, so machen wir alles gefühlsgebundene Erleben des Familienkreises von der Frau abhängig. Sie wahrt und verbreitet Gemütskräfte, von ihr strahlt aus, was wir nur im Deutschen sagen können und auch innerlich verstehen: Gemütlichkeit!

Die Frau in der Familie ist ungleich mehr Gefährtin des Mannes, als es die ledige Frau sein kann, die im Beruf gleichberechtigt neben dem Manne steht. In einem geregelten deutschen Familienleben braucht sich diese Tatsache nicht einmal nach außen hin zu zeigen, allein sie wirkt sich aus im Schaffen und Handeln des Mannes. […]

Die Frau in der Familie ist Mutter. Was wäre eine deutsche Familie ohne Kinder? Wie sich das Frauentum zu höchster Blüte entwickelt durch die Mutterschaft, so wird die Lebensgemeinschaft der Familie erst harmonisch durch die Kinder. Kinder sind auch dort das bindende Glied, wo die Familie in Gefahr gerät durch mangelndes gegenseitiges Verstehen zwischen Frau und Mann.

„Viel Kinder, viel Segen", sagt ein altes deutsches Sprichwort. Tatsächlich sind die kinderreichen Familien zumeist die glücklichsten. Es muss das wohl so sein, weil hier so viele Glieder beitragen zum Glücklichsein und Erleben der Familie. Voraussetzung zu diesem Glück ist aber eine starke innere Bereitschaft der Eltern zum Leben und allen seinen Anforderungen.

Der Nationalsozialismus wertet die Familie höher als jemals eine Weltanschauung vor ihm. Er erkennt die ausschlaggebende Bedeutung der Frau in der Familie und bemüht sich, durch immer neue Maßnahmen Frau und Familie zu schützen, ihre Lebensbedingungen zu erleichtern und die Bildung neuer Familien zu ermöglichen. Das Volk ist die große deutsche Familie, die sich nach dem Vorbild der kleinsten Zelle bemüht, einen jeden Angehörigen zu betreuen und durch Schaffen und Fröhlichsein der Freuden des Lebens und auch seines Ernstes teilhaftig werden zu lassen.

Ute Benz (Hrsg.), Frauen im Nationalsozialismus. Dokumente und Zeugnisse, München ²1997, S. 105 f.

1. *Erläutern Sie die Rollenzuweisungen, die in dem Text vorgenommen werden.*
2. *Untersuchen Sie den Text auf seinen spezifisch nationalsozialistischen Gehalt hin.*

„Volksaufklärung"

Die wirkungsvollste Form, die Gesellschaft nachhaltig zu beeinflussen, sah Hitler in der *Propaganda*. Sein „Minister für Volksaufklärung und Propaganda", *Dr. Joseph Goebbels*, schaltete Presse, Film und Rundfunk weitgehend gleich.

Vor allem den Rundfunk setzte Goebbels für seine Propaganda ein. *Volksempfänger* waren für jeden erschwinglich und wurden zum Kauf empfohlen. Das „Schwarzhören" ausländischer Sendestationen war hingegen verboten und gegen Ende des Krieges sogar mit der Todesstrafe bedroht. Die *Wochenschau*, die vor den viel besuchten Spielfilmen ablief, wurde genau redigiert. Wie Goebbels selbst erklärt hatte, galt nun ein „neuer Begriff der Meinungs- und Pressefreiheit", der alle Berichterstattung an das „nationale und völkische Interesse band" (➧ M1). Er ließ zunehmend nur noch Informationen verbreiten, die sein Ministerium in Reichspressekonferenzen für die Veröffentlichung bekannt gab. Unerwünschte Presseorgane wurden zeitweise oder auf Dauer verboten. Bücher, Illustrierte und Zeitschriften unterlagen der Zensur (➧ M2).

▲ *Der nächtliche Appell der politischen Leiter beim „Reichsparteitag der Ehre" auf dem Zeppelinfeld in Nürnberg, Foto des NS-Fotografen Heinrich Hoffmann, September 1936.*
Das Zeppelinfeld, eine Aufmarscharena mit Tribünen und Rednerkanzel, war nur ein Teil einer Reihe von Bauten, die für das elf Quadratkilometer große Reichsparteitagsgelände geplant worden waren. Die monumentale Wirkung von Gelände und Architektur wurde noch durch den Einsatz von Lichteffekten, wie des aus Flakscheinwerfern aufstrahlenden „Lichtdoms" verstärkt.

Ein ausgeklügeltes Spitzelsystem, das ganz Deutschland überzog, diente nicht nur dem Aufspüren und der Ausschaltung von Regimegegnern, sondern auch der Erkundung der Volksstimmung. Dabei spielten die Blockwarte, zu deren Aufgaben die genaue Beobachtung der Bewohner der ihnen unterstellten Häuserblocks gehörte, eine wichtige Rolle. Gezielte und genau abgestimmte Gegenpropaganda sollte da einsetzen, wo sich Unzufriedenheit zeigte (➧ M3).

Massenmobilisierung

Offizieller Höhepunkt aller Massenmobilisierung war der jährliche *Reichsparteitag* in Nürnberg: Auf einem nie ganz vollendeten Gelände wickelte die NS-Regie beeindruckende Aufmärsche und sportliche Wettkämpfe ab, die der Bevölkerung nationale Größe suggerierten und sie für den Einparteienstaat vereinnahmen sollten. Staatsbesuche, Empfänge, National- und Parteigedenktage oder neue pseudokultische Veranstaltungen vermittelten den Massen das äußere Gepräge religiöser Feste. Auch die *Olympischen Spiele*, die 1936 in Berlin stattfanden, nutzte das Regime zu einer sorgfältig inszenierten Selbstdarstellung. Die Dramaturgie dieser Veranstaltungen bediente sich immer derselben Elemente: Massenaufmärsche, Uniformen, Fahnen, Licht und Feuer, Musik sowie eine monumentale Architektur.

„Wider den undeutschen Geist“

Auch Kultur und Kirche wurden im „Führerstaat“ gleichgeschaltet. Was wahre Kulturgüter seien, legte die NSDAP fest: Rückbesinnung auf das germanische Erbe, die Hervorhebung der arischen Rasse in allen Epochen der Geschichte, Schlichtheit und Monumentalität waren die Vorgaben eines zentral reglementierten Kunstverständnisses. Juden, Marxisten und Pazifisten verbannte die Partei als „Zerstörer arischen Erbes“ aus dem Kulturbetrieb.

Am 10. Mai 1933 fanden in Berlin und anderen Universitätsstädten öffentliche *Bücherverbrennungen* statt. Studenten warfen die Werke der in Ungnade gefallenen Autoren ins Feuer. Damit sollte die Ausmerzung aller wissenschaftlichen und literarischen Werke, die als „undeutsch“ galten, eingeleitet werden. Wertvolle Kunstwerke wurden als „entartete Kunst“ aus Museen und Galerien verbannt, beschlagnahmt, zerstört oder ins Ausland verkauft. Die betroffenen Künstler erhielten, soweit sie noch lebten und nicht emigriert waren, Ausstellungs- und Arbeitsverbot. 1939 verbrannten die Nationalsozialisten in Berlin öffentlich 1000 verfemte Kunstwerke.

Die „deutsche Frau“

Ideologisch wie personell war die NSDAP immer eine Männerpartei, Frauen hatten in den höheren Hierarchie-Ebenen von Partei und Staat keine Chance. *Gertrud Scholtz-Klink*, die „Reichsfrauenführerin“ – ein Propagandaposten von politisch geringem Einfluss –, hatte sich im Sinne der Nationalsozialisten vor allem durch eines qualifiziert: Sie war Mutter von elf Kindern.

Natürlich brauchte die Partei auch Wählerinnen, und die Frauen wurden entsprechend umworben. Das ideologische Konzept dazu war denkbar einfach gestrickt: Die deutsche Frau sollte als treu sorgende Gattin und Mutter den „artgerechten“ Fortbestand des Volkes gewährleisten und dem Mann zu Hause den Rücken frei halten für seine Pflichten am Arbeitsplatz und im Krieg (▸ M4). Von Anfang an versuchten die Nationalsozialisten mit einer Reihe von Gesetzen, die Frauen aus dem Berufsleben, vor allem aus akademischen Berufen zu verdrängen und im Gegenzug Anreize für Eheschließungen zu schaffen. Vielen Frauen erschien die ihnen zugewiesene klare Rolle durchaus attraktiv. Wie den Männern wurden auch ihnen eine Gemeinschaft und ein Solidaritätsgefühl angeboten, deren negative Seiten, nämlich der Ausschluss von Kranken, Gebärunfähigen, Jüdinnen, lesbisch Veranlagten und anderen unerwünschten Minderheiten, nur wenigen zu Bewusstsein kam.

Die „Volksgenossinnen“ waren ebenso sorgsam organisiert wie die männliche Bevölkerung. Zusätzlich zum BDM und der *Nationalsozialistischen Frauenschaft (NSF)* entstand im Oktober 1933 das *Deutsche Frauenwerk (DFW)* als Sammelbecken für die gleichgeschaltete bürgerliche Frauenbewegung. In diesen Organisationen trafen sich Millionen zu gemeinsamen häuslichen Arbeiten, zu ideologischer Schulung und zu karitativer Tätigkeit. Hilfswerke für Mutter und Kind, Mütterschulen und die besondere Hervorhebung des Muttertages rundeten das Propagandabild von der „erfolgreichen deutschen Frau“ ab.

◂ Ab 1938 wurde kinderreichen Müttern das „Ehrenkreuz der Deutschen Mutter“ verliehen: für die Geburt von vier oder fünf Kindern in Bronze, bei sechs oder sieben in Silber und ab acht Kindern in Gold.

1.5 Was wird aus dem Rechtsstaat?

▲ *Verhaftete Antifaschisten in einem „wilden Konzentrationslager" der „Sturmabteilung" (SA), Ende März 1933. Das Lager befand sich in der Berliner SA-Kaserne in der Friedrichstraße.*

26. 4. 1933
Die Geheime Staatspolizei (Gestapo) wird gebildet

24. 4. 1934
Der Volksgerichtshof für Delikte des Hoch- und Landesverrats nimmt seine Arbeit auf

10. 2. 1936
„Drittes Preußisches Gesetz über die Geheime Staatspolizei": Die Gestapo erhält nachrichtendienstliche und polizeiliche Kompetenzen, die jeder staatlichen Kontrolle entzogen sind

◀ *Zum Besuch des preußischen Innenministers an ihrem Ausbildungsort in Jüterbog (Brandenburg) haben sich angehende Juristen diese Aktion ausgedacht, Foto von 1934.*

M1
„Recht ist, was dem Volke nützt"

Hans Frank (1900-1946), seit 1934 Reichsminister, Präsident der Akademie für deutsches Recht (1933-1942) und seit 1939 Generalgouverneur von Polen äußert sich im Jahr 1936 zur Funktion der Gerichte im „Führerstaat":

1. Der Richter ist nicht als Hoheitsträger des Staates über den Staatsbürger gesetzt, sondern er steht als Glied in der lebendigen Gemeinschaft des deutschen Volkes. Es ist nicht seine Aufgabe, einer über der Volksgemeinschaft stehenden Rechtsordnung zur Anwendung zu verhelfen oder allgemeine Wertvorstellungen durchzusetzen, vielmehr hat er die konkrete völkische Gemeinschaftsordnung zu wahren, Schädlinge auszumerzen, gemeinschaftswidriges Verhalten zu ahnden und Streit unter Gemeinschaftsgliedern zu schlichten.

2. Grundlage der Auslegung aller Rechtsquellen ist die nationalsozialistische Weltanschauung, wie sie insbesondere in dem Parteiprogramm und den Äußerungen unseres Führers ihren Ausdruck findet.

3. Gegenüber Führerentscheidungen, die in die Form eines Gesetzes oder einer Verordnung gekleidet sind, steht dem Richter kein Prüfungsrecht zu. [...]

4. Gesetzliche Bestimmungen, die vor der nationalsozialistischen Revolution erlassen worden sind, dürfen nicht angewendet werden, wenn ihre Anwendung dem heutigen gesunden Volksempfinden ins Gesicht schlagen würde. [...]

5. Zur Erfüllung seiner Aufgaben in der Volksgemeinschaft muss der Richter unabhängig sein. Er ist nicht an Weisungen gebunden. Unabhängigkeit und Würde des Richters machen geeignete Sicherungen gegen Beeinflussungsversuche und ungerechtfertigte Angriffe erforderlich.

Walther Hofer (Hrsg.), Der Nationalsozialismus. Dokumente 1933-1945, Frankfurt am Main ^{49}2004, S. 101 f.

1. *Welche Änderungen im Vergleich zur bisherigen Rechtsauffassung werden hier angesprochen? Vergleichen Sie die Stellungnahme auch mit den einschlägigen Artikeln unseres Grundgesetzes.*
2. *Womit werden diese Änderungen von Frank gerechtfertigt?*
3. *Erörtern Sie die Konsequenzen dieser neuen Auffassung für die Rechtspraxis.*

M2

„Die leiseste Drohung genügt“

Lina Haag (1907 geb.) wird 1933 mit ihrem Mann, einem KPD-Abgeordneten, verhaftet und viereinhalb Jahre lang interniert, zuletzt im KZ Lichtenberg.

Am Ostersonntag peitscht er [der Lagerkommandant] eigenhändig drei Frauen aus. Die Genossin Steffi ist dabei. Sie hatte ihrem Freund, einem Juden, zur Flucht ins Ausland verholfen. Sie ist schön, intelligent und ein guter Kamerad. Bald darauf stirbt sie. Sie hält das nicht aus. So feiert der Kommandant des Konzentrationslagers Lichtenberg Ostern. Mit drei nackten, auf den Holzpflock geschnallten Frauen, die er auspeitscht, bis er nicht mehr kann. Würde das draußen ein Mensch glauben? Angenommen, es würde einer glauben, vielleicht sogar weitererzählen – ein Gestapodaumennagel[1] auf die Knöchelsehne gedrückt, genügt, um ihn augenblicklich alles so vollständig vergessen zu lassen, als hätte er nie davon gehört. Was sage ich, ein Gestapodaumennagel, nein, die leiseste Drohung genügt, und das Volk schweigt. Schweigt nicht nur, jubelt, marschiert, denunziert, steht geschlossen hinter dem Führer, wie es der Führer will. Die Drohung ist seine Staatskunst, seine Außenpolitik und seine Innenpolitik, Drohung und Angst, Grausamkeit und Feigheit sind die Fundamente seines Staates. [...] Hinter jeder Drohung steht das KZ, ein Abgrund von Verworfenheit, Verbrechen und tiefster Schuld. Die Bürger ahnen es. Das genügt. Mehr darüber zu wissen, ist schädlich. Es soll nicht Empörung, sondern Angst erzeugt werden. Sie wird erzeugt.

Wir können es zur Not verstehen, dass die Menschen draußen eingeschüchtert sind. Unbegreiflich ist uns nur, dass es so viele Sadisten gibt. Sind es wirklich Sadisten, Verbrecher von Grund auf, Mörder? Ich glaube es nicht, und Doris glaubt es auch nicht. Es sind Spießbürger. Nur sind sie zufällig nicht beim Finanzamt, sondern bei der Polizei, zufällig keine Magistratsschreiber oder Metzgermeister oder Kanzleigehilfen oder Bauarbeiter oder Standesbeamte, sondern Gestapoangestellte und SS-Männer. Sie unterscheiden nicht zwischen Gut und Böse, sie tun ganz einfach das, was ihnen befohlen ist. Es ist ihnen nicht befohlen, zwischen Gut und Böse zu unterscheiden oder zwischen Recht und Unrecht, sondern die Staatsfeinde auszurotten und zu vertilgen. Sie tun dies mit derselben sturen Pedanterie, mit demselben deutschen Fleiß und mit derselben deutschen Gründlichkeit, mit der sie sonst Steuererklärungen geprüft oder Protokolle geschrieben oder Schweine geschlachtet hätten. Sie peitschen eine wehrlos an einen Pflock gebundene Frau mit sachlichem Eifer und gewissenhaftem Ernst aus, in der vollen Überzeugung, damit dem Staat zu dienen oder ihrem Führer, was für sie das Gleiche ist. Mag in letzterem Fall ein kleines Vergnügen dabei sein, ausschlaggebend ist das deutsche Pflichtbewusstsein, von einem Dämon ins Dämonische gesteigert. Deshalb steht auf ihrem Koppelschloss „Meine Ehre heißt Treue“.

[1] Gestapo: Geheime Staatspolizei; siehe S. 49

▲ *Der SPD-Reichstagsabgeordnete Bernhard Kuhnt war im März 1933 in Chemnitz in „Schutzhaft“ genommen worden. Wenige Tage später wurde der invalide Mann von einem SA-Marine-Sturm öffentlich gedemütigt. Man setzte ihn in einen Kohlenkarren, den zwei sozialdemokratische Stadträte durch die Straßen ziehen mussten. Die SA ließ von diesem „Triumphzug“ Postkarten anfertigen.*

Lina Haag, Eine Hand voll Staub. Widerstand einer Frau 1933-1945. Mit einem Nachwort von Barbara Distel, Tübingen 2004, S. 171ff.

1. *Welche Funktion hat nach Meinung von Lina Haag das System der Konzentrationslager?*
2. *Nehmen Sie Stellung zu der Interpretation der KZ-Aufseher als „Spießbürger“. Welche Konsequenzen ergeben sich aus dieser Interpretation für die Schuldfrage?*

M3
„Jugendverführer“

Herbert R., der damals in einem Vorort von Hamburg lebte, erzählt, wie die Gestapo 1935 in seinem Bekanntenkreis aktiv wird. Das erste Opfer ist sein Chef:

Als ich in die Firma kam, sah ich, wie er verhaftet und von zwei Kriminalbeamten abgeführt wurde. Jedermann wunderte sich über seine Verhaftung. Niemand wagte etwas zu sagen. Man wusste nicht weshalb, ob es politisch war, oder ob es möglicherweise wegen seiner Homosexualität war. Alle waren wie erstarrt von den Dingen, die einen überfielen, wo man nicht wusste, was für eine Gefahr auf einen zukam. Dieser Druck in den folgenden Tagen und Wochen war wahnsinnig. Niemand wagte nachzufragen, alle stellten Vermutungen an, warum er verhaftet worden war. Ich brauchte nichts zu vermuten, weil ich wusste, was hier gespielt wurde. [...] Vierzehn Tage war er in Haft. Während dieser Zeit wurde er fast jeden Tag in seine Wohnung geführt, wo man alles zusammen mit ihm durchstöberte. Man ließ verlauten, dass er als „Jugendverführer“ keinen Betrieb mehr leiten dürfe. Diese Dinge, die da auf ihn eindrangen, sind wahrscheinlich so fürchterlich gewesen, dass er sich drei Wochen nach seiner Verhaftung im Gefängnis erhängt hat. Das war im Sommer 1935.

Mit einem Schlage setzte eine Verfolgungswelle von Homosexuellen in unserem Orte ein. Als nächster wurde mein Freund verhaftet. Er war bis 1933 Leiter einer Mädchenrealschule in Hamburg, antifaschistisch eingestellt und hatte nach der Machtergreifung der NSDAP mit 42 Jahren seinen Dienst quittiert, weil er mit diesem Regime nichts zu tun haben wollte. Er hatte in unserem Ort eine kleine Wohnung bezogen, wo ich ihn oft besuchte. Er verweigerte sich dem System und fiel natürlich dadurch auf, wenn er an bestimmten Tagen keine Flagge aus dem Fenster hing oder bei Sammlungen des Winterhilfswerks[1] nichts spendete.

Eines Tages erschienen bei ihm Leute von der Gestapo und holten ihn ab. Sich zu erkundigen, wo er geblieben sein könnte, war zwecklos. Wenn das jemand von uns getan hätte, dann hätte die Gefahr bestanden, dass man ihn gleich dabehielt, weil er ein Bekannter war, der auch verdächtigt wurde. [...] Nach seiner Verhaftung wurde seine Wohnung von Gestapo-Beamten durchsucht. Bücher wurden mitgenommen und besonders Notizbücher und Adressbücher beschlagnahmt, in der Nachbarschaft herumgefragt, und da hieß es: Da kommen immer nur junge Leute hin.

Die Notiz- und Adressbücher waren das Schlimmste. Alle, die darin vorkamen und mit ihm zu tun hatten, wurden festgenommen oder zur Gestapo zitiert.

Projektgruppe für die vergessenen Opfer des NS-Regimes in Hamburg e.V. (Hrsg.), Verachtet – verfolgt – vernichtet – zu den „vergessenen“ Opfern des NS-Regimes, Hamburg 1986, S. 49

1. *Untersuchen Sie die Reaktionen der beteiligten Personen und vergleichen Sie mit M4.*
2. *Erläutern Sie die Arbeit der Gestapo und ihre Methoden der Machtausübung.*

[1] *zum Winterhilfswerk vgl. S. 78*

M4
Das Schweigen

Der evangelische Pfarrer Martin Niemöller (1892–1984), der von 1938 bis 1945 wegen seiner unbeugsamen Haltung gegenüber den Nationalsozialisten im KZ war, setzt sich nach 1945 mit dem Verhalten eines großen Teils seiner Landsleute auseinander:

Als die Nazis die Kommunisten holten,
habe ich geschwiegen;
ich war ja kein Kommunist.
Als sie die Sozialdemokraten einsperrten,
habe ich geschwiegen;
ich war ja kein Sozialdemokrat.
Als sie die Gewerkschafter holten,
habe ich geschwiegen;
ich war ja kein Gewerkschafter.
Als sie mich holten, gab es keinen mehr,
der protestieren konnte.

Zit. nach: Martin Stöhr, Artikel vom 19.1.2007, www.martin-niemoeller-stiftung.de

1. *Worin sieht Niemöller die Ursache für die überwiegende Ignoranz der Bevölkerung gegenüber den nationalsozialistischen Verbrechen?*
2. *Begründen Sie, warum Niemöller dieses Gedicht in der ersten Person schreibt.*

Der Rechtsstaat wird ausgehöhlt

Mit der „Verordnung des Reichspräsidenten zum Schutz von Volk und Staat" vom 28. Februar 1933 war die erste Schranke des Rechtsstaats gefallen. Die Polizei konnte nun ohne Angabe des Grundes Personen bespitzeln oder verhaften, durfte sie ohne Verhör durch einen Richter festsetzen, konnte Wohnungen durchsuchen, Eigentum beschlagnahmen, Zeitungen zensieren und verbieten, Telefone überwachen, Parteien und Vereine auflösen.
Die Schaffung neuer Straftatbestände, so z. B. die Kritik an der Regierung, das Verbreiten ausländischer Nachrichten oder ganz generell der Verstoß gegen das „gesunde Volksempfinden", öffnete willkürlichen Urteilen Tür und Tor. Für Delikte wie Hochverrat legten die neuen Machthaber rückwirkend die Todesstrafe fest. Waren zwischen 1907 und 1932 in Deutschland 1400 Menschen zum Tode verurteilt und 345 hingerichtet worden, so sprachen die Strafgerichte unter nationalsozialistischer Herrschaft zwischen 1933 und 1944 13405 Todesurteile aus, von denen 11881 vollstreckt wurden.

▲ *Der Präsident des „Volksgerichtshofs" Roland Freisler, Foto vom 8. August 1944. Am „Volksgerichtshof", seit 1936 als ordentliches Gericht für Hoch- und Landesverrat zuständig, wurden bis 1945 rund 5200 Todesurteile gefällt. Die meisten von ihnen gehen auf das Konto Freislers, der seit 1942 den Vorsitz führte und wegen seiner fanatischen und demütigenden „Schauprozesse" als berüchtigster Strafrichter der NS-Zeit gilt.*

Polizei und Justiz

Im Rahmen der „Gleichschaltung" übernahmen die Nationalsozialisten in den Ländern die Polizeigewalt. Dies nutzten sie, um neben den regulären Polizeiapparat eine Hilfspolizei zu stellen. Deren Truppen bestanden ganz überwiegend aus Männern der SA und der SS. Die paramilitärischen Verbände der „Kampfzeit" erhielten damit hoheitliche Polizeibefugnisse. Die Folgen wurden durch die Säuberungsaktionen anlässlich des „Röhm-Putsches" am 30. Juni 1934 deutlich, die Hitler erst nachträglich durch das „Gesetz über Maßnahmen zur Staatsnotwehr" vom 3. Juli 1934 „rechtfertigen" ließ. Ein weiterer Schritt, der die Rechtssicherheit des Bürgers aufhob, war im Februar 1936 das Verbot der gerichtlichen Überprüfung von Maßnahmen der *Geheimen Staatspolizei (Gestapo)*. Diese war ab 1934 einziger Nachrichtendienst der „Partei", nach 1936 offizieller Nachrichtendienst des Reiches.
Bei all diesen Vorgängen gab es kaum Proteste oder Rücktritte, denn viele Richter und Staatsanwälte waren eingeschüchtert, da sie fürchten mussten, aus dem Dienst entfernt zu werden. Seit der „Machtergreifung" liefen sie ohnehin Gefahr, dass ihre Urteile von den Nationalsozialisten „korrigiert" wurden (➧ M1). Ergingen Freisprüche oder fielen die Strafen nach Meinung der Machthaber zu milde aus, so nahm nicht selten die Gestapo die Angeklagten in „Schutzhaft". Um die Betroffenen davor zu bewahren, verhängten die Gerichte teilweise lieber härtere Urteile, die dann im Rahmen des staatlichen Justizvollzugs vollstreckt werden konnten.
Eine andere Aushöhlung des gerichtlichen Rechtsschutzes bedeutete die Einrichtung von Sondergerichten wie dem *Volksgerichtshof*. Vor ihm waren die Rechte der Angeklagten beschränkt, und das Urteil stand in aller Regel im Vorhinein fest. Umgekehrt setzten die Justizbehörden Verfahren gegen Mitglieder der SA und SS aus und verschoben sie bis zur nächsten Amnestie.

Der Weg in den SS-Staat

Die SS war 1925 als Sonderorganisation zum Schutz Hitlers und anderer Funktionäre der NSDAP entstanden. Formal zunächst der Leitung der SA unterstellt, betrachtete sich die SS unter *Heinrich Himmler* als eine Art Geheimorden in schwarzer Uniform, durch einen Schwur dem „Führer" zu ewiger Treue verpflichtet. Seit dem „Röhm-Putsch" 1934 und der Entmachtung der SA war sie in ihrer elitären Rolle unangefochten.
Nach der „Machtergreifung" war die SS Hauptinformant für die Gestapo. Ein raffiniertes Spitzelsystem überzog ganz Deutschland und schuf eine Atmosphäre der ständigen Bedrohung. „Sicherheit" und Kontrolle gehörten zu den Hauptaufgaben der Organisation. Konsequenterweise wurde deshalb Himmler als „Reichsführer SS" ab 1936 Chef der Polizei, die in der Folgezeit praktisch aus dem Staatsapparat ausgegliedert wurde. Die Polizei war damit nicht länger an Recht und Gesetz gebunden, sondern zum Handlanger des „Führerwillens" geworden. SS-Angehörige saßen auf wichtigen Kommandoposten in den Massenorganisationen der Partei wie DAF[1)] oder HJ. Sie drangen in vielen Funktionen in die staatliche Verwaltung ein und stellten Dozenten für die Hochschulen. Eigene Forschungsabteilungen sollten die Ideen Hitlers vom „nordischen" Menschen experimentell beweisen. Nicht zuletzt in den Konzentrationslagern führten SS-Männer entsprechende „Experimente" durch und quälten Menschen zu Tode.

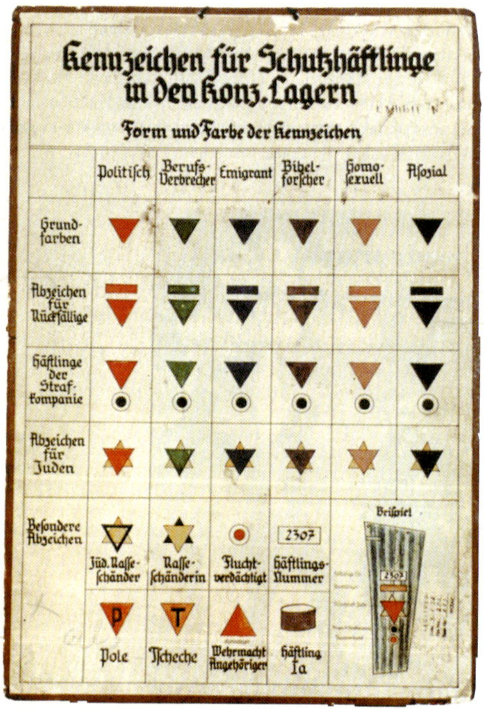

▲ *Tafel mit Kennzeichen der KZ-Häftlinge um 1940/41. In den anfänglich für politische Häftlinge eingerichteten Lagern stellte diese Gruppe ab Mitte der 1930er-Jahre die Minderheit dar.*
● *Überlegen Sie, warum die KZ-Häftlinge in verschiedene Kategorien eingeteilt wurden.*

Die Konzentrationslager

Gegen Ende des Ersten Weltkriegs, ab 1916, war die „Schutzhaft" von Justizbehörden im Deutschen Reich in Ausnahmefällen als streng begrenzte Vorbeugehaft verhängt worden. Im „Dritten Reich" entwickelte sie sich zu einem planmäßig eingesetzten Instrument politischen Terrors, das keiner richterlichen Kontrolle unterlag. Die ersten *Konzentrationslager (KZ)* in Deutschland entstanden schon wenige Wochen nach der „Machtergreifung" in Dachau nahe München und in Oranienburg bei Berlin. Seit Anfang März 1933 wurden vor allem Sympathisanten und Mitglieder der KPD und der SPD eingewiesen, zur Arbeit gezwungen und gefoltert (▶ M2). Ende Juli verzeichnete die amtliche Statistik etwa 27 000 Häftlinge. Ab 1935 dienten die Lager nicht mehr ausschließlich zur „Umerziehung" oder „Ausschaltung" von politischen Gegnern, sondern als Ort für Personengruppen, die generell zu „Volksschädlingen" erklärt worden waren. Dazu zählten „Gewohnheitsverbrecher", aber auch religiöse Minderheiten wie die Bibelforscher, nationale Randgruppen wie Polen oder Emigranten, dazu Juden und sozial gebrandmarkte Menschen wie „Arbeitsscheue" und Homosexuelle (▶ M3, M4).

1) *DAF: Deutsche Arbeitsfront; siehe S. 72 uns 77*

1.6 Ausgrenzung und Verfolgung der Juden

▲ *Fenster eines Berliner Modegeschäfts, 1. April 1933.*

1. 4. 1933
Ein Boykottaufruf soll jüdische Unternehmen, Geschäfte und Praxen schädigen

15. 9. 1935
Nürnberger Gesetze; Ausbürgerung der Juden

9.–11. 11. 1938
In der „Reichskristallnacht“ kommt es zur Zerstörung von Synagogen, Plünderungen, Verhaftungen und Morden

3. 12. 1938
Jüdische Vermögen werden eingezogen

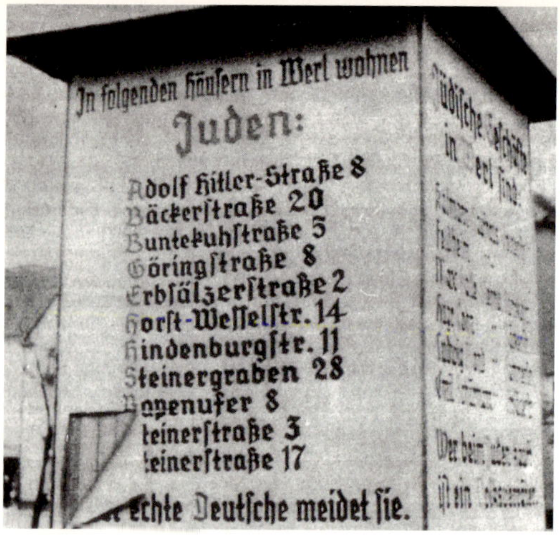

▲ *Öffentliche Hinweise. Beachten Sie die Straßennamen.*

M1

Umgang mit Juden 1933-1939

Seit Frühjahr 1933	Juden werden zur Auswanderung aufgefordert
1.4.1933	Boykott jüdischer Unternehmen
7.4.1933	„Gesetz zur Wiederherstellung des Berufsbeamtentums", durch das nichtarische Beamte bis auf Ausnahmen entlassen werden; Ausdehnung auf andere Berufsgruppen
22.9.1933	Gründung der „Reichskulturkammer"; Juden werden aus dem Kulturleben ausgeschaltet
21.5.1935	Wehrgesetz: Juden werden vom „Ehrendienst am deutschen Volk" ausgeschlossen
Seit Sommer 1935	Aktionen gegen Juden; Schilder an Ortseingängen, in öffentlichen Anlagen, Bädern, Geschäften und Restaurants mit dem Hinweis „Juden unerwünscht"
15.9.1935	„Reichsbürgergesetz": Unterscheidung zwischen „Staatsangehörigem" und „Reichsbürger"; nur wer „deutschen oder artverwandten Blutes" ist, hat die vollen politischen Rechte
15.9.1935	„Gesetz zum Schutz des deutschen Blutes und der deutschen Ehre": Eheschließungen und auch außerehelicher Verkehr zwischen Juden und Angehörigen „deutschen oder artverwandten Blutes" sind verboten und werden mit Strafen bedroht
14.11.1936	Zwangspensionierung aller jüdischen Beamten bis zum 31.12.1936
28.3.1938	jüdische Gemeinden, die bisher noch Körperschaften öffentlichen Rechts waren, werden private Vereine
22.4.1938	Verordnung gegen „Tarnung jüdischer Gewerbebetriebe"
26.4.1938	Verordnung über Anmeldung des Vermögens der Juden
6.7.1938	Ausschaltung der Juden aus Gewerben
23.7.1938	Einführung einer besonderen Kennkarte für Juden
25.7.1938	Approbationen jüdischer Ärzte erlöschen bis zum 30.7.
17.8.1938	Zwangsweise Einführung der Vornamen Israel bzw. Sarah für alle Juden und Jüdinnen
5.10.1938	Reisepässe der Juden werden mit „J" gekennzeichnet
9.-11.11.1938	„Reichskristallnacht": Zerstörung von Synagogen; Plünderungen, Verhaftungen und Morde
12.11.1938	Verordnung über die „Sühneleistung der Juden": Juden müssen eine Milliarde Reichsmark zahlen; Verordnung zur „Wiederherstellung des Straßenbildes": jüdische Besitzer müssen die Schäden sofort beseitigen; Versicherungsleistungen werden vom Reich beschlagnahmt; Verordnung über die „Ausschaltung der Juden aus dem Wirtschaftsleben"
15.11.1938	Verbot für Juden, nichtjüdische Schulen zu besuchen
26.11.1938	Wohnbeschränkungen für Juden
28.11.1938	Juden dürfen bestimmte Bezirke nicht mehr betreten und sich zu bestimmten Tageszeiten nicht mehr in der Öffentlichkeit zeigen
3.12.1938	Verordnung über den Einzug jüdischen Vermögens; Einziehung der Führerscheine und Zulassungspapiere für Kraftfahrzeuge von Juden

▲ *Aufruf zum Boykott jüdischer Geschäfte im April 1933.*

• *Erläutern Sie die Zielsetzung und die zu erwartende psychologische Wirkung des Anschlags.*

14.1.1939	Auftrag Hitlers, „die Judenfrage in Form der Auswanderung oder Evakuierung einer den Zeitläufen möglichst günstigen Lösung“ zuzuführen
17.1.1939	Aufhebung des Mieterschutzes für Juden
30.1.1939	Hitler kündigt im Reichstag für den Kriegsfall „die Vernichtung der jüdischen Rasse in Europa“ an
21.2.1939	Zwangsablieferung von Gold, Edelsteinen und anderem bei öffentlichen „Ankaufstellen“
1.9.1939	Juden müssen ab 20 Uhr (im Sommer ab 21 Uhr) zu Hause sein

1. *Erläutern Sie die Folgen der jeweiligen Einschränkungen für die Betroffenen.*
2. *Beurteilen Sie geschlechtsspezifische Unterschiede bei den Maßnahmen: Wovon sind eher die Männer betroffen, wovon die Frauen, wovon Familien als Ganzes?*

M2

„Wir sind Geiseln“

Am 28. März 1933 verkünden die Nationalsozialisten einen „Generalboykott“ gegen Geschäfte und Warenhäuser jüdischer Eigentümer. Victor Klemperer, (1881–1960), jüdischer Romanistikprofessor in Dresden, berichtet davon in seinem Tagebuch:

30. März, Donnerstag

Gestern bei Blumenfelds mit Dembers zusammen zum Abend. Stimmung wie vor einem Pogrom[1] im tiefsten Mittelalter oder im innersten zaristischen Russland. Am Tage war der Boykott-Aufruf der Nationalsozialisten herausgekommen. Wir sind Geiseln. [...] Ich empfinde eigentlich mehr Scham als Angst, Scham um Deutschland. Ich habe mich wahrhaftig immer als Deutscher gefühlt. Und ich habe mir immer eingebildet: 20. Jahrhundert und Mitteleuropa sei etwas anderes als 14. Jahrhundert und Rumänien. Irrtum. – Dember malte die geschäftlichen Folgen aus: Börse, Rückschläge auf christliche Industrie – und alles dies würden dann „wir“ mit unserem Blut bezahlen. Frau Dember erzählte durchgesickerten Misshandlungsfall eines kommunistischen Gefangenen, Tortur durch Rizinus, Prügel, Angst – Selbstmordversuch. Frau Blumenfeld flüsterte mir zu, der zweite Sohn Dr. Salzburgs, stud. med., sei verhaftet – man habe Briefe von ihm bei einem Kommunisten gefunden. Wir gingen (nach reichlich gutem Essen) auseinander wie bei einem Abschied an die Front. Gestern jämmerliche Erklärung der „Dresdener NN“[2] „in eigener Sache“. Sie seien zu 92,5 Prozent auf arisches Kapital gestützt, Herr Wolff, Besitzer der übrigen 7,5 Prozent, lege Chefredaktion nieder, ein jüdischer Redakteur sei beurlaubt (armer Fentl!), die andern zehn seien Arier. Entsetzlich! – In einem Spielzeugladen ein Kinderball mit Hakenkreuz.

Victor Klemperer, Das Tagebuch 1933–1945. Eine Auswahl für junge Leser, Berlin [7]2005, S. 14

1. *Interpretieren Sie die Reaktion Klemperers auf den „Generalboykott“. Beachten Sie dabei das „wir“ in Anführungszeichen.*
2. *Verfolgen Sie den Weg der Informationen über die Unterdrückung. Welche Informationen sind offiziell?*

---

[1] *Pogrom (russ.): wörtlich „Verwüstung“; Bezeichnung für die Judenverfolgung im zaristischen Russland; später Ausdehnung des Begriffs auf alle Ausschreitungen gegen nationale, religiöse und rassische Gruppen*

[2] *NN: Neueste Nachrichten*

M3

„Sein eigenes Begräbnis erleben“

Die jüdische Ärztin Hertha Nathorff dokumentiert in ihrem Tagebuch die Repressalien, denen sie mit zahlreichen Kolleginnen und Kollegen zusammen ausgesetzt ist. 1939 emigriert sie in die USA.

14. April 1933
„Sie schalten gleich“. Nein, sie wüten. Aus allen Berufen, aus allen Stellen schalten sie die Juden aus „zum Schutze des deutschen Volks“. Was haben wir diesem Volk denn bis heute getan? In den Krankenhäusern ist es furchtbar. Verdiente Chirurgen haben sie mitten aus der Operation herausgeholt und ihnen das Wiederbetreten des Krankenhauses einfach verboten. Andere haben sie auf Wagen geladen und unter dem Gejohl der Menge durch die Stadt geführt. Verschiedene Bekannte sind Hals über Kopf auf und davon ins Ausland, weil sie politisch verdächtig waren. Mein altes Krankenhaus hat seine tüchtigsten und besten Ärzte verloren, die und die Patienten sind verzweifelt, es geht alles drunter und drüber. Die Hetzreden des Herrn Goebbels übersteigen alles, was an Hetze und Verlogenheit bisher da war, und das Volk hört es an und schweigt – und vor allem, die führenden Ärzte, die prominenten Professoren, was tun sie für ihre verratenen Kollegen? […]

April 1933
Ein Brief vom Magistrat Charlottenburg: „Sie werden gebeten, Ihre Tätigkeit als leitende Ärztin der Frauen- und Beratungsstelle einzustellen!“ Aus. Also herausgeworfen – aus. Meine armen Frauen, wem werden sie nun in die Hände fallen? Fast 5 Jahre habe ich diese Stelle geleitet, groß und bekannt gemacht, und nun? Aus, aus – ich muss es mir immer wieder sagen, damit ich es fassen kann.

Mai 1933
[…] Nun fangen sie in meiner Sprechstunde an, mich zu fragen, ob ich etwa Jüdin bin. Ihr Rasseninstinkt ist bewundernswert. „Frau Doktor, Sie sind doch eine so reizende Frau, warum haben Sie bloß einen Juden geheiratet?“ Ganz fassungslos habe ich die Patientin angeschaut.

12. Mai 1933
Eine Patientin kommt weinend zu mir. Sie war bei der üblichen Vortragsstunde ihres Betriebs, und da wurde gelehrt: Wer einmal Beziehungen zu einem Juden gehabt hat, kann nie mehr rein arische Kinder bekommen. Und sie hat früher einmal einen jüdischen Freund gehabt. Ich habe lange reden müssen, das etwas primitive Geschöpf von dem Blödsinn dieser Behauptung zu überzeugen. Jetzt atmet sie auf: „Frau Doktor, ich wollte schon den Gashahn aufmachen, da bin ich im letzten Augenblick noch zu Ihnen gelaufen.“ Ja, aber wie viele haben niemand, zu dem sie laufen können, und dann?

15. Mai 1933
Kollege H. ist tot! Selbstmord – er hat es nicht ertragen können, dass er nicht als voll anerkannt wird. Ich kann es so gut verstehen. Wahrlich, hätte ich nicht Mann und Kind, ich – ich weiß nicht, was ich täte. […]

30. Juni 1933
Die letzte Kassen-Sprechstunde. Ich habe tapfer durchgehalten. Meine Wohnung gleicht einem blühenden Garten. Abschiedsblumen. Wie das ist, sein eigenes Begräbnis zu erleben! […]

Barbara Bronnen (Hrsg.), Geschichten vom Überleben. Frauentagebücher aus der NS-Zeit, München 1998, S. 32-36

▼ *Ausgrenzung auch im Alltag.*

1. *Beurteilen Sie die gesellschaftlichen Folgen der antisemitischen Maßnahmen (M1-M3).*
2. *Schildern Sie, wie der nicht betroffene Teil der Bevölkerung auf die Zwangsmaßnahmen reagierte.*

M4

Beobachtungen eines Hausmeisters

Der Hausmeister eines Gymnasiums schreibt am 10. November 1936 einen Brief an die HJ-Führung in Altona (heute Stadtteil von Hamburg):

Als Hausmeister an der Gelehrtenschule des Johanneums muss ich täglich die Beobachtung machen, dass das Verhältnis Juden – Hitlerjugend im Gegensatz steht zu den Zielen der HJ-Führung. Wären die Juden nicht schon äußerlich als solche erkenntlich, müsste jeder Außenstehende annehmen, dass es an dieser Schule keine Juden gäbe, denn ich muss leider sagen, dass das Verhalten der HJ-Angehörigen den Juden gegenüber direkt beschämend für Erstere ist. Anstatt dieses Judengesocks zu meiden und zu missachten durch eine rein äußerliche Haltung, werden die Juden so kameradschaftlich behandelt, dass jedem aufrichtigen Nationalsozialisten das Kotzen ankommt. Der Brechreiz wird noch größer, wenn man sieht, dass bei Fotoaufnahmen in der Klasse Hitlerjungen und Juden einträchtig nebeneinander stehen, als gäbe es überhaupt keine Rassenfrage. (Ein Bild wird, sowie es in meinen Besitz gelangt, zugestellt.) Ferner ist bekannt, dass ein Angehöriger der HJ fast täglich einen Juden von dessen Wohnung abholt und den Weg zur Schule mit diesem gemeinsam fortsetzt. [...] Da wir leider die Juden nicht einfach aus der Schule hinausschmeißen dürfen, muss zur Selbsthilfe geschritten werden, um unsere Jugend dem verderblichen Einfluss des Judengesindels zu entziehen, und müssen die Juden von den Angehörigen der HJ so behandelt werden, dass ihnen die Lust vergeht, noch länger an der Schule zu bleiben.

Ich hoffe und erwarte, dass aufgrund dieses Berichtes ganz energisch eingegriffen wird, denn die Lehrerschaft bürgt nicht für einen Erfolg in Bezug auf die Erziehung der Schüler im nationalsozialistischen Sinne, da sie sich (von einigen Ausnahmen abgesehen, welche sich leider gegen eine Mehrzahl nicht durchsetzen können) in diesem Leben von den angeborenen und noch dazu anerzogenen Hemmungen heute einfach nicht mehr freimachen kann.

Hans Mommsen und Susanne Willems (Hrsg.), Herrschaftsalltag im Dritten Reich, Düsseldorf 1988, S. 285 f.

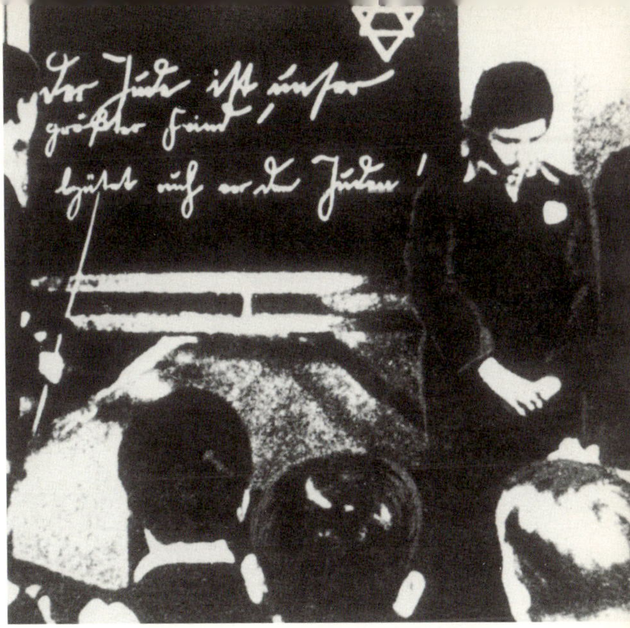

▲ *Demütigung eines jüdischen Jungen in einer Wiener Schule, Foto von 1938. Auf der Tafel steht: „Der Jude ist unser größter Feind! Hütet euch vor dem Juden!"*

1. *Erläutern Sie die politische Position des überwiegenden Teils der Lehrerschaft an dem Gymnasium.*
2. *Beurteilen Sie den Einfluss, den Leute wie der Hausmeister in allen Institutionen auf das soziale Klima haben mussten.*

M5

Aus dem Wirtschaftsleben verdrängt

Nach 1933 beginnen die Nationalsozialisten, jüdische Geschäftsleute und Gewerbetreibende dazu zu zwingen, ihre Unternehmen weit unter Wert an „Arier" zu veräußern. Bis zur „Reichskristallnacht" (9. November 1938) sind bereits 60 % der jüdischen Betriebe „arisiert". Ein Vorstandsmitglied der Deutschen Bank notiert am 25. Juli 1938:

Von 700 in der Zentrale[1)] erfassten jüdischen Unternehmungen sind (bis 25.7.1938) ca. 200 arisiert. Für zahlreiche weitere schweben noch Verhandlungen. Es laufen jetzt täglich Mitteilungen ein, dass Objekte arisiert sind.

1) *gemeint ist die Zentrale der Deutschen Bank*

In einigen Branchen lässt das Angebot an wirklich guten Objekten stark nach. Die Nachfrage hier ist weitaus größer, z.B. in der Metall- und Chemie-Branche. Es ist nicht immer möglich, diese Interessenten auf andere Branchen hinzulenken.
Eine weitere Beschleunigung der Arisierung kann dann erwartet werden, wenn die Genehmigungen schneller erteilt werden. Es dauert häufig 2 Monate, bis alle Instanzen ihr placet[2)] gegeben haben.

Dietrich Eichholtz und Wolfgang Schumann (Hrsg.), Anatomie des Krieges. Neue Dokumente über die Rolle des deutschen Monopolkapitals bei der Vorbereitung und Durchführung des Zweiten Weltkrieges, Berlin 1969, S. 188

1. *Arbeiten Sie heraus, welche Institutionen an der „Arisierung" beteiligt sind.*
2. *Erläutern Sie die Perspektive und Zielsetzung des Vorstandsmitglieds.*

M6
Ein Fernschreiben mit Folgen

Am 7. November 1938 schießt der 17-jährige Herschel Grynszpan, dessen Eltern von den deutschen Behörden aus Hannover nach Polen abgeschoben worden sind, in Paris auf den deutschen Diplomaten Ernst vom Rath, der zwei Tage später den Verletzungen erliegt. An seinem Todestag ergeht folgendes Fernschreiben (FS) des Geheimen Staatspolizeiamtes an alle Leiter oder Stellvertreter der Staatspolizeistellen:

Dieses FS ist sofort auf dem schnellsten Wege vorzulegen.
1. Es werden in kürzester Frist in ganz Deutschland Aktionen gegen Juden, insbesondere gegen deren Synagogen stattfinden. Sie sind nicht zu stören. Jedoch ist im Benehmen mit der Ordnungspolizei sicherzustellen, dass Plünderungen und sonstige besondere Ausschreitungen unterbunden werden können.
2. Sofern sich in Synagogen wichtiges Archivmaterial befindet, ist dieses durch eine sofortige Maßnahme sicherzustellen.

2) placet (lat.): „es gefällt"; Zustimmung

▲ *Brennende Synagoge in Essen am 10. November 1938.*
● *Forschen Sie nach, was mit der Synagoge an Ihrem Wohnort geschah.*

3. Es ist vorzubereiten die Festnahme von etwa 20-30 000 Juden im Reiche. Es sind auszuwählen vor allem vermögende Juden. Nähere Anordnungen ergehen noch im Laufe dieser Nacht.
4. Sollten bei den kommenden Aktionen Juden im Besitz von Waffen angetroffen werden, so sind die schärfsten Maßnahmen durchzuführen. Zu den Gesamtaktionen können herangezogen werden Verfügungstruppen der SS sowie Allgemeine SS. Durch entsprechende Maßnahmen ist die Führung der Aktionen durch die Stapo auf jeden Fall sicherzustellen.

Zusatz für Kripo Köln:
In der Synagoge Köln befindet sich besonders wichtiges Material. Dies ist durch schnellste Maßnahme im Benehmen mit SD[1)] sofort sicherzustellen.

Gestapa II Mueller
Dieses FS ist geheim.

Hans-Jürgen Döscher, „Reichskristallnacht". Die Novemberpogrome 1938, Frankfurt am Main/Berlin 1990, S. 89

1. *Untersuchen Sie die Rechtsgrundlagen der geplanten Aktionen.*
2. *Erläutern Sie, warum die Geheimhaltung des Fernschreibens wichtig war.*
3. *In der Presse wurde die Reaktion auf das Attentat als spontaner „Volkszorn" dargestellt. Nehmen Sie dazu Stellung.*

1) SD: Sicherheitsdienst

M7

„Wo war die Polizei?“

Im November 1938 geht die NS-Führung landesweit mit planmäßigen Gewaltaktionen gegen Juden und jüdische Einrichtungen vor („Reichskristallnacht“). Ein geschädigter Hausbesitzer schreibt danach anonym der Krefelder Polizei einen Brief:

Wo war die Polizei, als heute die Nachmittagsplünderungen, Demolierungen, zum Teil fremden arischen Eigentums, stattfanden!!!!!! Man muss sich wohl in die Psychose des Volkes hineinversetzen und man darf unter keinen Umständen die Empörung des deutschen Volkes über die feige Pariser Mordtat unterschätzen und man muss es verstehen, wenn im ganzen Reiche fast auf die Minute die jüdischen Tempel ausgeräuchert, die jüdischen Geschäfte und Wohnungen demoliert wurden. Dass es aber von der Aufsichtsbehörde, und das ist die Polizei, mit geschlossenen Augen zugegeben wurde, dass vom Mob der Straße, vom Plebs, vom Halbwüchsigen dann noch die Waren aus den jüdischen Geschäften geplündert wurden, das kann man als guter Deutscher nicht verstehen und das wird auch das Ausland nicht verstehen können. [...] Wer ist in den meisten Fällen der Geschädigte? Der Hausbesitzer, denn die meisten Juden wohnten in gemieteten Räumen. – Zu Hunderten ist die Polizei auf der Straße, wenn irgendein Umzug ist, wenn irgendeine höhere Persönlichkeit sich auch mal bei uns in Krefeld blicken lässt; jeder von den Polizisten, von oben bis unten, blinzelt nach dem Orden, jeder war dann, soweit es sich um die alten Krefelder Stadtsoldaten handelt, ein alter Kämpfer, kein Einziger von ihnen hat in der Kampfzeit mit dem Knüppel auf die Nazis gehauen, alle waren sie mit dem Herzen schon dabei, nur durften sie es nicht offen zeigen. Und heute, als es darum geht, die Juden auf vernünftigen Wegen aus unserem Reiche zu entfernen, da lässt es die Polizei, die doch sonst alles im Voraus weiß, die so klug ist, glattweg zu, dass auch noch geplündert wird und dass man deutsch-arisches Privateigentum entwertet. Wo waren denn alle unsere Polizisten, warum kamen sie nicht, als die Telefone um Hilfe riefen, warum kommt überhaupt die Polizei stets zu spät, wenn das Kind in den Brunnen gefallen ist. Die Empörung weitester Kreise, auch solcher, die schon lange vor der Machtübernahme dem Führer angehörten, ist unaussprechlich groß darüber, dass man es amtlicherseits zugelassen hat, dass der Mob der Straße sich breit machte. Was steht uns erst bevor, wenn einmal, was Gott verhüten möge, einer anderen Fahne die Hakenkreuzfahne weichen muss!!! Dann bleibt dieselbe Beamtenschaft auch wieder am Ruder, beziehungsweise Futterkrippe, und schreit laut den Jubelruf der Gegenseite, so wie sie 1933 auch den Deutschen Gruß von heute auf morgen lernte, Motto: Wer mir zu fressen gibt, den liebe ich.

Ein durch die Unzuverlässigkeit der Polizei Geschädigter

Abschrift ging durch sicheren Boten an meine Verwandtschaft im Ausland, mit dazugehöriger ausführlicher Begründung.

Hans Mommsen und Susanne Willems (Hrsg.), a. a. O., S. 438 f.

▲ *Jüdische Geschäfte in Berlin nach der „Reichskristallnacht“.*

1. *Erläutern Sie nach diesem Bericht die Position der „alten Ordnungsmacht“, der Polizei im NS-Staat.*
2. *Bewerten Sie die Aussagen des Hausbesitzers über die politische Mentalität der Beamtenschaft.*
3. *Bestimmen Sie den politischen Standort des Schreibers.*

Grundbegriff: Judentum ···> Ursprünglich wurden als „Juden" nur die Angehörigen des israelitischen Stammes Juda bezeichnet, ehe etwa im 6. Jh. v. Chr. der Name auf alle Israeliten überging. Trotz der Zerstörung der staatlichen Existenz Israels durch die Römer im Jahre 70 n. Chr. hat sich jüdische Identität – über viele Länder verstreut – bewahrt. Sie fußt vor allem auf vier Elementen: die Verbundenheit mit dem überkommenen Glauben, die Rückführung auf eine gemeinsame Herkunft, die Orientierung auf ein „verheißenes Land" und die Identifikation mit einer besonderen Geschichte. Die Gemeinsamkeit von Sprache, Sitte und Kultur beruht entscheidend auf der tradierten jüdischen Religion. 613 Vorschriften der Thora (göttliche Lehre) regeln Leben und religiöse Praxis bis ins Detail. Seit dem 19. Jh. entfernten sich jedoch viele Juden (wie auch Christen) von ihrer Religion und assimilierten sich an den Kulturkreis, in dem sie lebten.

In Deutschland existierten jüdische Siedlungen seit der Römerzeit, zuerst in Köln (um 320), dann auch in vielen anderen großen Städten. Sie lassen sich als Kaufleute, Gutsbesitzer, Handwerker, Gelehrte und Ärzte nachweisen, genossen freie Religionsausübung, Handelsfreiheit und unabhängige Gerichtsbarkeit. Das überwiegend friedliche Zusammenleben zwischen Christen und Juden änderte sich mit den Kreuzzügen. Religiöse Fanatiker riefen dazu auf, auch gegen „Irrgläubige" im eigenen Land vorzugehen. Zahlreiche Ausschreitungen und Verfolgungswellen waren die Folge: Ende des 13. Jh. wurden die Juden aus England, im 14. Jh. aus Frankreich und 1492 per Gesetz aus Spanien vertrieben. Einen Höhepunkt erreichte die Judenfeindschaft vor allem während der letzten Kreuzzüge (um 1250) und der Pestzeit (1347-1352). Die Menschen suchten Schuldige für die unerklärlichen Leiden und dichteten den Juden Brunnenvergiftungen, Hostienschändungen und Kindesmorde an. Seit dem 15. Jh. mussten sie in Ghettos leben. Durch den Ausschluss von Ämtern, Gilden, Zünften, Schulen und Universitäten blieben ihnen oft nur der bei den Christen verpönte Geldverleih und das Pfandgeschäft. Eine dünne jüdische Oberschicht konnte sich als Geldgeber bei Hofe Ansehen erwerben, die Mehrzahl lebte jedoch überwiegend in sehr ärmlichen Verhältnissen in Kleinstädten und auf dem Lande. Durch die tolerante Politik des Kurfürsten bildete sich seit dem 17. Jh. in Preußen eine jüdische Elite heraus, die den Grundstein für den geistigen Aufstieg des Judentums legte. Aus ihren Reihen kamen aufgeklärte Intellektuelle, wie der Philosoph Moses Mendelssohn. Die mit der Reichsverfassung von 1871 endgültige rechtliche und politische Gleichstellung sowie die Industrialisierung ermöglichten im 19. Jh. einen Aufstieg der Juden ins Bürgertum. Einem konstruktiven Zusammenleben im Reich stand jedoch ein wachsender Antisemitismus im Wege, der nach 1933 von den Nationalsozialisten zur Staatsideologie erhoben wurde und in systematischer Ausgrenzung, Verfolgung und Vernichtung gipfelte. 6 Millionen Juden wurden Opfer des Holocaust.

Nach rund 2000 Jahren Exil und Zerstreuung (Diaspora) erhielt das Judentum mit der Gründung des Staates Israel im Jahr 1948 wieder eine Heimat. Seither sind die Grenzen des Landes sowie das Zusammenleben mit den nichtjüdischen Bevölkerungsteilen Palästinas ungelöste Probleme der Weltpolitik. Auf der Welt leben derzeit ca. 14 Millionen Juden, davon rund 5 Millionen in Israel. In Deutschland ist die Zahl der Juden durch Einwanderung aus den Staaten der ehemaligen Sowjetunion wieder auf über 100 000 angewachsen und nimmt kontinuierlich zu.

Wachsender Antisemitismus

Die Verfassung des neu gegründeten Deutschen Reiches hatte 1871 den deutschen Juden erstmals die rechtliche und politische Gleichberechtigung gewährt, die ihrer tatsächlichen gesellschaftlichen und wirtschaftlichen Stellung Rechnung trug. Die Mehrheit gehörte dem Bürgertum an, übte akademische Berufe aus oder betätigte sich erfolgreich in Handel und Industrie. Dennoch oder gerade wegen des wirtschaftlichen und sozialen Aufstiegs der Juden gab es nach wie vor einen latenten und teilweise auch offenen Antisemitismus, der sich zur Jahrhundertwende hin steigerte. Doch nicht nur die Verbreitung des Antisemitismus wuchs, auch seine inhaltliche Ausrichtung radikalisierte sich. Im Zentrum stand eine pseudowissenschaftliche Rassentheorie, die die Überlegenheit „arischen Blutes" und die Minderwertigkeit der „Semiten" postulierte. Alte Vorurteile und Sündenbocktheorien wurden wieder verbreitet und ausgebaut.

Auch das Opfer von 12 000 jüdisch-deutschen Gefallenen des Ersten Weltkriegs trug wenig zur Integration bei. Gerade nationalistisch-konservative Kreise lenkten das Augenmerk der Öffentlichkeit eher auf die führende Rolle, die Frauen und Männer jüdischer Herkunft bei der Revolution von 1918 in Berlin und München gespielt hatten: Links orientierte Politikerinnen und Politiker wie *Kurt Eisner* oder *Rosa Luxemburg* wurden als „Verräter am deutschen Volk" gebrandmarkt.

In der Weimarer Republik waren viele herausragende Köpfe Juden oder jüdischer Abstammung, der Physiker *Albert Einstein* ebenso wie der Unternehmer und Politiker *Walther Rathenau* oder der Staatsrechtler *Hugo Preuß*, maßgeblicher Autor der Weimarer Verfassung. Aber was auch immer Juden auf wirtschaftlichem, politischem oder kulturellem Gebiet für die Nation leisteten, von der Gegenseite wurde es als „Verjudung" und „Überfremdung" des deutschen Volkes und seiner Kultur diffamiert. Viele – Juden und Nichtjuden – nahmen weder die Hetzkampagnen noch die schon in den Zwanzigerjahren regelmäßig vorkommenden gewaltsamen Ausschreitungen ernst. Erst die Ereignisse nach 1933 zeigten die wahre Brisanz des tief verwurzelten Antisemitismus.

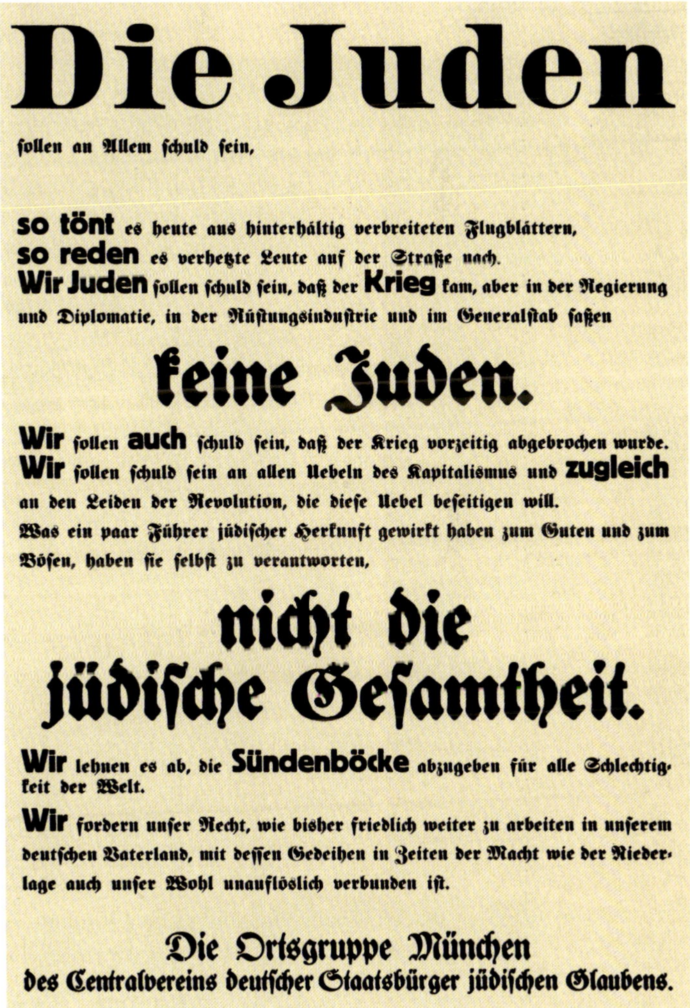
Die Juden

sollen an Allem schuld sein,

so tönt es heute aus hinterhältig verbreiteten Flugblättern,
so reden es verhetzte Leute auf der Straße nach.
Wir Juden sollen schuld sein, daß der Krieg kam, aber in der Regierung und Diplomatie, in der Rüstungsindustrie und im Generalstab saßen

keine Juden.

Wir sollen auch schuld sein, daß der Krieg vorzeitig abgebrochen wurde.
Wir sollen schuld sein an allen Uebeln des Kapitalismus und zugleich an den Leiden der Revolution, die diese Uebel beseitigen will.
Was ein paar Führer jüdischer Herkunft gewirkt haben zum Guten und zum Bösen, haben sie selbst zu verantworten,

nicht die jüdische Gesamtheit.

Wir lehnen es ab, die Sündenböcke abzugeben für alle Schlechtigkeit der Welt.
Wir fordern unser Recht, wie bisher friedlich weiter zu arbeiten in unserem deutschen Vaterland, mit dessen Gedeihen in Zeiten der Macht wie der Niederlage auch unser Wohl unauflöslich verbunden ist.

Die Ortsgruppe München
des Centralvereins deutscher Staatsbürger jüdischen Glaubens.

▲ *Plakat des Zentralvereins deutscher Staatsbürger jüdischen Glaubens, Ortsgruppe München, als Antwort auf die Dolchstoßlegende nationalistischer und antisemitischer Kreise, 1919.*

▲ *Geschäftspostkarte aus München von 1939.*

Ausgrenzung aus Wirtschaft und Gesellschaft

Schon bald nach der „Machtergreifung" begann die organisierte Ausgrenzung der Juden sowie der etwa 15 000 im Deutschen Reich lebenden Sinti und Roma durch staatliche Maßnahmen, die bis 1939 schrittweise radikaler wurden (▸ M1-M3). Das „Gesetz zur Wiederherstellung des Berufsbeamtentums" vom April 1933 verlangte von allen Beamten den Nachweis arischer Abstammung. Wer als arisch gelten durfte, bestimmte der *Arierparagraf*. Ähnliche Gesetze traten später für andere einflussreiche Berufsstände in Kraft. Gleiches galt für den aktiven Wehr- und Arbeitsdienst.

Die *Nürnberger Gesetze* von 1935 gingen noch einen Schritt weiter und machten die arische Abstammung zur Bedingung für die Anerkennung als Vollbürger. Eheschließungen zwischen Ariern und Juden wurden als „Rassenschande" verboten und mit Haft, später mit dem Tode bestraft. Bereits bestehende Ehen wurden für nichtig erklärt. Weitere rechtliche Diskriminierungen folgten: Juden sowie die zur „artfremden Rasse" erklärten Sinti und Roma erhielten Ausgangsverbote, durften keine öffentlichen Schulen, Theater, Kinos, Cafés oder andere Einrichtungen mehr besuchen. Jüdischen Haushalten wurden Gas und Strom abgesperrt. Ab 1938 wurden die Reisepässe von Juden mit einem „J" versehen, Sinti und Roma erhielten ab März 1939 besondere „Rasseausweise". Die zunehmende Ausgrenzung aus dem sozialen und gesellschaftlichen Umfeld ließ das Leben für die Betroffenen immer unerträglicher werden (▸ M4).

Der Ausschluss der Juden aus dem Wirtschaftsleben begann mit einem Boykottaufruf gegen jüdische Geschäfte im April 1933. Dieser wurde von der Bevölkerung zwar nur bedingt befolgt, jedoch zwangen der Entzug öffentlicher Aufträge, ausbleibende Kundschaft und bürokratische Schikanen viele jüdische Gewerbetreibende dazu, ihre Geschäfte zu schließen oder auf Druck der Behörden zu Spottpreisen an „arische" Unternehmer zu verkaufen (▸ M5). Von 100 000 jüdischen Betrieben existierten im April 1938 noch knapp 40 000.

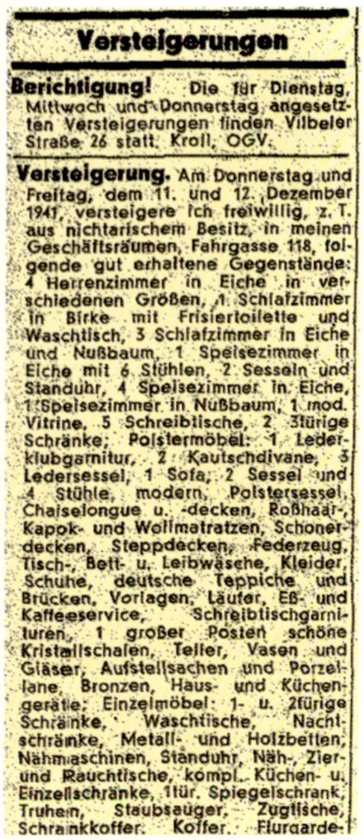
Versteigerungen

Berichtigung! Die für Dienstag, Mittwoch und Donnerstag angesetzten Versteigerungen finden Vilbeler Straße 26 statt. Kroll, OGV.

Versteigerung. Am Donnerstag und Freitag, dem 11. und 12. Dezember 1941, versteigere ich freiwillig, z. T. aus nichtarischem Besitz, in meinen Geschäftsräumen, Fahrgasse 118, folgende gut erhaltene Gegenstände: 4 Herrenzimmer in Eiche in verschiedenen Größen, 1 Schlafzimmer in Birke mit Frisiertoilette und Waschtisch, 3 Schlafzimmer in Eiche und Nußbaum, 1 Speisezimmer in Eiche mit 6 Stühlen, 2 Sesseln und Standuhr, 4 Speisezimmer in Eiche, 1 Speisezimmer in Nußbaum, 1 mod. Vitrine, 5 Schreibtische, 2 3türige Schränke; Polstermöbel: 1 Lederklubgarnitur, 2 Kautschdivane, 3 Ledersessel, 1 Sofa, 2 Sessel und 4 Stühle, modern, Polstersessel, Chaiselongue u. -decken, Roßhaar-, Kapok- und Wollmatratzen, Schonerdecken, Steppdecken, Federzeug, Tisch-, Bett- u. Leibwäsche, Kleider, Schuhe, deutsche Teppiche und Brücken, Vorlagen, Läufer, Eß- und Kaffeeservice, Schreibtischgarnituren, 1 großer Posten schöne Kristallschalen, Teller, Vasen und Gläser, Aufstellsachen und Porzellane, Bronzen, Haus- und Küchengeräte; Einzelmöbel: 1- u. 2türige Schränke, Waschtische, Nachtschränke, Metall- und Holzbetten, Nähmaschinen, Standuhr, Näh-, Zier- und Rauchtische, kompl. Küchen- u. Einzelschränke, 1tür. Spiegelschrank, Truhen, Staubsauger, Zugtische, Schrankkoffer, Koffer, Flurgarde-

▲ *Versteigerungsanzeige von „nicht-arischem" Besitz in der Frankfurter Zeitung 1941.*
In den Kriegsjahren fanden fast täglich Versteigerungen von jüdischem Besitz statt, der bei den Deportationen zurückgelassen werden musste. Nur wenige Deutsche empfanden bei den Käufen Skrupel.

Gewalt von Anfang an

Seit Januar 1933 nahmen auch die gewaltsamen Übergriffe auf Juden zu, die von den Behörden nicht verfolgt wurden. Als „Vergeltung" für das Attentat des 17-jährigen Juden *Herschel Grynszpan* auf den Legationssekretär *Ernst vom Rath* an der deutschen Botschaft von Paris folgte als erster Höhepunkt der Gewalt der Pogrom vom 9.–11. November 1938, der als *Reichskristallnacht* (auch *Reichspogromnacht*) bezeichnet wurde (▸ M6, M7). Etwa 1 400 Synagogen, über 8 000 jüdische Geschäfte und zahllose Wohnungen wurden zerstört, circa 100 Juden getötet, etwa 30 000 in Konzentrationslager gebracht. Für den „öffentlichen Schaden" mussten die Juden anschließend auch noch zahlen: Eine Verordnung legte die „Sühneleistung der Juden" in Höhe von einer Milliarde Reichsmark fest. Versicherungsleistungen wurden zugunsten des Reiches eingezogen. Dieses „Sühnegeld" bedeutete – zusammen mit der Ausschaltung der Juden aus den letzten Positionen der Wirtschaft – für viele Familien den finanziellen Ruin. Breiter Widerspruch gegen die sich steigernde Ausgrenzung und Verfolgung der Juden, Sinti und Roma blieb aus. Den wenigen Fällen von Hilfe und Solidarität mit den Betroffenen standen massenhafte Anzeigen von deutschen Volksgenossen gegenüber.

1.7 Emigration und Exil

14.7.1933
Das „Gesetz über Widerruf von Einbürgerungen und die Aberkennung der deutschen Staatsangehörigkeit" ermöglicht die Entrechtung und Ausbürgerung von politisch missliebigen Personen

6.–15.7.1938
Eine internationale Flüchtlingskonferenz im französischen Evian-les-Bains berät über den Umgang und die Aufnahme von deutschen Flüchtlingskontingenten, bleibt jedoch weitgehend ergebnislos

November 1938
Das Novemberpogrom vom 9./10. November löst eine riesige Auswanderungswelle aus; etwa 130 000 Juden ergreifen die Flucht

Oktober 1941
Juden wird die Auswanderung verboten

▲ *Emigranten verlassen auf einem Schiff Bremerhaven, Foto von 1938.*

„Dreiergruppe", Ölgemälde von Felix Nussbaum, 1944. ▶
Nussbaum emigrierte 1935 nach Belgien, wurde von dort in ein französisches Lager deportiert, aus dem ihm jedoch die Flucht nach Brüssel gelang. Dort hielt er sich mit seiner Frau für einige Jahre versteckt, bevor er schließlich verraten, in das KZ Auschwitz gebracht und dort 1944 getötet wurde. Das Bild zeigt Nussbaum selbst in jüdischem Gebetsmantel vor einer Weltkarte stehend mit seiner Frau und dem befreundeten Jungen Jaqui, der das Ehepaar in seinem Versteck besuchte.
● *Analysieren Sie, mit welchen Mitteln der Maler seine Situation zum Ausdruck bringt.*

M1
„Über die Bezeichnung Emigranten"

Am 28. Februar 1933, einen Tag nach dem Reichstagsbrand, verlässt der Schriftsteller Bertolt Brecht (1898-1956) Berlin und flüchtet über mehrere Stationen in ganz Europa schließlich 1941 in die USA. Noch im Jahr 1933 werden seine Werke von den Nationalsozialisten verbrannt, zwei Jahre später wird ihm die deutsche Staatsbürgerschaft aberkannt. 1937 verfasst Brecht im dänischen Exil folgendes Gedicht:

Über die Bezeichnung Emigranten

Immer fand ich den Namen falsch, den man uns gab: Emigranten.
Das heißt doch Auswanderer. Aber wir
Wanderten doch nicht aus, nach freiem Entschluss
Wählend ein anderes Land. Wanderten wir doch auch nicht
Ein in ein Land, dort zu bleiben, womöglich für immer.
Sondern wir flohen. Vertriebene sind wir, Verbannte.
Und kein Heim, ein Exil soll das Land sein, das uns da aufnahm.
Unruhig sitzen wir so, möglichst nahe den Grenzen
Wartend des Tags der Rückkehr, jede kleinste Veränderung
Jenseits der Grenze beobachtend, jeden Ankömmling
Eifrig befragend, nichts vergessend und nichts aufgebend
Und auch verzeihend nichts, was geschah, nichts verzeihend.
Ach, die Stille der Sunde[1] täuscht uns nicht! Wir hören die Schreie
Aus ihren Lagern bis hierher. Sind wir doch selber
Fast wie Gerüchte von Untaten, die da entkamen
Über die Grenzen. Jeder von uns
Der mit zerrissenen Schuhn durch die Menge geht
Zeugt von der Schande, die jetzt unser Land befleckt.
Aber keiner von uns
Wird hier bleiben. Das letzte Wort
Ist noch nicht gesprochen.

Bertolt Brecht, Svendborger Gedichte VI,
in: Gesammelte Gedichte, Bd. 2, Frankfurt am Main 1976, S. 718

1. *Erläutern Sie, was die „Emigration" für Brecht bedeutet. Wie stellt sich die Situation im Exil, wie das Verhältnis zu Deutschland dar?*
2. *Ein anderes Exil-Gedicht von Brecht schließt mit den Zeilen: „Gedenkt unsrer mit Nachsicht" („An die Nachgeborenen"). Diskutieren Sie, weshalb Brecht und andere Exil-Dichter glaubten, sich schuldig fühlen zu müssen.*
3. *Stellen Sie Brechts Gedicht dem Gemälde von Felix Nussbaum gegenüber. Wie setzen sich beide künstlerisch mit dem Thema Flucht und Emigration auseinander? Berücksichtigen Sie dabei besonders, vor welchem Hintergrund bzw. welcher Notwendigkeit die Emigration erfolgte.*

---
[1] *Sund: Meerenge*

M2

Flucht oder Emigration?

Am 10. November 1938 erscheint die Gestapo bei dem jüdischen Chemiker und Nobelpreisträger von 1915 Richard Willstätter (1872-1942), um ihn in das Konzentrationslager Dachau zu bringen. Sie durchsuchen sein Haus, schauen aber nicht im Garten, wo er sich aufhält. Nach diesem Vorfall entschließt er sich, Deutschland zu verlassen:

Und nun begann auf Monate hinaus, worauf ich gar nicht vorbereitet war, das tägliche Laufen zu den vielen beteiligten Behörden, das Anstehen vor den städtischen und staatlichen Kassen, Zollfahndungsstelle, Devisenstelle und Devisenüberwachungsstelle, fast täglich stundenlanges Warten auf den Korridoren, Demütigung vor überheblichen Unterbeamten. [...]

Im Dezember wurde ich vom Notariat XVII vorgeladen. Der Gauleiter von Oberbayern Adolf Wagner verlangte, dass ich auf „die Verfügung über meine Villa und jeden andern Vermögensbestandteil" notariell Verzicht leistete. Damals hatte eben ein bedeutender Freund mich wissen lassen, ich könnte gemäß der Zusicherung einer sehr hohen Persönlichkeit völlig ungestört in München leben, ich würde nichts einbüßen, kein Haar würde mir gekrümmt. Der Notar XVII bemerkte dazu: „Sie sind zu den verlangten Abtretungen nicht gezwungen. Es ist aber in Ihrem eigenen Interesse gelegen. Andernfalls müssten Sie alle Folgen sich selbst zuschreiben, verstehen Sie mich wohl, alle Folgen. Von Ihrem Pass könnte keine Rede mehr sein." Nachdem ich um meines Passes willen unterzeichnet hatte, erhielt ich noch im Dezember den Zettel: „Wir kündigen Ihnen hiermit Ihre im obigen in unsern Besitz übergegangenen Anwesen gelegene Wohnung zum 31. Januar 1939." [...]

Beim Warten auf die amerikanischen Dokumente und bei den Zweifeln, ob sie überhaupt kämen, verbrauchte sich meine Geduld. So kam es, dass ich alter Mann eine verhängnisvolle Torheit beging. Ich fuhr an den Bodensee in eine nahe der Grenze gelegene Stadt, um zu sehen, ob es ginge, ohne Pass und Gepäck das Land zu verlassen. Es war regnerisch und stürmisch. Stundenlang lief ich allein herum, schließlich durchnässt und müde. Dann wollte ich eine Gaststätte oder Gasthof zum Übernachten aufsuchen, aber ich stieß überall auf das Plakat: „Juden ist der Eintritt strengstens verboten." Darauf machte ich den Versuch, im Ruderboot über die Grenze zu gelangen. Er schlug fehl. Es gab Verhöre von vielen Stunden. Aber todmüde bestand ich um Mitternacht die letzte Stunde. Der herbeigeholte hohe Beamte der Geheimen Staatspolizei war gerecht und mehr, einsichtsvoll, menschlich, wohlmeinend. Er hörte und verstand. Ich wurde festgehalten, nicht verhaftet. Nach zwei Tagen, als die Bestätigung meiner Angaben eintraf, konnte ich das Gefängnis verlassen und frei nach München zurückkehren. [...]

Nach weiteren zwölf schwierigen Tagen bekam ich meinen Pass und mit Professor Stolls[1)] freundlicher Hilfe das Visum für die Schweiz. Ich verließ meine geliebte deutsche Heimat, die mir alles gegeben und gewesen, und fand als Emigrant „tolleranza per riposo"[2)] zu Muralto-Locarno, Villa Eremitaggio.

Richard Willstätter, Aus meinem Leben: Von Arbeit, Muße und Freunden, hrsg. von Arthur Stoll, Basel/Weinheim 1949, S. 402, 405, 407

1. *Analysieren Sie Rolle und Verhalten der deutschen Behörden im Fall von Richard Willstätter. Welche Schwierigkeiten hatten Juden zu überwinden, wenn sie Deutschland verlassen bzw. in ein anderes Land einreisen wollten? Recherchieren Sie.*
2. *Schildern Sie die wechselnden Empfindungen Willstätters. Was bedeutet der Schritt der Emigration für ihn?*

1) ein Schweizer Freund Willstätters
2) riposo: Ruhe, Ruhestand; gemeint ist wohl Toleranz bzw. Duldung für den Ruhestand

M3

Mit dem „Kindertransport“ ins Exil

1939 wird der zehnjährige Felix Weil als eines unter etwa zehntausend jüdischen Kindern aus Deutschland und Österreich mit einem „Kindertransport“ nach England evakuiert, das seine Einwanderungsbestimmungen in Reaktion auf die Reichspogromnacht gelockert hat. In seinen Lebenserinnerungen beschreibt Felix Weil die Zeit vor seiner Abreise:

▲ *Drei deutsch-jüdische Mädchen nach der Ankunft einer der „Kindertransporte“ in London an der Liverpool Street Station, Foto vom 7. Juli 1939.*
Die meisten der Kinder – darunter auch Babys und Kleinkinder –, die durch jüdische Organisationen zwischen November 1938 und Mai 1940 mit Zügen und Schiffen ins sichere englische Exil gebracht wurden, sahen ihre Eltern nie wieder.

Soweit ich von meiner Tante gehört habe, baten die beiden meine Eltern, so schnell wie möglich eine Nummer beim Konsulat zu beantragen. Meine Tante erzählte mir, dass mein Vater jedoch absolut kein Interesse daran hatte, Deutschland zu verlassen. Er war kein junger Mann mehr und besaß ein ursprünglich gutgehendes Geschäft. Mein Vater war der Ansicht, dass das Ganze bald vorbei sei, die Nazis die Macht wieder verlieren und die Dinge sich bald wieder normalisieren würden. Warum sollte er gehen? Er war Deutscher und fühlte sich mehr deutsch als jüdisch. [...] Er hatte das Eiserne Kreuz im Ersten Weltkrieg erworben, hatte für die Deutschen gekämpft und hatte keinerlei Angst davor, dass es ihn treffen könnte. Natürlich war das alles eine Selbsttäuschung, die wahrscheinlich genährt wurde durch die Olympischen Spiele von 1936. Die Deutschen versuchten zu dieser Zeit, das Gesicht eines guten Weltbürgers aufzusetzen. [...] Alle Zeichen von Antisemitismus wie Schilder „Juden nicht erlaubt“ wurden entfernt. Für meinen Vater bestätigte dies seine Haltung: „Ihr seht, ich hatte Recht. Das ist bald vorüber.“ Leider war das eine Täuschung, und als er dann die Auswanderungsnummer beantragte, war es zu spät. [...]
In der Zwischenzeit wurde ich in ein Heim in Frankfurt geschickt. Das war, glaube ich, Ende 1938. Dieses Heim nahm jüdische Kinder auf, um sie möglicherweise mit einem Kindertransport nach England zu schicken. Am Wochenende durfte ich nach Hause, aber während der Woche musste ich dort bleiben und natürlich weiterhin zur Schule gehen. [...] Ich war dort ziemlich unglücklich. Ich hasste dieses Gemeinschaftsleben. Ich lebte lieber zu Hause in der Familie. [...] Zu dieser Zeit war ich zehn Jahre alt. Ich lebte viele Monate in diesem Heim. [...]
Während des Sommers war ich zu Hause. Plötzlich bekamen wir, etwa im Juni 1939, einen Brief oder Telefonanruf von der Jüdischen Gemeinde oder einer ähnlichen Institution. Die Mitteilung besagte, dass ich für einen Kindertransport ausgewählt worden sei, der am 10. August 1939 Deutschland verlassen sollte, drei Wochen, bevor der Krieg mit Polen ausbrach. Für meine Eltern war diese Aufforderung eine ziemliche Überraschung, und sie waren in heller Aufregung. Sie hatten sehr gemischte Gefühle. Auf der einen Seite waren sie glücklich, dass ich Deutschland verlassen konnte. Zur selben Zeit waren sie, da bin ich mir ganz sicher, sehr unglücklich darüber, dass die Familie auseinandergerissen würde. Alle Vorbereitungen wurden in ziemlicher Hektik getroffen. [...]
Am Abreisetag sah ich meine Mutter am Morgen weinend an meinem Bett sitzen. Für mich war die ganze Sache eher ein Abenteuer, auf eine so lange Reise in ein fremdes Land zu gehen. Natürlich habe ich in diesem Moment nicht realisiert, dass ich meine Familie nie wiedersehen würde.
Am frühen Morgen des 10. August brachten mich meine Eltern zum Hauptbahnhof, zu diesem langen Zug mit hunderten von Kindern. Ich habe immer

noch vor Augen, wie meine Eltern und meine Schwester auf dem Bahnsteig stehen, als wir abfuhren. Für meine Eltern muss es viel dramatischer gewesen sein. Für mich war es einfach aufregend. Ich dachte, ich würde meine Familie bald wiedersehen. Sie sagten mir: „In ein paar Monaten werden wir in England sein und dich wiedersehen, und alles wird gut."

Gottfried Kößler, Angelika Rieber und Feli Gürsching (Hrsg.), … dass wir nicht erwünscht waren. Novemberpogrom 1938 in Frankfurt am Main. Berichte und Dokumente, Frankfurt am Main 1993, S. 133 ff.

1. *Ordnen Sie die verschiedenen zeitlichen Abschnitte des Berichts in den politischen Kontext ein. Wie sah das Leben der jüdischen Bevölkerung in den beschriebenen Jahren aus, welchen Maßnahmen und Repressalien war sie jeweils ausgesetzt?*
2. *Erläutern Sie die Haltung, die Weils Vater gegenüber dem NS-Regime und dem Thema Emigration einnimmt. Überlegen Sie, warum Einstellung und Verhalten der Familie für viele andere Juden in Deutschland typisch gewesen sein könnten.*
3. *Führen Sie die Erzählung Felix Weils fort. Wie könnte es ihm, wie seinen Eltern und Geschwistern danach ergangen sein?*

M4
In der Fremde

Der deutsche Schriftsteller Carl Zuckmayer (1896-1977) emigriert 1939 in die USA. Die meiste Zeit seines Exils verbringt er als Farmer in Vermont. Zunächst sucht er jedoch Arbeit in Hollywood:

Man traf auch vereinzelte Amerikaner – mächtige, allgewaltige, die Könige des Weltreiches auf tönernen Füßen –, zu denen ich durch meinen Agenten und meine Freunde Zutritt erhielt und die sich zunächst, einem als „Erfolgsautor" im alten Land etikettierten Ankömmling gegenüber sehr entgegenkommend zeigten; sie rechneten damit, dass man sich anpassen, umstellen, in ihren Betriebsprozess und Arbeitsstil einfügen werde, und ich bekam jenen berüchtigten „siebenjährigen Vertrag", der in meinem Fall mit der beträchtlichen Summe von siebenhundertfünfzig Dollar die Woche begann, dafür den Vertragsnehmer bedingungslos seiner Firma verpflichtete, diese jedoch jederzeit zur Kündigung und Entlassung innerhalb einer Wochenfrist berechtigte. […]

Man musste, um etwas zu gelten, in einem teuren Hotel wohnen oder seine eigene repräsentative Wohnung haben, man musste, um sein Dasein unter Beweis zu stellen, in den teuren Restaurants der oberen Film-Zehntausend verkehren, man musste, wollte man auf Dauer „dazugehören", auch selbst Einladungen geben, man musste so tun, als sei man reich und glücklich – nirgends habe ich das Wort „happy" so oft gehört wie in der Vorhölle Hollywood –, und da man es nicht war, kam man, auch wenn man kaum dazu aufgelegt, ins Trinken und versumpfte in einem lustlosen, humor- und anregungslosen Nachtleben.

Etwa drei Wochen, nachdem ich so „happy" war, einen Vertrag zu besitzen und jeden Montag einen Check kassieren zu können, sagte ich auf einer Sonntagnachmittagsgesellschaft im Hause Max Reinhardts[1], bei der fast die ganze „deutsche Kolonie" anwesend war: „Hier bleibe ich nicht lange. Das ist kein Leben für mich." Es erhob sich schallendes Gelächter. Jeder, belehrte man mich, habe das nach den ersten drei Wochen gesagt, jeder, der hier sitze, aber jeder sitze noch hier – mancher schon viele Jahre. Der Check … wo sonst in Amerika könne man überhaupt auf so komfortable Weise sein Leben fristen?

Carl Zuckmayer, Als wär's ein Stück von mir. Horen der Freundschaft, Wien 1966, S. 484 f.

1. *Arbeiten Sie heraus, wie Zuckmayer das Leben im Exil charakterisiert und welche Haltung er dazu einnimmt.*
2. *Prüfen Sie die Übertragbarkeit seiner Erfahrungen auf Emigranten mit anderem beruflichen oder finanziellen Hintergrund.*

[1] *Der österreichische Regisseur und Theaterleiter Max Reinhardt (1873-1943) war bis 1933 Direktor des Deutschen Theaters in Berlin, wich nach der Machtergreifung der Nationalsozialisten zunächst nach Österreich aus und emigrierte von dort 1937 in die USA.*

▲ *„Die geistige Emigration" (ursprünglicher Titel: „Arts and Sciences Finding Refuge in the United States of America), Ölgemälde des jüdischen Malers Arthur Kaufmann, begonnen um 1938, vollendet um 1965.*
Zu sehen sind jüdische und nicht-jüdische Emigranten, im linken Flügel außen auch der Maler selbst (mit rotem Halstuch) und seine Frau. Unter den Abgebildeten auf dem linken Flügel unten (von links): George Grosz und Arnold Schönberg. Mittlerer Flügel unten: Albert Einstein, Erika Mann, dahinter (von links) Arnold Zweig, Klaus Mann, Thomas Mann und Ludwig Renn. Rechter Flügel unten (von links): Kurt Weill, Max Reinhardt, Helene Thimig und Ernst Toller.
● *Informieren Sie sich über einige der dargestellten Personen und arbeiten Sie verschiedene Motive für die Emigration heraus.*

M5
Politik aus dem Exil

Ernst Reuter (1889-1953), SPD-Politiker und von 1931 bis 1933 Oberbürgermeister von Magdeburg, wird nach 1933 aufgrund seiner politischen Überzeugung zwei Mal in einem Konzentrationslager interniert. Über England gelangt er 1935 in die Türkei, wo er an der Universität von Ankara lehrt. Nach seiner Rückkehr nach Deutschland wird er 1947 zum Oberbürgermeister von Berlin, 1950 zum ersten Regierenden Oberbürgermeister Westberlins gewählt. Aus dem türkischen Exil versucht er, ein Netzwerk deutscher Emigranten zu bilden, und wendet sich u.a. an den im US-amerikanischen Exil lebenden Schriftsteller und Nobelpreisträger Thomas Mann:

Ankara, den 17. März 1943

Sehr verehrter Herr Thomas Mann!

[...] Wir alle, die wir in der „Verbannung" zu leben gezwungen sind, empfinden es immer mehr als einen unerträglichen Zustand, dass wir hier tatenlos einer Entwicklung zusehen müssen, die unser Land in ein Schicksal hineinzutreiben droht, wie es schlimmer nicht gedacht werden kann. [...]

Die Zäsur, die diesmal durch Deutschland gehen wird, wird gewiss größer und vor allem härter sein als je zuvor. Der gesamte leitende Verwaltungsapparat, die gesamte Rechtsprechung, das Erziehungswesen, die Spitzen der wirtschaftlichen Leitung müssen neu gebildet werden. Den Luxus überflüssiger Rechthaberei und Denkens in alten Schablonen werden wir uns nicht leisten können.

Wir müssen alle bereit sein, ganz gleich wie die Dinge im Einzelnen laufen werden, an einem solchen Neubau mit allen unseren Kräften mitzuarbeiten. Wir müssen diese unsere Bereitwilligkeit jetzt schon erklären. Wir müssen sie laut und vernehmlich erklären, und wir müssen sie gemeinsam erklären, da sie nur dadurch auf die in Deutschland, die es angeht, Eindruck machen wird. Wir wissen, dass unendlich viele in Deutschland darauf warten, unsere gemeinsame Stimme zu hören. [...]

Sie, Thomas Mann, können einen solchen Appell an alle Deutschen in der Welt richten, die sich noch frei äußern können. Die Zeit ist reif für einen solchen Aufruf, der heute noch seine Wirkung tun kann. Ihre Stimme dringt durch den Äther[1] überall hin, es ist die Stimme des geistigen, freien, menschlichen Deutschlands. [...]

In aufrichtiger Verehrung bin ich

Ihr Ihnen sehr ergebener Reuter

Thomas Mann antwortet im Juni 1943 zunächst schwankend, bezieht dann aber in folgendem Brief deutlich Stellung:

Pacific Palisades, California, 29. April 1944

Sehr verehrter Herr Doktor Reuter!

[...] Ich widerstrebe aus Gründen des Gewissens und Taktes einem gewissen deutschen Emigranten-Patriotismus, der sich mitten im Kriege, zu einem Zeitpunkt, wo der Feind noch bedrohlich stark ist, und die schwersten Opfer für den Sieg über ihn noch zu bringen sind, gleichsam mit ausgebreiteten Armen vor Deutschland stellt und verkündet, dass diesem Lande auf keinem Fall etwas geschehen darf, da doch den anderen europäischen Nationen durch eben dieses Deutschland das Unglaublichste geschehen ist. Ich halte das jetzt, wo wir von dem gegenwärtigen Deutschland und den Kräften, die dort für die Sache der Freiheit lebendig sind, noch so ein undeutliches Bild haben, für verfrüht und halte es als Deutscher nicht für schicklich, den Männern Ratschläge zu geben und Vorschriften zu machen, die nach dem noch weit entfernten Siege die Vorkehrungen zu treffen haben werden, die ihnen zur Sicherung des Friedens nötig erscheinen. [...]

Dies ist mein Gefühl, meine Überzeugung, und ich muss [...] danach handeln oder vielmehr Handlungen unterlassen, die damit in Widerspruch stehen. Aber obgleich im Begriff amerikanischer Bürger zu werden, und umgeben von Englisch sprechenden Kindern und Enkeln, bin und bleibe ich Deutscher, welche problematische Ehre und welch sublimes Missgeschick das nun immer bedeuten möge. Ich bin entschlossen, der deutschen Sprache niemals untreu zu werden, mein Lebenswerk in ihr zu Ende zu führen und ersehne nichts mehr als den Augenblick, wo sich Europa meinem Werk wieder öffnen wird, und wo ich mit denjenigen meiner Landsleute, die noch etwas von mir wissen und wissen wollen, wieder in geistigen Kontakt treten kann. Was ich, wie Sie sagen, an moralischem und geistigem Gewicht etwa einzusetzen habe, das soll [...] dem Lande, in dessen Kultur ich wurzele, zur Verfügung sein, wenn aus diesem Kriege ein gereiftes, gereinigtes und zur Sühne williges Deutschland hervorgeht, das dem sündhaften und weltfeindlichen Superioritätswahn[2] abgeschworen hat, der es in diese Katastrophe trieb. [...]

Ihr sehr ergebener

Thomas Mann

Ernst Reuter, Schriften und Reden, Bd. 2: Artikel, Reden, Briefe. 1922 bis 1946, Berlin 1973, S. 520 ff. und S. 558 ff.

1. *Nehmen Sie Stellung zu den Positionen, die Ernst Reuter und Thomas Mann in Bezug auf ein politisches Engagement deutscher Emigranten vertreten. Vergleichen Sie die Haltung der beiden mit der von Brecht in M1.*
2. *Diskutieren Sie ausgehend von dem Aufruf Ernst Reuters: Wie hätte ein politisches Engagement aus dem Exil aussehen können? Informieren Sie sich dazu auch über die Rolle Manns und Reuters, die beide als Gegner des Nationalsozialismus im Exil einnahmen.*

[1] *Thomas Mann nahm regelmäßig in einer eigenen Radiosendung, gesendet von der BBC in deutscher Sprache, Stellung zu politischen Themen.*

[2] *Überlegenheitswahn*

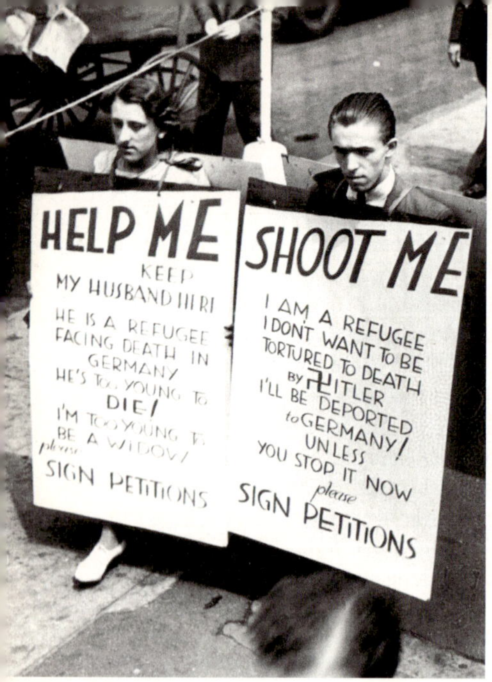

▲ *Das jüdische Ehepaar Richter protestiert auf der amerikanischen Einwandererinsel Ellis Island gegen die drohende Abschiebung zurück nach Deutschland, weil es keine gültigen Einreisepapiere besaß, Foto vom 12. Juni 1936.*

Flucht als Überlebenschance? Zwischen 1933 und 1945 ergriffen allein im deutschsprachigen Raum über eine halbe Million Menschen die Flucht ins Ausland, um dem wachsenden Terror des NS-Regimes zu entgehen. Der überwiegende Teil von ihnen war jüdischer Herkunft; die übrigen *Emigranten* gehörten zu der Gruppe der politischen Gegner des Nationalsozialismus, die von Verfolgung und KZ-Haft bedroht waren oder wie viele Künstler und Wissenschaftler keine Existenzmöglichkeiten mehr sahen. Denn wer in Kunst und Wissenschaft tätig sein wollte, musste der *Reichskulturkammer* angehören, die unter der Leitung von Goebbels stand. Nichtzulassung und Ausstoßung kamen praktisch einem Berufsverbot gleich. Bereits Ende 1933 hatten die meisten der insgesamt rund 30 000 bis 40 000 emigrierten Funktionäre und Aktivisten der linken Parteien, Gewerkschafter, Publizisten, Künstler und Gelehrten das Land aus politischen oder ideologischen Gründen verlassen (▸ M1). Diejenigen, die blieben, passten sich an oder begaben sich in die *innere Emigration*, was als Form des passiven Widerstands meist den Rückzug ins Private bedeutete. Bekannte Literaten wie *Erich Kästner* schrieben harmlose Unterhaltungsliteratur oder Kinderbücher und versuchten im Ausland zu veröffentlichen. Andere, die sich wie der Publizist und Friedensnobelpreisträger *Carl von Ossietzky* vom Regime nicht einschüchtern ließen, bezahlten ihren Bekennermut mit KZ-Haft und Leben.

Anders als die politische vollzog sich die jüdische Emigration in mehreren Schüben und erreichte 1938 nach der Reichspogromnacht ihren Höhepunkt, als sich Diskriminierung und Ausgrenzung zur offenen Verfolgung steigerten. Bis zu diesem Zeitpunkt waren etwa 130 000 Juden ausgewandert; in den folgenden zwei Jahren waren es fast noch einmal so viele. Abgesehen davon, dass viele Deutsche ihre Heimat nicht verlassen wollten, raubte ihnen der NS-Staat durch die Beschlagnahmung von Besitz und Vermögen die finanziellen Mittel für die Auswanderung. Zusätzlich wurden die Ausreisewilligen von den NS-Behörden systematischen Schikanen und Demütigungen im Kampf um die notwendigen Ausreisepapiere ausgesetzt (▸ M2): Sie mussten von Amt zu Amt laufen, stundenlang Schlange stehen, zermürbende Hinhaltetaktiken hinnehmen, hohe Auswanderungsabgaben entrichten und ein Visum des Ziellandes vorlegen, das wiederum nur über persönliche Kontakte vor Ort zu erhalten war. Mit Unterstützung ausländischer Organisationen bemühten sich jüdische Hilfsvereine darum, die Ausreisewilligen zu beraten, Kontakte in aller Welt herzustellen und finanzielle Mittel für die Auswanderung ins sichere Exil zu beschaffen. Mit Beginn der systematischen Deportationen wurde Juden im Oktober 1941 offiziell die Ausreise verboten. Viele unternahmen verzweifelte Versuche, illegal über die Grenzen zu gelangen, oder blieben hilflos zurück, was den sicheren Tod bedeutete.

Deutsch-jüdische Emigration 1933-1945 (Schätzzahlen)									
1933	**1934**	**1935**	**1936**	**1937**	**1938**	**1939**	**1940**	**1941**	**1942-45**
37 000	23 000	21 000	25 000	23 000	40 000	78 000	15 000	8 000	8 500

Julius H. Schoeps (Hrsg.), Neues Lexikon des Judentums, Gütersloh/München 1992, S. 138

Exilländer und Flüchtlingspolitik

Die meisten Flüchtlinge hatten an ein baldiges Ende der Nazi-Herrschaft geglaubt und waren deshalb zunächst ins benachbarte Ausland ausgewichen. Als sie seit 1940 durch die fortschreitende deutsche Expansion im Krieg auch in den Nachbarstaaten bedroht waren, floh ein Großteil unter ungleich schwierigeren Bedingungen aus Europa weiter nach Übersee, vor allem in die Vereinigten Staaten, Lateinamerika, Palästina und sogar nach Schanghai. Tausende erreichten ihr Ziel jedoch nicht, wurden zurückgeschickt oder fielen den deutschen Besatzern noch im europäischen Exilland in die Hände.

Zu den sich drastisch verschlechternden Möglichkeiten der Ausreise kam hinzu, dass viele Staaten angesichts der wachsenden Flüchtlingsströme ihre Aufnahmebedingungen verschärften, da sie an mittellosen Einwanderern nicht interessiert waren. Hauptsächlich scheuten sie die damit verbundenen sozialen und wirtschaftlichen Belastungen. Daneben sorgten in einigen Ländern auch Fremdenfeindlichkeit und Antisemitismus für die Durchsetzung strikterer Einwanderungsgesetze. Im Sommer 1938 lud deshalb der amerikanische Präsident *Franklin D. Roosevelt* 32 Staaten zu einer Flüchtlingskonferenz in das französische Evian-les-Bains, die jedoch an der Haltung des Auslands nichts änderte. Erst nach der Reichspogromnacht öffneten einige Länder ihre Grenzen in größerem Umfang. Bis September 1939 retteten sich 75 000 Juden – darunter 10 000 Kinder – nach Großbritannien (➧ M3). Zu den wichtigsten Emigrationsländern wurden die lateinamerikanischen Staaten mit 80 bis 90 000 und Palästina mit rund 55 000 Flüchtlingen. Vor allem in den USA, die mit insgesamt über 130 000 jüdischen Einwanderern an der Spitze der Exilländer standen, fanden danach mehr Menschen Aufnahme, für die dort aus Exil meist dauerhafte Auswanderung wurde.

Leben im Exil

Die Emigranten, ihre Fluchtmotive und die Umstände, unter denen sie das Exil erreichten, waren ebenso unterschiedlich wie die Bedingungen und Probleme, mit denen sie vor Ort konfrontiert wurden: eine meist fremde Sprache, Kultur und Mentalität, Arbeitslosigkeit, politische Unmündigkeit, unsichere und oftmals erbärmliche Wohn- und Lebensverhältnisse verbunden mit Isolation und dem Gefühl, entrechtet, heimatlos und nirgends erwünscht zu sein. Vor ihrer Ankunft hatten die meisten bereits einen langen, gefährlichen Weg über viele Zwischenstationen auf sich nehmen müssen, mit illegalen Grenzübertritten und oft monatelangem Leben im Untergrund. Nach Kriegsbeginn wurden die Flüchtlinge in manchen Ländern sogar als „Feinde“ oder „Illegale“ in Internierungslager gebracht.

Zusätzlich erschwert wurde der erzwungene Neuanfang im Exil durch die Angst um Familie und Freunde, die in der Heimat zurückgeblieben waren. Hinzu kamen materielle und finanzielle Not, die vor allem die große Zahl all derer betraf, die in späteren Jahren geflohen waren und meist nur einige Koffer bei sich hatten. Wer eine Aufenthaltsgenehmigung erhielt und Arbeit fand, musste in der Regel einer geringer qualifizierten und schlecht bezahlten Beschäftigung nachgehen.

Im Vergleich zu dem Gros der jüdischen Emigranten aus dem kleinen und mittleren Bürgertum fanden die aus Deutschland ausgewanderten Literaten, Künstler und Wissenschaftler oftmals bessere Startbedingungen im Exil vor. Verschiedene Organisationen deutscher Exilanten bemühten sich um die Vermittlung deutscher Wissenschaftler etwa in die Türkei, die Schweiz oder in die USA. Viele Autoren waren aus dem europäischen Exil nach Amerika weiter geflohen, wo sie auf ein Netzwerk deutscher

Emigranten und amerikanischer Förderer zurückgreifen und etwa beim Film in Hollywood oder an den New Yorker Theatern Arbeit finden konnten (▶ M4). Es wurden zudem Exil-Verlage gegründet, die deutsche Literatur und Zeitschriften publizierten. Eine umfangreiche *Exil-Literatur* entstand, mit der die Schriftsteller politisch gegen das NS-Regime Stellung bezogen oder ihre Exil-Erfahrungen verarbeiteten. Doch nur wenige konnten wie der Literaturnobelpreisträger *Thomas Mann* ihren Lebensstandard halten. Die große Mehrheit hatte Mühe, sich mit ihrer schriftstellerischen Arbeit den nötigen Lebensunterhalt zu verdienen.

Viele Emigranten taten sich mit der Anpassung im Exil schwer. In nahezu allen Ländern schlossen sie sich zusammen, zogen in die selben Stadtviertel und gründeten eigene Organisationen oder Vereine. Manche zerbrachen am Heimatverlust, kämpften mit schweren Depressionen oder begingen wie der Publizist *Kurt Tucholsky* oder der Schriftsteller *Stefan Zweig* Selbstmord. Trotz aller Schwierigkeiten gelang es jedoch letztlich den meisten, im Exilland Fuß zu fassen und sich eine neue Existenz aufzubauen. Nur eine kleine Minderheit all derer, die aus politischen oder „rassischen" Gründen aus ihrer Heimat vertrieben worden waren, kehrten nach dem Krieg zurück.

Die politische Emigration

Die politische Emigration vereinte ein breites Spektrum aus Gruppierungen und Einzelpersonen, zu denen neben Sozialdemokraten und Kommunisten ebenso auch Liberale, Konservative, Monarchisten, Pazifisten, Würdenträger der christlichen Kirchen und sogar vormalige NSDAP-Mitglieder gehörten. In den Vorkriegsjahren verharrten sie zunächst in den deutschen Nachbarländern, von denen aus sie noch am ehesten die Möglichkeit besaßen, ihre Kontakte nach Deutschland aufrechtzuerhalten. Zu Zentren des politischen Exils wurden zunächst Frankreich und die Tschechoslowakei, nach Ausbruch des Krieges vor allem Großbritannien, Schweden und die USA.

Die von den linken Parteien gegründeten Auslandsorganisationen verfolgten vorrangig das Ziel, die in Deutschland verbliebenen Widerstandsgruppen zu unterstützen und zum Sturz der Hitlerherrschaft beizutragen. Noch vor dem Parteiverbot hatten führende Mitglieder der SPD im Mai 1933 in Prag einen Exil-Vorstand unter dem Namen *Sopade* eingerichtet, dem es gelang, ein weit gespanntes Informationsnetz aufzubauen. Als die Tschechoslowakei 1938 zerschlagen und besetzt wurde[1)], musste die Sopade nach Paris und im Krieg nach London ausweichen, wo sie sich mit anderen sozialistischen Exilbewegungen zusammenschloss. Im Juli 1943 gründeten kommunistische Emigranten und deutsche Kriegsgefangene auf Initiative der sowjetischen Führung das *Nationalkomitee Freies Deutschland (NKFD)*, das den Sturz Hitlers und das Ende des Krieges zum Ziel hatte.

Weitere Aufgaben des politischen Exils bestanden darin, Pläne und Strategien für die Neugestaltung Deutschlands nach dem Ende des Regimes zu entwerfen und das Ausland über die Hitler-Diktatur und ihre Ziele aufzuklären (▶ M5). Über 400 Zeitungen, Zeitschriften und Rundbriefe wurden publiziert; in zahllosen Artikeln, Romanen, Gedichten, Karikaturen und Rundfunkansprachen traten Politiker, Publizisten und Künstler dem Nationalsozialismus entgegen, wie Thomas Mann ab 1940 über BBC London. Während des Krieges unterstützten die Emigranten die Alliierten, indem sie etwa für ihre Geheimdienste arbeiteten und in ihren Armeen kämpften.

---

1) *Siehe dazu S. 92 und 95 f.*

1.8 Arbeits- und Sozialpolitik: Wohlfühldiktatur für Volksgenossen?

▲ *Propagandaplakat von 1934.*
Die Nationalsozialistische Volkswohlfahrt (NSV) war eine der größten und populärsten NS-Massenorganisationen und neben der Arbeitsbeschaffung wichtigste Grundlage der nationalsozialistischen Arbeits- und Sozialpolitik. Die als Verein gegründete Einrichtung dehnte ihre Zuständigkeit auf nahezu alle freien, staatlichen und kirchlichen Bereiche der Wohlfahrtspflege aus. 1943 gehörten ihr 17 Millionen Mitglieder an.

- *Analysieren Sie, inwiefern das Plakat der nationalsozialistischen Gesellschaftsideologie entspricht.*
- *Überlegen Sie, warum die Nationalsozialisten in besonderem Maße sozialpolitische Maßnahmen propagierten. Welche Bereiche werden besonders hervorgehoben?*

1.5.1933
Als „Tag der nationalen Arbeit" erstmals gesetzlicher Feiertag

2.5.1933
Die Gewerkschaften werden zerschlagen

3.5.1933
Die parteieigene „Nationalsozialistische Volkswohlfahrt" (NSV) wird neben dem Staat zum Hauptträger der öffentlichen Wohlfahrt

10.5.1933
Alle Gewerkschaftsmitglieder werden in die neu gegründete „Deutsche Arbeitsfront" (DAF) zwangseingegliedert

13.9.1933
Das „Winterhilfswerk" soll die staatliche Arbeitslosen- und Armenfürsorge entlasten und die „Volksgemeinschaft" stärken

27.11.1933
Gründung der NS-Gemeinschaft „Kraft durch Freude" (KdF) als Unterorganisation der DAF

20.1.1934
Das „Gesetz zur Ordnung der nationalen Arbeit" setzt das Führerprinzip in der Wirtschaft durch

26.6.1935
Die sechsmonatige Arbeitsdienstpflicht für junge Männer wird eingeführt

M1
„Hitlergläubige“ Arbeiter?

Führende Mitglieder der verbotenen SPD gehen ins Exil und versuchen Kontakte zur deutschen Arbeiterschaft aufrechtzuerhalten. Ein illegaler Bericht erörtert die Stimmung im Ruhrgebiet im Sommer 1934:

Die indifferente[1] Arbeiterschaft – und sie stellt gerade im Ruhrgebiet die Mehrheit dar – ist noch immer größtenteils hitlergläubig. Der Umstand, dass durch die „Arbeitsbeschaffung“ Arbeitslose in wenn auch noch so schlecht bezahlte Arbeit gekommen sind, hat sie sehr beeindruckt. Sie trauen Hitlers „schneller Entschlusskraft“ zu, dass er, wenn er „richtig informiert“ wird, eines Tages das Steuer über Nacht zu ihren Gunsten herumwerfen wird. Als nach der „Abstimmung“ vom 19. August neue Gesetze, die aus Führermund angekündigt waren, nicht herausgegeben wurden, – Gesetze von denen sie, ohne eine Ahnung ihres vermutlichen Inhaltes zu haben, annahmen, sie besserten ihre Lage – da war die Enttäuschung wieder groß. Merkwürdigerweise setzt man in diesen indifferenten Arbeiterkreisen auch Hoffnungen auf Dr. Ley[2], der wegen diesem und jenem Kraftwort als ein vorläufig leider durch böse Mächte verhinderter Arbeiterbeglücker gehalten wird. Dabei wissen die Leute durchaus, dass diese Arbeitsfrontorganisationen keine Gewerkschaften im alten Sinne mehr sind, dass die Organisationen kaum noch einen Überblick über ihre wahre Mitgliederzahl haben und dass die Vertrauensräte feige Hunde sind, von denen kaum einer wagt, den „Betriebsführer“ auch nur anzusprechen. Gewisse Auflehnungen kommen auch mal vor.

Hans Mommsen und Susanne Willems (Hrsg.), Herrschaftsalltag im Dritten Reich, Düsseldorf 1988, S. 165 f.

1. *Erläutern Sie die Akzeptanz des NS-Regimes in der Arbeiterschaft.*
2. *Inwiefern ist nach dem Bericht das „Führerprinzip“ in der Arbeitswelt durchgesetzt?*

[1] *indifferent: gleichgültig*
[2] *Robert Ley war Leiter der Deutschen Arbeitsfront (DAF); siehe M2, M3 und S. 77.*

M2
Die DAF ist umstritten

Die Deutsche Arbeitsfront (DAF) tritt 1933 an die Stelle der zerschlagenen Gewerkschaften und Unternehmerverbände. Die Funktionäre in den Betrieben werden ausgetauscht. Ein Lagebericht der Staatspolizeistelle Bielefeld vom 4. August 1934 erörtert die Akzeptanz der neuen Arbeiterorganisation:

Die Arbeitsfront ist im Großen und Ganzen noch umstritten. Man kann zwar sagen, dass sich der Arbeiter ständig mehr und mehr der nationalsozialistischen Staatsführung zuwendet. Es wird aber vielfach über die Amtswalter der DAF geklagt und behauptet, dass sie ihren Aufgaben sachlich nicht gewachsen seien. Vielfach seien sie nicht in der Lage, einfache Auskünfte über Rechts- oder Versicherungsfragen zu geben, was im Gegensatz zu den früher im hiesigen Bezirk vorhandenen Gewerkschaftssekretären, die durchweg in dieser Hinsicht gute Leistungen aufzuweisen hatten, besonders unangenehm empfunden wird. […] Auch werde im Allgemeinen in der DAF eine Abneigung gegen sogenannte Intellektuelle genährt, die schon heute wenig erfreuliche Formen zeitige. Immer wieder wird in Arbeiterkreisen die Frage nach der Verwendung der hohen Mitgliedsbeiträge in der DAF gestellt. Für Erhaltung des Vertrauens scheint es notwendig, über diese Gelder öffentlich Rechenschaft abzulegen, um endlich den Gerüchten über unzweckmäßige Verwendung der „Arbeitergroschen“ die Spitze abzubrechen. Kennzeichnend für die Stimmung in der DAF ist auch die Tatsache, dass Austritte sich mehren.

Hans Mommsen und Susanne Willems (Hrsg.), a. a. O., S. 165

1. *Erläutern Sie die Kritik an der DAF.*
2. *Nennen Sie mögliche Gründe für die mangelhafte Funktion der neuen Organisation.*
3. *Wenn zwei Berichterstatter mit unterschiedlicher politischer Haltung einen Sachverhalt darstellen, sind die Überschneidungen von besonderer historischer Glaubwürdigkeit. Erläutern Sie dies an den Quellen M1 und M2.*

M3
„Kraft durch Freude"

Am 27. November 1934, dem ersten Jahrestag der Gründung der zur DAF gehörenden „NS-Gemeinschaft Kraft durch Freude" (KdF), berichtet ihr Leiter Robert Ley (1890-1945) von ersten Erfolgen der Organisation:

Der Führer war es, der auch hier, wie immer, richtungweisend war. Er sagte: „Ich will, dass dem Arbeiter ein ausreichender Urlaub gewährt wird und dass alles geschieht, um ihm diesen Urlaub sowie seine übrige Freizeit zu einer wahren Erholung werden zu lassen. Ich wünsche das, weil ich ein nervenstarkes Volk will, denn nur allein mit einem Volk, das seine Nerven behält, kann man wahrhaft große Politik machen." Dieser Wille des Führers war uns heiliger Befehl! […] Die marxistischen und bürgerlichen Klassenkampfinstrumente – die alten Verbände – selbst in staatlich korporativer Verbrämung durften wir nicht weiter bestehen lassen. Deshalb bauten wir systematisch die Organisation der Gemeinschaft aller Schaffenden, Unternehmer wie Arbeiter: die Arbeitsfront. Das Leben ist nicht allein eine nackte Magenfrage, ein Lohn- oder gar Dividendenproblem, sondern wir haben gelernt, und das Volk hat es begriffen: zum Leben gehört eine Summe von andern Dingen – die anständige Gesinnung, die Teilnahme an der Kultur, das Schauen der Schönheiten unseres Vaterlandes, die Gestaltung des Arbeitsplatzes, die Erhaltung der Spannkraft des Körpers, die Erweckung eines neuen Volks- und Brauchtums und vieles andere mehr […]. Die Arbeitsfront ist der Exerzierplatz, auf dem täglich die Gemeinschaft geübt wird, und „Kraft durch Freude" ist das Reglement, nach dem wir exerzieren […].

Unser Prachtstück ist das Amt für „Reisen und Wandern" […]. Nach Einzelmeldung der Gaue und der Meldung des Zentralamtes wurden insgesamt 2 186 032 Arbeiter auf Reisen geschickt, davon 1 3/4 Millionen auf Urlaubsreisen von 7–10 Tagen […]. Die wirtschaftliche Bedeutung unserer Fahrten ergibt sich aus folgenden Ziffern: Insgesamt sind bei sämtlichen Urlauberzügen rd. 40 Millionen Reichsmark umgesetzt worden. Davon erhielt die Reichsbahn allein eine zusätzliche Einnahme von rd. 7 Millionen RM. Durch eine vorzügliche Organisation wurden die Kosten der einzelnen Fahrten sensationell niedrig gehalten. So kostete z. B. eine Fahrt von Berlin ins Riesengebirge mit einem siebentägigen Aufenthalt, einschließlich Verpflegung, Hin- und Rückfahrt und Darbietungen im Aufnahmegebiet 28 RM […]. Einer besonders großen Beliebtheit erfreuten sich unsere Urlaubsreisen zur See. Nicht weniger als rd. 80 000 Volksgenossen aus allen Teilen Deutschlands fuhren auf eigenen Dampfern zu den norwegischen Fjorden oder an die englische Küste. […]. Und als letztes sei nun der vielen tausend Veranstaltungen gedacht, die die Güte der Kultur und des Brauchtums vermittelten. In dem ersten Jahr wurden in allen Gauen Deutschlands 66 739 Veranstaltungen von „Kraft durch Freude" durchgeführt.

Wolfgang Michalka (Hrsg.), Deutsche Geschichte 1933-1945. Dokumente zur Innen- und Außenpolitik, Frankfurt am Main 2002, S. 58 f.

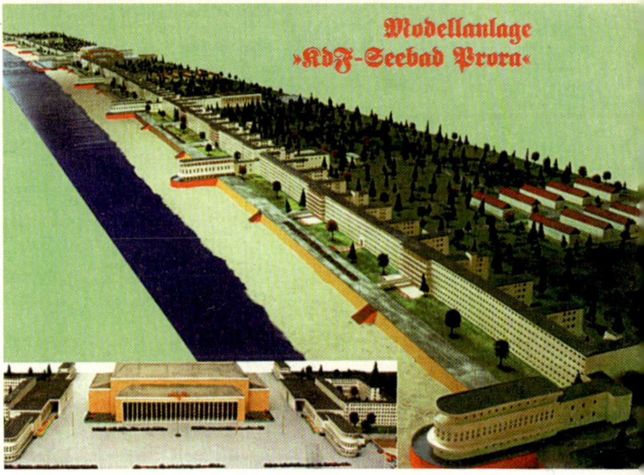

▲ *Werbung für das KdF-Seebad Prora, nach 1935. Auf der Insel Rügen begann die NS-Organisation „Kraft durch Freude" 1935 mit dem Bau einer monumentalen Urlaubsanlage, die gleichzeitig 20 000 „Volksgenossen" beherbergen sollte. Stattdessen diente der Rohbau nach Ausbruch des Zweiten Weltkrieges als provisorisches Lazarett und Flüchtlingslager. Heute steht der Komplex unter Denkmalschutz und ist mit Museen und einem Dokumentationszentrum ausgestattet der Öffentlichkeit zugänglich.*

1. *Erläutern Sie, welcher Mittel sich die Organisation „Kraft durch Freude" bediente und welche Ziele damit erreicht werden sollten.*
2. *Analysieren Sie die Funktion der Organisation im NS-Staat.*

M4

Der NS-Staat als „sozialer Volksstaat"?

Der Historiker Götz Aly (geb. 1947) zeigt in seinem Buch „Hitlers Volksstaat" die Maßnahmen auf, mit denen das NS-Regime die Verwirklichung seiner Ideologie des „sozialen Volksstaats" demonstrierte:

Von Anfang an förderte der NS-Staat die Familien, stellte Unverheiratete wie Kinderlose schlechter und schützte die Bauern vor den Unwägbarkeiten des Weltmarkts und des Wetters. Die Grundlagen der EU-Agrarordnung, das Ehegattensplitting, die Straßenverkehrsordnung, die obligatorische Haftpflichtversicherung für Autos, das Kindergeld, die Steuerklassen oder auch die Grundlagen des Naturschutzes stammen aus jenen Jahren. Nationalsozialistische Sozialpolitiker entwickelten die Konturen des seit 1957 in der Bundesrepublik selbstverständlichen Rentenkonzepts, in dem alt und arm nicht länger gleichbedeutend sein sollten [...]. Zu den ersten NS-Gesetzen gehörten solche, mit denen die Rechte der Gläubiger zugunsten der Schuldner beschränkt wurden. Sie sollten der „Verelendung des Volkes" entgegenwirken. [...]

Mit Beginn des Zweiten Weltkriegs durfte bei Einberufenen und deren Familien nicht mehr gepfändet werden [...]. Ebenso verbesserte die NS-Regierung den Mieterschutz für die Einberufenen. Auch wenn später wieder härter verfahren wurde, so blieb der Schuldnerschutz doch zentrale Aufgabe jedes einzelnen Gerichtsvollziehers, um auf diese Weise „zum Siege unseres schwer um seine Existenz kämpfenden Volkes sein gewichtig Teil beizutragen".

Auf derselben Linie lag die Lohnpfändungsverordnung vom 30. Oktober 1940, die den Schutz der Deutschen vor der Zwangsvollstreckung weiter verbesserte. Sie stellte einen Teil des Lohns für Überstunden pfändungsfrei, außerdem Urlaubsgeld, Weihnachtsgeld, Kinderbeihilfen und Versehrtenrenten. Sie legte hohe, erstmals auf den Netto- statt auf den Bruttolohn bezogene pfändungsfreie Grundbeträge pro Person und Familienmitglied fest. Im Sinne eines höheren Maßes an Gleichheit zwischen den Deutschen annullierte das Gesetz jenes aus frühbürgerlichen Zeiten überkommene Privileg, das Beamte und Geistliche vor Pfändungen in besonderer Weise geschützt hatte. Es waren solche Gesetze, die den nationalen Sozialismus populär machten und in denen auch Konturen der späteren Bundesrepublik Deutschland durchscheinen.

[...] Im Nachhinein wird die Rassenlehre des Nationalsozialismus als pure Anleitung zu Hass, Mord und Totschlag verstanden. Doch für Millionen Deutsche lag das Attraktive in dem an sie adressierten völkischen Gleichheitsversprechen. Die NS-Ideologie betonte die Unterschiede nach außen und nivellierte sie nach innen. Um es mit einem Ausruf Hitlers zu sagen: „Innerhalb des deutschen Volkes höchste Volksgemeinschaft und Möglichkeit der Bildung für jedermann, nach außen aber absoluter Herrenstandpunkt!" Für diejenigen, die zu der als rassisch einheitlich definierten Großgruppe zählten – das waren 95 Prozent der Deutschen –, verringerten sich die Unterschiede im Binnenverhältnis. Für viele wurde das staatspolitisch gewollte Einebnen der Standesdifferenzen in der Staatsjugend fühlbar, im Reichsarbeitsdienst, in den Großorganisationen der Partei und langsam selbst in der Wehrmacht.

Götz Aly, Hitlers Volksstaat. Raub, Rassenkrieg und nationaler Sozialismus, durchgesehene und erweiterte Auflage, Frankfurt am Main 2006, S. 20ff., S. 28f.

1. *Eine der Maximen Hitlers lautete: „Deutschland wird dann am größten sein, wenn seine ärmsten seine treuesten Bürger sind." Erläutern Sie vor dem Hintergrund des Textes Hintergründe und Ziele dieser Maxime. Berücksichtigen Sie insbesondere, welche „Fehler" Hitler im Hinblick auf den Ersten Weltkrieg und die Weimarer Republik zu vermeiden suchte.*
2. *Setzen Sie sich kritisch mit den Begriffen „Sozialstaat" und „Sozialpolitik" auseinander und prüfen Sie, inwieweit sich die hier skizzierte Politik mit jener der Bundesrepublik vergleichen lässt. Welche Gruppen profitierten von den nationalsozialistischen Maßnahmen, welche waren davon ausgeschlossen?*
3. *Aly bezeichnet das NS-Regime in seinem Buch als „Gefälligkeitsdiktatur". Überlegen Sie, was er damit meint.*

M5

Aufstieg für „Parteigenossen“

Die Tübinger Historiker Cornelia Rauh-Kühne und Hartmut Berghoff haben die Biografie des Trossinger Unternehmers Fritz Kiehn (1885-1980) rekonstruiert:

Angefangen hatte der aus ärmlichen Verhältnissen stammende Sohn eines preußischen Polizisten als Handlungsreisender einer Kartonagenfabrik. 1908 hatte es ihn in die schwäbische Kleinstadt Trossingen verschlagen, deren soziales Gepräge durch und durch von der bedeutenden Musikinstrumentenindustrie bestimmt wurde. [...] Schon 1920 war aus dem Detaillisten[1] der Papierwarenfabrikant geworden. [...] Die brüske Zurückweisung durch die alte lokale Elite erklärt, warum der mittelständische Fabrikant trotz eines bereits großbürgerlichen Lebensstils den Prototyp des in der Weimarer Republik politisch radikalisierten Kleinbürgers verkörperte. Diese lebensweltliche Konstellation und sein unbändiger Aufstiegswille veranlassten ihn bereits 1930 samt Frau und Kindern zum Eintritt in die NSDAP. [...] Binnen kurzem wurde Fritz Kiehn zum rührigen Aktivisten und wichtigen Geldgeber der in Württemberg 1930 noch wenig konsolidierten NSDAP. [...] Binnen weniger Jahre nationalsozialistischer Herrschaft hatte der Kleinstadtfabrikant den Aufstieg zum „Führer der Wirtschaft in Württemberg“ geschafft, wie er 1935 anlässlich seines 50. Geburtstags stolz vom amtlichen Organ der Wirtschaftskammer verbreiten ließ. Die „Machtergreifung“ hatte – wie gerade das Beispiel Kiehns, aber auch das anderer württembergischer NS-Funktionäre verdeutlicht – die Gesellschaft partiell revolutioniert. Die traditionell außerordentlich homogene „württembergische Ehrbarkeit“, eine – in den Worten des Historikers Michael Ruck – „hochgradig vernetzte Dienstklasse, aus der sich über Jahrhunderte hinweg das Gros der Beamten, Pastoren, Lehrer, Ärzte und Selbstständigen des Herzogtums rekrutiert hatte“, wurde 1933 durch die Schaffung neuer und die Besetzung vorhandener prestigeträchtiger Ämter und Funktionen tiefer erschüttert, als dies angesichts der personellen Kontinuität der Staatsbürokratie bislang erkannt wurde. [...] Aufgrund seiner vielfältigen Funktionen konnte Kiehn Willkür gegenüber anderen Unternehmern walten lassen und sich selbst ungeniert Vorteile verschaffen. [...] Dass er seine sonstigen Ämter dazu benutzte, Druck auf Unternehmer auszuüben, sie zu Spenden für NSDAP und SS zu bewegen und dass er ihnen Rohstoffkontingente streitig machte, ist mehrfach belegt. [...]

Auf einen langjährigen Mitarbeiter der IHK Stuttgart[2] und SS-Spitzel machte der braune Präsident „weniger den Eindruck eines arbeitsamen, erfahrenen und soliden Kaufmanns als vielmehr den eines gerissenen Geschäftemachers“. [...]

Das Zerwürfnis mit der Gauleitung trug Kiehn ein Verfahren vor dem Gaugericht ein [...]. Kiehn indessen, der einen Großteil seiner Spekulationsgewinne an die SS gespendet hatte und zum Dank in den „Freundeskreis Reichsführer SS“ aufgenommen worden war, bat den Persönlichen Stab Heinrich Himmlers um „kameradschaftliche Hilfe“ und ging vor dem Obersten Parteigericht in Revision. Er ließ seinen SS-Rechtsbeistand wissen, dass er aus diesem Verfahren unbeschädigt hervorgehen müsse, um nicht von der Gauleitung „wirtschaftlich in meinem Vorwärtskommen“ behindert und von „der Entjudung der nicht arischen Papierfabrik Fleischer in Eislingen“ abgehalten zu werden. [...] Kiehn wurde rehabilitiert und widmete sich fortan seinem „wirtschaftlichen Vorwärtskommen“. Mit anderen Worten: Er bereicherte sich durch den Aufkauf von Unternehmen, die aus dem Besitz von Juden stammten und die wegen der Verfolgung ihrer rechtmäßigen Eigentümer weit unter dem reellen Wert zu haben waren.

Beiträge zur Landeskunde von Baden-Württemberg, April 2000, S. 3 ff.

1. *Zeigen Sie biografische Gründe dafür, dass Fritz Kiehn sich der NSDAP zuwandte.*
2. *Erläutern Sie am Beispiel Fritz Kiehns Merkmale der Verflechtung von Wirtschaft und Politik in der NS-Zeit.*
3. *Informieren Sie sich über Ablauf und Folgen der „Arisierung“. Recherchieren Sie zur Arisierung jüdischen Besitzes an Ihrem Wohnort und verfassen Sie dazu ein Essay.*

1) *Kleinwarenhändler*
2) *Industrie- und Handelskammer Stuttgart, deren Präsident Kiehn 1934 geworden war*

M6

Entwicklung der Arbeitslosigkeit (Jahresdurchschnitt in 1 000)

	1933	1934	1935	1936	1937	1938	1939
gesamt	4 804,4	2 718,3	2 151,0	1 592,7	912,3	429,5	51,8
männl.	3 863,7	2 223,5	1 806,5	1 233,7	750,5	333,3	33,3
weibl.	940,7	494,8	344,6	269,0	161,8	96,2	18,5

Dörte Winkler, Frauenarbeit im „Dritten Reich", Hamburg 1977, S. 199

M7

Die Entwicklung der Löhne von 1929-1939 (1932 = 100)

Jahr	nominale Stundenlöhne	Stundenlöhne real	Wochenlöhne real	Anteil der Löhne am Volkseinkommen (%)
1932	100	100	100	57,0
1933	97	99	104	56,0
1934	99	99	109	55,5
1935	101	99	110	54,6
1936	102	100	112	53,5
1937	105	101	115	52,7
1938	108	104	119	52,4
1939	111	107	123	51,8

Dietmar Petzina, Autarkiepolitik im Dritten Reich, Stuttgart 1968, S. 167

M8

Wachstum des realen Sozialprodukts* je Einwohner (1928 = 100)

Jahr	1932	1933	1934	1935	1936	1937	1938	1939	1940	1941
Index	76	86	93	105	118	129	141	158	161	171
jährliche Wachstumsrate in %	-5,0	13,2	8,1	12,9	12,4	9,3	9,3	12,1	1,9	6,2

* Das Sozialprodukt (oder auch „Nationaleinkommen") bezeichnet die Leistung einer Volkswirtschaft innerhalb eines Jahres und dient vor allem als statistischer Einkommensindikator.

Nach: Dietmar Petzina, Werner Abelshauser und Anselm Faust (Hrsg.), Sozialgeschichtliches Arbeitsbuch III: Materialien zur Statistik des Deutschen Reiches 1914-1945, München 1978, S. 78 (vereinfacht)

1. *Vergleichen Sie die Entwicklung der männlichen und der weiblichen Arbeitslosigkeit. Bestimmen Sie die Jahre mit den größten Senkungen und suchen Sie nach Gründen.*
2. *Ermitteln Sie die Entwicklung der durchschnittlichen Wochenarbeitszeit.*
3. *Interpretieren Sie die Lohnentwicklung aus Arbeitnehmersicht. Setzen Sie dabei den Anteil der Löhne am Volkseinkommen in Bezug zum Wachstum des Sozialprodukts.*

▲ *Karl Maria Schuster, Werkkonzert in der Lokomotivfabrik, 1939.*

● *Ermitteln Sie, welches Bild von der Arbeitswelt hier hervorgerufen werden soll.*

Die Deutsche Arbeitsfront

Das Schicksal der „Gleichschaltung“ ereilte auch die Verbände des Handels, der Industrie, der Landwirtschaft sowie die Arbeitnehmer- und Arbeitgeberverbände. Um das eigene Überleben zu sichern, distanzierten sich die Gewerkschaften im März 1933 von der SPD und gelobten, sich künftig auf die Erfüllung sozialer Aufgaben zu beschränken. Sie erwarteten von der neuen Regierung ein wirksames Beschäftigungsprogramm zur Senkung der Arbeitslosenzahlen. Die Mitarbeit im neuen Staat schien gesichert, als Hitler den 1. Mai, den Tag der internationalen Arbeiterbewegung, zum gesetzlichen Feiertag erklärte. Doch bereits weniger als 24 Stunden nach gemeinsam begangenen Großveranstaltungen besetzten parteieigene Kommandotrupps, vorwiegend SA und SS, Büros und Häuser der Freien Gewerkschaften und nahmen die führenden Funktionäre in „Schutzhaft“. Liberale und christliche Gewerkschaften unterstellten sich daraufhin ebenfalls der Hitlerpartei. Alle Arbeitnehmervereinigungen wurden in die am 10. Mai gegründete Deutsche Arbeitsfront (DAF) überführt. Um 1934 waren in dieser Einrichtung 21 Millionen Arbeiter und Angestellte organisiert. Aufgaben der DAF waren vor allem die allgemeine Betreuung und die weltanschauliche Schulung der Mitglieder. Auf Löhne und Arbeitszeit hatte die Organisation keinen Einfluss.

Nachdem auch die Unternehmerverbände unter nationalsozialistische Leitung geraten waren, wurde die DAF im November 1933 in eine Zwangsvereinigung von Arbeitgebern und Arbeitnehmern umorganisiert. Streik und Aussperrung waren verboten. Interessenkonflikte durften die Wirtschaftsverbände nicht mehr im Rahmen ihrer Tarifautonomie regeln – dies übernahm ein vom Regime bestellter *Treuhänder der Arbeit*. Das *Gesetz zur Ordnung der nationalen Arbeit* vom 20. Januar 1934 machte aus dem Unternehmer einen „Betriebsführer“, der an der Spitze der zu gegenseitigem Vertrauen verpflichteten „Betriebsgemeinschaft“ stand. Obwohl die DAF von den Arbeitern eher kritisch betrachtet wurde – dazu trug auch der zwangsweise Abzug des Mitgliedsbeitrags vom Lohn bei – hofften viele auf eine Verbesserung ihrer Situation (➧ M1, M2).

▲ *Werbeplakat des Winterhilfswerks von 1934/35.*
• *Analysieren Sie, welche Assoziationen das Bild weckt und welche Rolle dem Regime hier zukommt.*

Soziale Maßnahmen für die „Volksgemeinschaft"

Zwar waren die Mitbestimmungsrechte der „Gefolgschaft" entfallen, auf der anderen Seite erhielten die Arbeitnehmer durch eine moderne soziale Absicherung mehr, als die Gewerkschaften bis 1933 erstritten hatten: Gewährung von Kündigungsschutz, Verlängerung des bezahlten Urlaubs (von ursprünglich drei auf sechs bis zwölf Tage), verbesserte Sozialleistungen der Unternehmen.

Sozial als fortschrittlich empfundene Neuerungen verwirklichte die DAF auch aus den Geldern der enteigneten Gewerkschaften. Ihre Unterorganisation *Kraft durch Freude (KdF)* wollte das Arbeitsleben in vielerlei Hinsicht angenehmer gestalten; Belegschaftsräume in den Betrieben wurden verbessert, Kantinenessen, Filme und Theatervorstellungen konnten verbilligt angeboten werden. In einem der DAF gehörenden Werk wurde der *KdF-Wagen* – der spätere „Volkswagen" oder im Volksmund „Käfer" genannt – gebaut und sollte zum Preis von 990 Reichsmark auch für den „kleinen Mann" erschwinglich sein. Mit für den Massentourismus bereitgestellten Erholungsmöglichkeiten, Sonderzug- und sogar Schiffsreisen suchte das Regime in bisher nicht gekanntem Ausmaß lang gehegte Urlaubsträume zu erfüllen (▶ M3). All diese Angebote und Vergünstigungen dienten dem Zweck, die Arbeits- und Produktionsleistungen zu steigern und alle Bevölkerungsschichten in die „Volksgemeinschaft" zu integrieren.

Sozialpolitisch führte die NS-Regierung zum Teil Errungenschaften der Weimarer Zeit wie die Arbeitslosenversicherung weiter, setzte aber auch neue Schwerpunkte (▶ M4). Zu den wichtigsten Einrichtungen gehörte die Parteiorganisation *Nationalsozialistische Volkswohlfahrt (NSV)*, die bereits in den 1920er-Jahren für bedürftige Parteigenossen gegründet worden war. Sie wurde nach der Machtergreifung zum größten Wohlfahrtsverband ausgebaut, der u.a. in der Armenfürsorge, der Jugendhilfe und der Mutter-und-Kind-Betreuung tätig war. Hinzu kam das im Herbst 1933 gegründete *Winterhilfswerk des Deutschen Volkes (WHW)*, das sich durch groß angelegte Haus-, Straßen- und Betriebssammlungen sowie seit Herbst 1937 durch Zwangsabzüge von Löhnen und Gehältern finanzierte und Sachmittel an bedürftige Haushalte verteilte. Öffentlichkeitswirksam in Szene gesetzt, sollten die Aktivitäten der Organisationen das NS-Regime in der Rolle des Wohltäters inszenieren und die „Volkssolidarität" stärken. Dem Gruppendruck der Sammelaktionen konnte sich kaum jemand entziehen. In den Genuss von Leistungen kamen nur „rassisch wertvolle" und vorübergehend in Not geratene Menschen; „Nichtarier", „Asoziale" und andere „Gemeinschaftsfremde" blieben von vornherein ausgeschlossen. Die nationalsozialistische Sozialpolitik und Wohlfahrtspflege verfolgte klare politische Ziele: die akute Not zu lindern und damit soziale Unruhen zu vermeiden, die Fürsorge als breit angelegtes Kontroll- und Selektionsinstrument zu nutzen und die Bevölkerung für das Regime einzunehmen.

▲ *Bei den öffentlichen „Eintopfsonntagen" demonstrierte die NS-Prominenz Bescheidenheit, Foto von 1937.*

Veränderung der traditionellen Milieus

Ab 1935 wurde jeder Jugendliche im Alter zwischen 18 und 25 Jahren zur Ableistung eines halbjährigen Arbeitsdienstes verpflichtet. Die Erfassung der Frauen scheiterte allerdings bis 1939 aus organisatorischen Gründen. Der *Reichsarbeitsdienst* sollte sozial egalisierende Wirkung ausüben und darüber hinaus zum vorrangigen Ziel der NS-Politik beitragen: die Arbeitslosigkeit abzuschaffen. Ausgeführt wurden gering qualifizierte Arbeiten in der Landschaftspflege oder dem Wegebau. Der wirtschaftliche Ertrag stand dabei jedoch in keinem Verhältnis zum organisatorischen und finanziellen Aufwand.

Schon der Erste Weltkrieg und die Zeiten von Inflation und Wirtschaftskrise hatten viel dazu beigetragen, überkommene Standesunterschiede zu verwischen. Partei sowie Wehr- und Reichsarbeitsdienst seit 1935 taten nun ein Übriges. War im Kaiserreich gesellschaftlicher und wirtschaftlicher Aufstieg mit dem sozialen Anpassungsversuch des „Emporkömmlings" verbunden, so erwartete die aus dem Kleinbürgertum stammende Funktionärs- und Führerclique des „Dritten Reichs", dass die anderen sich ihnen anpassen sollten. Und tatsächlich mussten die Mitglieder der Oberschicht zumindest im äußeren Auftreten Loyalität mit den neuen Machthabern zeigen. Andererseits ermöglichte die Parteizugehörigkeit so manchem einen Aufstieg aus einfachen Verhältnissen in politische oder wirtschaftliche Führungspositionen. Meist geschah dies auf Kosten anderer, vor allem der jüdischen Bevölkerung, an deren Positionen und Besitz sich Privatleute, Unternehmen und Staat gleichermaßen bereicherten (➧ M5).

Da Hitlers Wirtschaftspolitik „Vollbeschäftigung" und trotz nur zum Teil erhöhter Löhne zumindest einen bescheidenen Anstieg des Lebensstandards brachte (➧ M6-M8), entwickelte sich in weiten Kreisen der Bevölkerung ein neues Bewusstsein von Stolz und Zuversicht. Technische Neuerungen bereiteten eine Konsumgesellschaft im Industriestaat Deutschland vor. Die Elektrifizierung der Haushalte mit Staubsauger, Waschmaschine, Kühlschrank und Rundfunkgerät wurde vom Staat gefördert. Die erste Serie von Fernsehgeräten sollte im Laufe des Sommers 1939 auf den Markt kommen.

Obwohl sich die Wochenarbeitszeit seit 1933 je nach Branche auf 58 bis 65 Stunden erhöhte, entwickelten sich erste Anzeichen eines „Freizeitbooms": Fotoapparat, Faltboot, Zelt oder Campingwagen gehörten zum Stil der Zeit. Körperpflege, Spiel und Sport wurden offiziell propagiert. Vergnügungen, die bislang ein Privileg der Oberschicht waren, zum Beispiel Reiten oder Fliegen, konnten nach Eintritt in Parteiorganisationen auf Kosten des Staates betrieben werden. Das reichliche offizielle Freizeitangebot führte aber wiederum dazu, dass „nur noch der Schlaf Privatsache" war, wie *Robert Ley*, der Leiter der Deutschen Arbeitsfront, sich 1938 brüstete.

Soziale Sicherung, die Förderung des *Massenkonsums*, Beteiligung an den vielfältigen Formen der „bürgerlichen" Freizeitkultur, aber auch die ständige Beschwörung der „Volksgemeinschaft", das alles trug zu einer Einebnung der traditionellen Standesgrenzen bei. Folge dieses Vorgangs war nicht selten ein Rückzug ins Private. Der Meinungsdruck in der Öffentlichkeit, die Angebote des modernen Massenkonsums und die Beliebtheit des neuen Mediums Rundfunk ließen viele auf den engsten Kreis der Familie oder Freunde ausweichen, wo sie Geborgenheit und „Normalität" fanden.

1.9 Wirtschaft für den Krieg

▲ *Nationalsozialistisches Plakat.*

- *Erörtern Sie die gesellschaftliche Utopie, die hier entworfen wird. Wie „modern“ ist die skizzierte Wirtschaftswelt?*
- *Analysieren Sie das Verhältnis zu „Heimat und Boden“, das sich hier spiegelt. Nehmen Sie unter umweltgeschichtlichen Gesichtspunkten dazu Stellung.*

8.2.1933
Hitler stellt in einer Ministerbesprechung die Forderung auf, dass die Wirtschaft der Aufrüstung zu dienen habe

22.10.1936
Ein Vierjahresplan tritt in Kraft, der Deutschland gezielt auf den Krieg vorbereitet

M1
Die Bedeutung der Autobahn

Der rheinische Schwerindustrielle Fritz Thyssen (1873-1951), ein wichtiger Förderer und Finanzier der NSDAP, schreibt am 20. Juli 1933 an Fritz Todt (1891-1942), den Generalinspektor für das deutsche Straßenwesen:

Das rheinisch-westfälische Industriegebiet ist eines der bedeutendsten Wirtschaftsgebiete Deutschlands und Europas. Strategisch liegt es im Aufmarschgelände künftiger Auseinandersetzungen im Westen. Die Frage seines Anschlusses an das geplante Reichsautobahnnetz wird daher sehr bald an Sie herantreten. Man wird sich hier im Bezirk vor allem des Siedlungsverbandes Ruhrkohlenbezirk bedienen können, der auf dem Gebiet der Straßenplanung und des Straßenausbaus schon seit Jahren vorbildliche Arbeit nach großen Gesichtspunkten geleistet hat. Wie ich höre, ist demnächst eine Besprechung über die Frage der Fortführung der Autobahn Bonn-Köln in Düsseldorf beabsichtigt. Für meine Beteiligung an dieser Besprechung wäre ich Ihnen ergebenst dankbar.

Dietrich Eichholtz und Wolfgang Schumann (Hrsg.), Anatomie des Krieges. Neue Dokumente über die Rolle des deutschen Monopolkapitals bei der Vorbereitung und Durchführung des Zweiten Weltkrieges, Berlin 1969, S. 117 f.

Erläutern Sie die politischen und wirtschaftlichen Motive Thyssens.

▲ *Plakat von Robert Zinners, 1937.*

• *Erläutern Sie die Einstellung gegenüber Raum, Technik und Umwelt, die das Plakat ausdrückt.*

M2
„Wehrwirtschaft“

Bereits im März 1935 geht ein ausführliches Planungspapier der IG Farben an den Rüstungsbeirat des Reichswehrministeriums, in dem die wirtschaftlichen Voraussetzungen einer militärischen Mobilmachung dargelegt werden. In dem Rüstungsbeirat treffen sich regelmäßig Generäle und führende Vertreter der Wirtschaft wie Robert Bosch, Carl Friedrich von Siemens oder Fritz Thyssen.

Wenn man sich nicht nur an die im Kriege unter dem Zwange der Not entstandene Organisationsform anlehnen will, sondern wenn man darauf ausgeht, die gesamten produktiven Kräfte auf weite Sicht vorbereitend einem einheitlichen Zweck unterzuordnen, so heißt dies – naturgemäß unter Benutzung der im Kriege gesammelten Erfahrungen – eine wehrwirtschaftliche Neuorganisation zu schaffen, die den letzten Mann und die letzte Frau, die letzte Produktionseinrichtung und Maschine sowie den letzten Rohstoff der Erzeugung von kriegswichtigen Produkten zuführt und alle Arbeitskräfte, Produktionseinrichtungen und Rohstoffe in einen militärisch straff geführten wirtschaftlichen Organismus eingliedert. Die gesamte Erzeugung der Industrie, des Handwerks und Gewerbes sowie der Landwirtschaft gilt in diesem Sinne als kriegswichtig und muss daher in den Rahmen einer umfassenden Wehrwirtschaft einbezogen werden [...]. Die Planung der Wehrwirtschaft bzw. die Aufstellung der wehrwirtschaftlichen Mobilisierungspläne muss unter Berücksichtigung der vorhandenen Friedenswirtschaft, d.h. unter Mitarbeit der bestehenden Fachorganisationen der Wirtschaft bzw. der

Unternehmer selbst, erfolgen, um die Initiative, Anregung und Mitarbeit der freien Wirtschaft in den Dienst der Sache zu stellen. Diese gesamte Planung, sowohl was die Produktion kriegswichtiger Güter anlangt als auch die gesamte Planung über Rohstofffragen, muss dabei unter einheitlicher zentraler wehrwirtschaftlicher Leitung stehen [...].

Wolfgang Michalka (Hrsg.), Deutsche Geschichte 1933–1945. Dokumente zur Innen- und Außenpolitik, Frankfurt am Main 2002, S. 107 f.

1. *Erläutern Sie die Kriterien, nach denen die deutsche Wirtschaft dem Gutachten der IG Farben zufolge organisiert werden soll.*
2. *Bestimmen Sie aus dem Text die politische Haltung der (Rüstungs-)Industrie.*

M3
„In vier Jahren kriegsfähig!"

Als die deutsche Wirtschaft ihre Krise endgültig überwunden hat, legt Hitler 1936 engen Vertrauten seine Überlegungen zur Wirtschaftspolitik vor:

So wie die politische Bewegung in unserem Volk nur ein Ziel kennt, die Lebensbehauptung unseres Volkes und Reiches zu ermöglichen, d.h. alle geistigen und sonstigen Voraussetzungen für die Selbstbehauptung unseres Volkes sicherzustellen, so hat auch die Wirtschaft nur diesen einen Zweck. [...]

I. Ähnlich der militärischen und politischen Aufrüstung bzw. Mobilmachung unseres Volkes hat auch eine wirtschaftliche zu erfolgen und zwar im selben Tempo, mit der gleichen Entschlossenheit und wenn nötig auch mit der gleichen Rücksichtslosigkeit. [...]

II. Zu diesem Zwecke sind auf all den Gebieten, auf denen eine eigene Befriedigung durch deutsche Produktionen zu erreichen ist, Devisen einzusparen, um sie jenen Erfordernissen zuzulenken, die unter allen Umständen ihre Deckung nur durch Import erfahren können.

III. In diesem Sinne ist die deutsche Brennstofferzeugung nunmehr im schnellsten Tempo vorwärtszutreiben und binnen 18 Monaten zum restlosen Abschluss zu bringen. [...]

IV. Es ist ebenso augenscheinlich die Massenfabrikation von synthetischem Gummi zu organisieren und sicherzustellen. Die Behauptung, dass die Verfahren vielleicht noch nicht gänzlich geklärt wären, und ähnliche Ausflüchte haben von jetzt ab zu schweigen. [...]

V. [...] Es ist weiter notwendig, die deutsche Eisenproduktion auf das Außerordentlichste zu steigern. Der Einwand, dass wir nicht in der Lage seien, aus dem deutschen Eisenerz mit 26-prozentigem Gehalt ein ähnlich billiges Roheisen zu erzeugen, wie aus den 45-prozentigen Schwedenerzen usw. ist belanglos, weil uns ja nicht die Frage gestellt ist, was wir lieber tun wollen, sondern nur, was wir tun können. [...]

Es ist weiter notwendig, ohne Rücksicht auf Kosten deutsche sonstige Erzförderung zu steigern und insbesondere die Erzeugung von Leichtmetall auf das Äußerste zu erhöhen, um damit einen Ersatzstoff für bestimmte andere Metalle zu finden. [...]

Ich stelle damit folgende Aufgabe:

I. Die deutsche Armee muss in 4 Jahren einsatzfähig sein.

II. Die deutsche Wirtschaft muss in 4 Jahren kriegsfähig sein.

Heinz Hürten (Hrsg.), Weimarer Republik und Drittes Reich 1918–1945 (Deutsche Geschichte in Quellen und Darstellung, Bd. 9), Stuttgart 1995, S. 272–275

1. *Prüfen Sie die Forderungen auf ihre Realisierungschancen.*
2. *Vergleichen Sie M2 und M3. Inwieweit ist Hitler den Empfehlungen der IG Farben gefolgt?*

M4
Kriegswirtschaft in Zahlen

Selbstversorgungsgrad bei Grundnahrungsmitteln in Prozent

	1927/28	1938/39
Brotgetreide	79	115
Kartoffeln	96	100
Zucker	100	101
Fleisch	91	97
Fett	44	57

Karl-Dietrich Bracher, Manfred Funke und Hans Adolf Jacobsen (Hrsg.), Nationalsozialistische Diktatur 1933-1945, Bonn 1983, S. 308

Öffentliche Investitionen

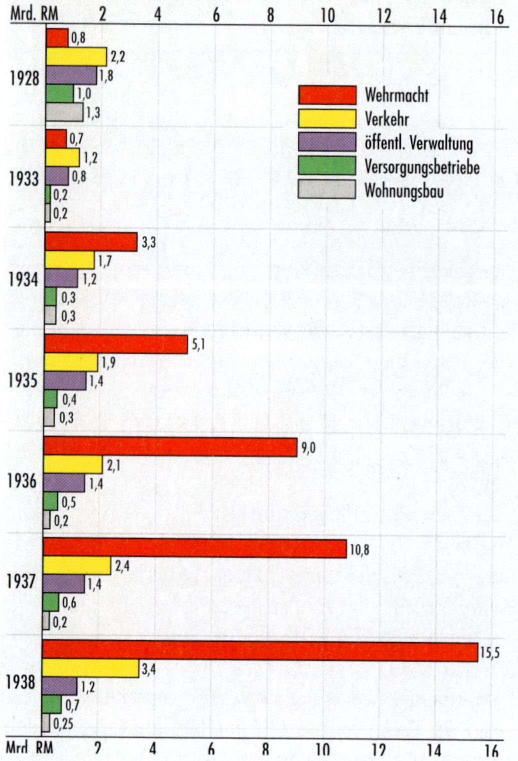

René Erbe, Die nationalsozialistische Wirtschaftspolitik. 1933–1939 im Lichte der modernen Theorie, Zürich 1958

Produktion im Deutschen Reich nach dem Gebietsstand von 1937 in 1 000 Tonnen

	1928	1936	1939
Eisenerz	2 089	2 259	3 928
Hüttenaluminium	33	95	194
Buna	0	1	22
Zellwolle	0	43	192
Flugbenzin	0	43	302
Sonstiges Motorenbenzin	0	1 214	1 633

Karl-Dietrich Bracher, Manfred Funke und Hans Adolf Jacobsen (Hrsg.), a. a. O., S. 304

Rüstungsausgaben und Volkseinkommen in Mrd. Reichsmark

Haushaltsjahr	Rüstungsausgaben	Volkseinkommen	Rüstungsausgaben in % des Volkseinkommens
1932	0,6	45,2	1,3
1933	0,7	46,5	1,5
1934	4,1	52,8	7,8
1935	5,5	59,1	9,3
1936	10,3	65,8	15,7
1937	11,0	73,8	15,0
1938	17,2	82,1	21,0

Fritz Blaich, Wirtschaft und Rüstung im „Dritten Reich", Düsseldorf 1987, S. 83

1. *Erläutern Sie die wirtschaftlichen Anstrengungen, die Deutschland zugunsten der Kriegsrüstung unternommen hat.*
2. *Trennen Sie die Bereiche in zivilen und militärischen Sektor und interpretieren Sie die Unterschiede im Versorgungs- bzw. Produktionsfortschritt.*

M5

Maschinenbau und Kriegswirtschaft

Der Wirtschaftshistoriker Willi A. Boelcke hat Zusammenhänge zwischen Kriegsrüstung und wirtschaftlicher Entwicklung untersucht:

Im Unterschied zum Ersten Weltkrieg, in dem es vor allem die größeren Unternehmen verstanden, mit den wachsenden Produktionsziffern des Kriegsbedarfs ihre Auftragsbücher zu füllen, ging im Zweiten Weltkrieg der Kriegsboom und sein geschäftlicher Nutzen nicht an den Kleineren, den Mittelständlern vorüber. Sie waren vielmehr umso mehr gefragt und unentbehrlich, je stärker die Produktion in den bedeutenden norddeutschen industriellen Ballungsräumen durch den Bombenkrieg gefährdet war und obendrein der Ausstoß wichtiger Schlüsselerzeugnisse der Investitionsgüterindustrie gesteigert werden sollte. Desto intensiver wurden daher die leistungsfähigen, über das Land verstreuten und deshalb weniger luftgefährdeten mittelständischen Unternehmen des Maschinenbaus, der Elektrotechnik und der Metallverarbeitung im Verlaufe des Krieges und durch seinen Dirigismus in kriegswichtige Fertigungen einbezogen. Bedeutende neue Kapazitäten entstanden. Damit aber stellten sich – wie wir heute wissen – entscheidende Weichen in die Zukunft. Die Produktionsstruktur Südwestdeutschlands mit ihrem Primat der Verbrauchsgüterindustrien bis Mitte der 1930er-Jahre verschob sich zugunsten der seitdem dominierenden, vielseitigen und äußerst flexiblen Metallindustrie. [...] Fast um 40 Prozent stieg der Absatz des südwestdeutschen Maschinenbaus während des Krieges, der anderer Maschinen und von Maschinenteilen um 200 bis über 300 Prozent.

Willi A. Boelcke, Sozialgeschichte Baden-Württembergs 1800–1989, Stuttgart 1989, S. 332

1. *Erläutern Sie den Zusammenhang zwischen Kriegswirtschaft und Maschinenbau.*
2. *Zeigen Sie Gründe, warum gerade der südwestdeutsche Maschinenbau von der Kriegswirtschaft profitiert hat.*
3. *Forschen Sie nach Metall verarbeitenden Unternehmen in Ihrer Region und versuchen Sie etwas über ihre Geschichte herauszubekommen.*

▲ *Werbung für den Volkswagen von 1938. Die Sparer wurden enttäuscht: Ab 1939 produzierte das neue Volkswagenwerk nur noch Militärfahrzeuge.*

M6

Die Schuldenentwicklung 1932 bis 1939

In Mrd. Reichsmark jeweils am 31.3.

1932	11,4	**1936**	14,4
1933	11,6	**1937**	16,1
1934	11,8	**1938**	19,1
1935	12,5	**1939**	30,7

Kurt G. A. Jeserich u. a. (Hrsg.), Deutsche Verwaltungsgeschichte, Band 4, Stuttgart 1985, S. 855

1. *Erörtern Sie die Schuldenentwicklung und setzen Sie sie in Bezug zur Ausgabenentwicklung in M4.*
2. *Überlegen Sie auf der Grundlage von M3 bis M6: Gab es ein nationalsozialistisches „Wirtschaftswunder"?*

▲ *Hans Toepper (1885–1956), Deutsche Symphonie, ca. 1938.*
• *Interpretieren Sie das hier versinnbildlichte Gesellschaftsmodell und leiten Sie daraus wirtschaftspolitische Konsequenzen ab.*

Ideologische Widersprüche

Zentrale Angriffspunkte der NSDAP vor 1933 waren die Großindustrie, Großbanken, Warenhäuser und Handelsketten gewesen. Gegen diese „Erfindungen des Judentums und des Liberalismus" hatte die Partei für Kleinhändler, Gewerbetreibende und für die Kleinbauern gekämpft.
Nach der „Machtergreifung" stellten die Nationalsozialisten bald fest, dass sie die Modernisierung der Industriegesellschaft in Deutschland fördern mussten, wenn sie Großmachtpolitik betreiben wollten. Den dafür notwendigen Prozess trieben sie mit den Mitteln modernster Technik bzw. deren industrieller Umsetzung und durch nachhaltige Mobilisierung der Gesellschaft voran. Den Machthabern war der „Verrat" an den eigenen Prinzipien sehr wohl bewusst. Deshalb sollte in einer fernen Zukunft, wenn der „Lebensraum im Osten" gewonnen sein würde, die propagierte Wirtschafts- und Gesellschaftsutopie im neu zu besiedelnden Gebiet verwirklicht werden.

Die Überwindung der Wirtschaftskrise

Hitler war mit dem Versprechen angetreten, innerhalb von vier Jahren die wirtschaftlichen und sozialen Probleme zu überwinden. Tatsächlich konnte das Regime schneller Erfolge vorweisen als Anhänger und Gegner im In- und Ausland dies für möglich gehalten hätten. Bis 1936 war die Arbeitslosigkeit von über sechs auf weniger als zwei Millionen gefallen. Industrieproduktion und Sozialprodukt lagen über den Marken der „goldenen Zwanzigerjahre". Wie hatte es zu diesem erstaunlichen Aufschwung kommen können? Für einige wesentliche Faktoren war die Hitler-Regierung kaum verantwortlich. Bereits vor der „Machtergreifung" signalisierten viele Wirtschaftsdaten einen positiven Trend. Nur mit der Einstellung von Arbeitskräften hatten sich die meisten Unternehmer noch zurückgehalten, sodass die Trendwende bis 1933 in der Öffentlichkeit kaum zur Kenntnis genommen wurde.

Schulden für die Aufrüstung

Soweit man von einem spezifisch deutschen Wirtschaftsaufschwung ab 1933 sprechen kann, stand dieser auf zwei Säulen: auf der langfristigen Planung, Deutschland wieder kriegsbereit zu machen, und auf einer höchst riskanten *Schuldenpolitik*. Für beides hatten Hitler und sein Wirtschaftsexperte, der Reichsbankpräsident *Hjalmar Schacht*, frühzeitig bei Banken und führender Unternehmerschaft um Unterstützung geworben. Nachdem die Nationalsozialisten eine wirtschaftsfreundliche Politik in Aussicht gestellt hatten, erhielten sie diese Unterstützung auch reichlich.
Die wichtigste Finanzierungsquelle für die Aufrüstung waren bis 1936/37 die *Mefowechsel*. Reichsbankpräsident Schacht hatte im März 1933 mit dem Kapital von fünf Industrieunternehmen, darunter Krupp und Siemens, eine Scheinfirma gegründet: die *Metallurgische Forschungsgesellschaft mbH*. Alle Rüstungslieferungen bezahlte

der Staat mit deren Wechseln. Die Papiere hatten eine Laufzeit von fünf Jahren und wurden von den Banken akzeptiert, da die Reichsbank die Einlösung garantierte.
In der Folge förderten die Nationalsozialisten konsequenterweise vor allem die rüstungsrelevante Industrie sowie arbeitsintensive und ebenfalls kriegswichtige Infrastrukturverbesserungen – Maßnahmen, die zum Teil deutlich die Handschrift derjenigen Großunternehmen trugen, die ein massives Interesse an der Aufrüstung hatten (▸ M1, M2). Durch Subventionen, Steuererleichterungen und Staatsaufträge wurde insbesondere in der Schwerindustrie, im Maschinen- und Fahrzeugbau, in der chemischen und Textilindustrie die Produktion erheblich gesteigert (▸ M4, M5). Der Autobahnbau, den schon frühere Regierungen geplant hatten, setzte jetzt mit großem Aufwand ein. Bei der Auftragserteilung berücksichtigte der Staat vor allem Firmen, die den Einsatz maschineller Hilfsmittel einzuschränken versprachen, um möglichst viele Arbeitsplätze zu schaffen. Zwar wurde insbesondere der Bau an den „Straßen des Führers" von der nationalsozialistischen Propaganda wirkungsvoll als Beleg für die Überwindung der Arbeitslosigkeit herausgestellt, die Anzahl der dort beschäftigten Arbeiter (125 000 im Jahr 1936) war jedoch vergleichsweise gering. Im Gegenzug verschlang der Autobahnbau bis zur kriegsbedingten Einstellung der Baumaßnahmen 1941/42 6 Milliarden Reichsmark, die sich auch im Krieg nicht bezahlt machten. Die Truppen- und Materialkontingente wurden weiterhin mit der Eisenbahn transportiert.
Mit der Überwindung der wirtschaftlichen Talsohle machte sich Hitler daran, die Leistungsstärke der deutschen Wirtschaft zur Vorbereitung seiner Kriegspolitik zu nutzen. Die Ausgaben im Bereich von Rüstung und Reichswehr stiegen explosionsartig an. Hatten sie 1933 an den Gesamtausgaben der öffentlichen Hand noch einen Anteil von vier Prozent, so lagen sie 1938 bei 50 Prozent. Dies war nur mit einer skrupellosen Staatsverschuldung zu finanzieren (▸ M6). Der Haushalt des Jahres 1938 von 30 Milliarden Reichsmark konnte lediglich mit knapp 18 Milliarden aus Steuermitteln gedeckt werden. Die Tilgung der Schuldenlast sollte später durch die Einnahmen aus besetzten Territorien erfolgen.

Autarkiestreben Verbunden mit der Aufrüstung war das Ziel der deutschen Führung, die eigene Wirtschaft autark, also von ausländischen Gütern und Rohstoffen möglichst unabhängig zu machen. Damit sollten sowohl Devisen eingespart als auch die Auswirkungen eines Versiegens der Handelsströme im Kriegsfall gemildert werden. 1936 versuchte Hitler in einem *Vierjahresplan* (▸ M3), die wichtigsten Initiativen dafür zu bündeln. So mussten unter anderem jetzt einheimische Bodenschätze auch dann abgebaut werden, wenn sie qualitativ schlechter oder aufwendiger zu gewinnen waren als die auf dem Weltmarkt gehandelten Güter. Außerdem trieb man ohne Rücksicht auf Kosten die synthetische Erzeugung von Benzin und Gummi voran.
Mit diesen Investitionen in den zukünftigen Krieg brachte sich Hitler-Deutschland am Ende der 1930er-Jahre selbst in Zugzwang, da die Schuldenpolitik ein bedrohlich steigendes Inflationsrisiko verursachte. Die Hypotheken auf die „Eroberung neuen Lebensraumes" mussten eingelöst werden. „Der politisch-ideologische Wille zu Aufrüstung und Krieg hatte eine wirtschaftliche Situation herbeigeführt, die scheinbar keinen anderen Ausweg zuließ als Krieg" (Hans-Ulrich Thamer).

Frauen und Wirtschaft

Die Rüstungsanstrengungen zwangen die Nationalsozialisten auch zur Kurskorrektur in ihrer Frauenpolitik, denn die Industrie- und Dienstleistungsgesellschaft brauchte weibliche Arbeitskräfte. So stieg die Zahl der berufstätigen Frauen zwischen 1933 und 1939 um 1,3 Millionen. In den letzten Kriegsjahren galt zudem eine Meldepflicht für alle Frauen zwischen 17 und 45 Jahren, die zum Arbeitseinsatz zwangsverpflichtet werden konnten.

Im Gegensatz zu England, wo die Zahl der erwerbstätigen Frauen mit der kriegsbedingten Durchsetzung der allgemeinen Dienstpflicht auf über 60 Prozent anstieg, wurde die Verordnung in Deutschland allerdings nicht streng durchgeführt. Vor allem Frauen der Oberschicht konnten sich leicht entziehen. Hitler und seine Ideologen waren davon überzeugt, dass der umfassende Einsatz deutscher Frauen in der Kriegswirtschaft die Loyalität und Durchhaltebereitschaft der Bevölkerung schwächen und wie im Ersten Weltkrieg zum deutschen Zusammenbruch beitragen könne. Vor allen rüstungswirtschaftlichen Erwägungen stand deshalb die Stärkung der „Heimatfront", die neben der milde gehandhabten Dienstpflicht für Frauen zusätzlich durch ausreichende Lebensmittelversorgung, Unterhaltshilfen und Mutterschutzbestimmungen erreicht werden sollte. Dafür setzten die deutschen Machthaber in großem Stil ausländische Zwangsarbeiterinnen und -arbeiter ein.

Dennoch wurden unter den zahlreichen Belastungen und Verpflichtungen viele Frauen selbstbewusster und selbstständiger, zumal dann, wenn sie sich kriegsbedingt der wirtschaftlichen Notwendigkeit gegenübersahen, die Ernährung der Familie zu gewährleisten.

So entwickelten Wirtschaft und Krieg gegen jede Ideologie eine unumkehrbare gesellschaftliche Eigendynamik. Die Frauen ließen sich nicht mehr auf ihre ausschließliche Rolle in der Familie zurückdrängen, im Gegenteil: Europaweit beschleunigte der Krieg ihren Weg ins Berufsleben.

◀ *Plakatwerbung für die freiwillige Meldung zum Arbeitseinsatz in der Industrie, um 1941.*
• *Vergleichen Sie das Frauenbild mit dem auf S. 42. Erläutern Sie Gemeinsamkeiten und Unterschiede.*

Prachsis

2 NS-Terror überzieht Europa – Krieg, Vernichtung und Widerstand

2.1 Der Weg in den Krieg

▲ *Eine englische Karikatur von David Low (1891-1963) setzt sich 1936 mit der Appeasement-Politik auseinander. Die „Führer" der europäischen Demokratien sind „ohne Rückgrat".*

- *Interpretieren Sie die Haltung des Zeichners gegenüber der englischen Politik.*
- *Diskutieren Sie die Einstellung des Karikaturisten gegenüber der Demokratie.*
- *Erläutern Sie die Bedeutung einer nichtdeutschen Quelle für unser Geschichtsbild vom „Dritten Reich".*

14.10.1933
Das Deutsche Reich tritt aus dem Völkerbund aus

26.1.1934
Das Deutsche Reich schließt mit Polen einen Nichtangriffspakt

16.3.1935
Wiedereinführung der allgemeinen Wehrpflicht

7.3.1936
Die Wehrmacht marschiert in das entmilitarisierte Rheinland ein

25.10.1936
Bildung der „Achse Berlin-Rom"

25.11.1936
Das Deutsche Reich und Japan beschließen eine gemeinsame antisowjetische Politik („Antikominternpakt")

6.11.1937
Italien tritt dem „Antikominternpakt" bei; „Achse Berlin-Rom-Tokio"

13.3.1938
„Anschluss" Österreichs an das Deutsche Reich

29.9.1938
Konferenz von München: Großbritannien, Frankreich, Italien und Deutschland beschließen die Eingliederung des Sudetenlandes in das Deutsche Reich

15.3.1939
Einmarsch deutscher Truppen in die „Rest-Tschechei"

23.8.1939
Nichtangriffspakt mit der Sowjetunion („Hitler-Stalin-Pakt")

M1
„Kampf gegen Versailles“

Nur wenige Tage nach der „Machtergreifung“, am 3. Februar 1933, führt Hitler vor den Befehlshabern von Heer und Marine seine außenpolitischen Vorstellungen aus. Die Rede wird von Generalleutnant Liebmann protokolliert:

Ziel der Gesamtpolitik allein: Wiedergewinnung der pol. Macht. Hierauf muss gesamte Staatsführung eingestellt werden (alle Ressorts!).

1. Im Innern. Völlige Umkehrung der gegenwärt. innenpol. Zustände in D. Keine Duldung der Betätigung irgendeiner Gesinnung, die dem Ziel entgegensteht (Pazifismus!). Wer sich nicht bekehren lässt, muss gebeugt werden. Ausrottung des Marxismus mit Stumpf und Stiel. Einstellung der Jugend u. des ganzen Volkes auf den Gedanken, dass nur d. Kampf uns retten kann u. diesem Gedanken gegenüber alles zurückzutreten hat. (Verwirklicht in d. Millionen d. Nazi-Beweg. Sie wird wachsen.) Ertüchtigung der Jugend u. Stärkung des Wehrwillens mit allen Mitteln. Todesstrafe für Landes- u. Volksverrat. Straffste autoritäre Staatsführung. Beseitigung des Krebsschadens der Demokratie!

2. Nach außen. Kampf gegen Versailles. Gleichberechtigung in Genf[1] aber zwecklos, wenn Volk nicht auf Wehrwillen eingestellt. Sorge für Bundesgenossen. [...]

4. Aufbau der Wehrmacht wichtigste Voraussetzung für Erreichung des Ziels: Wiedererringung der pol. Macht. Allg. Wehrpflicht muss wieder kommen. Zuvor aber muss Staatsführung dafür sorgen, dass die Wehrpflichtigen vor Eintritt nicht schon durch Pazif., Marxismus, Bolschewismus vergiftet werden oder nach Dienstzeit diesem Gifte verfallen.

Wie soll pol. Macht, wenn sie gewonnen ist, gebraucht werden? Jetzt noch nicht zu sagen. Vielleicht Erkämpfung neuer Export-Mögl., vielleicht – und wohl besser - Eroberung neuen Lebensraumes im Osten u. dessen rücksichtslose Germanisierung. [...] – Gefährlichste Zeit ist die des Aufbaus der Wehrmacht. Da wird sich zeigen, ob Fr(ankreich) Staatsmänner hat; wenn ja, wird es uns Zeit nicht lassen, sondern über uns herfallen (vermutlich mit Ost-Trabanten).

Walther Hofer (Hrsg.), Der Nationalsozialismus. Dokumente 1933-1945, Frankfurt am Main [49]2004, S. 180 f.

[1] *Hier ist der Sitz des Völkerbundes gemeint.*

1. *Benennen Sie die Ziele der nationalsozialistischen Außenpolitik.*
2. *Welche Reaktionen erwartet Hitler von den europäischen Nachbarn auf seine Außenpolitik?*
3. *Charakterisieren Sie stilistische Besonderheiten der hier verwendeten Quellenform. Welche Position nimmt der Schreiber bei der Übermittlung der „Fakten“ ein?*

M2
„Frieden und Freundschaft“

Für die Öffentlichkeit gibt Hitler am 17. Mai 1933 vor dem Reichstag erstmals eine außenpolitische Erklärung ab:

Wenn ich in diesem Augenblick bewusst als deutscher Nationalsozialist spreche, so möchte ich namens der nationalen Regierung und der gesamten Nationalerhebung bekunden, dass gerade uns in diesem jungen Deutschland das tiefste Verständnis beseelt für die gleichen Gefühle und Gesinnungen sowie für die begründeten Lebensansprüche der anderen Völker. Die Generation dieses jungen Deutschlands, die in ihrem bisherigen Leben nur die Not, das Elend und den Jammer des eigenen Volkes kennenlernte, hat zu sehr unter dem Wahnsinn gelitten, als dass sie beabsichtigen könnte, das gleiche anderen zuzufügen. [...] Indem wir in grenzenloser Liebe und Treue an unserem eigenen Volkstum hängen, respektieren wir die nationalen Rechte auch der anderen Völker aus dieser selben Gesinnung heraus und möchten aus tiefinnerstem Herzen mit ihnen in Frieden und Freundschaft leben. [...]

Wir aber haben keinen sehnlicheren Wunsch, als dazu beizutragen, dass die Wunden des Krieges und des Versailler Vertrages endgültig geheilt werden. Deutschland will keinen anderen Weg dabei gehen als den, der durch die Verträge selbst als berechtigt anerkannt ist. Die Deutsche Regierung wünscht, sich über alle schwierigen Fragen mit den Nationen friedlich auseinanderzusetzen. Sie weiß, dass jede militärische Aktion in Europa auch bei deren völligem Gelingen, gemessen an den Opfern, in keinem Verhältnis stehen würde zu dem Gewinn.

Max Domarus, Hitler. Reden und Proklamationen 1932-1945, Würzburg 1962, S. 271 ff.

1. *Erläutern Sie, welches Deutschlandbild Hitler zeichnet.*
2. *Vergleichen Sie M2 mit M1. Berücksichtigen Sie dabei den jeweiligen Kontext.*

M3

Der Krieg ist kein regionales Problem mehr

Der amerikanische Präsident Franklin D. Roosevelt (1882-1945) kommentiert am 5. Oktober 1937 in seiner sogenannten „Quarantäne-Rede" die europäischen Ereignisse um den Spanischen Bürgerkrieg (1936-1939) sowie den Überfall Japans auf China kurz zuvor:

Die Marksteine und Traditionen, die die Entwicklung der Zivilisation zur Gesetzlichkeit, Ordnung und Gerechtigkeit kennzeichnen, werden allmählich zerschlagen. Ohne Kriegserklärung, ohne irgendwelche Warnung, ohne irgendwelche Berechtigung wird die Zivilbevölkerung, einschließlich der Frauen und Kinder, rücksichtslos durch Luftbombardements hingemordet. In sogenannten Friedenszeiten werden ohne Anlass oder Warnung Schiffe von U-Booten angegriffen. Völker schüren den Bürgerkrieg und ergreifen Partei – in fremden Ländern, die ihnen nie etwas zuleide getan haben. Völker, die für sich selber die Freiheit fordern, verweigern sie andern. [...]

Die friedliebenden Nationen müssen sich gemeinsam bemühen, Front zu machen gegen diese Vertragsbrüche und diese Verachtung für menschliche Gefühle, die einen Zustand der internationalen Anarchie und Unsicherheit schaffen, dem man nicht einfach durch Isolierung oder Neutralität entrinnen kann.

Alle, die ihre Freiheit lieben und ebenso ihren Nachbarn das Recht zubilligen, frei zu sein und in Frieden zu leben, müssen gemeinsam für den Sieg des Rechtes und der Moral wirken, damit Friede, Gerechtigkeit und Zuversicht in der Welt vorherrschen. Es muss wieder dahin kommen, dass man an das gegebene Wort und an den Wert eines unterzeichneten Vertrages glaubt. Es muss als eine Tatsache gelten, dass ein moralisches Verhalten für die Nation genauso wichtig ist wie für den Einzelnen [...]. Friede, Freiheit und Sicherheit für neunzig Prozent der Weltbevölkerung werden durch die restlichen zehn Prozent bedroht, die drauf und dran sind, die gesamte internationale Rechtsordnung zu zerschlagen. Die neunzig Prozent, die in Frieden leben wollen, im Einklang mit Gesetzen und moralischen Prinzipien, die im Laufe der Jahrhunderte fast allgemeine Geltung erlangt haben, können und müssen einen Weg finden, um ihren Willen durchzusetzen [...].

Krieg – ob mit oder ohne Kriegserklärung – ist ansteckend. Er kann Staaten und Völker erfassen, die von dem ursprünglichen Kriegsschauplatz weit entfernt sind. Wir sind entschlossen, uns nicht in einen Krieg verwickeln zu lassen, aber es gibt keine wirksame Versicherung gegen die verheerenden Auswirkungen eines Krieges und gegen die Gefahr, mit hineingezogen zu werden.

[...] das allerwichtigste ist: Der Friedenswille der friedliebenden Völker muss sich so deutlich geltend machen, dass diejenigen Nationen, die in Versuchung geraten, ihre Verträge zu brechen und die Rechte anderer zu verletzen, von ihren Vorhaben abstehen. Positive Anstrengungen sind notwendig, um den Frieden zu bewahren [...].

Günter Schönbrunn (Bearb.), Weltkriege und Revolutionen 1914-1945 (Geschichte in Quellen), München [5]1995, S. 365 f.

1. *Arbeiten Sie heraus, wie der amerikanische Präsident der Forderung nach einem „moralischen Verhalten" der Nationen Nachdruck verleihen will.*
2. *Ermitteln Sie, inwiefern Roosevelt hier ein mögliches militärisches Eingreifen der USA auch in Europa vorbereitet.*
3. *Diskutieren Sie anhand der Ausführungen Roosevelts den (modernen) Begriff der „Weltinnenpolitik".*

M4
Ist die „Appeasement"-Politik gescheitert?

Zwei Tage nach dem Einmarsch deutscher Truppen in die „Rest-Tschechei" nimmt der britische Premierminister Neville Chamberlain (1869-1940) in einer Rede in Birmingham am 17. März 1939 Stellung zum Münchener Abkommen vom September 1938:

Ich brauche meine Reisen nach Deutschland vom vergangenen Herbst wirklich nicht zu verteidigen, denn welches war die Alternative? Nichts, was wir hätten tun können, [...] wäre imstande gewesen, die Tschechoslowakei vor der Invasion und der Vernichtung zu bewahren. Selbst wenn wir anschließend in den Krieg gezogen wären, um Deutschland für seine Handlungen zu bestrafen, [...] so hätten wir die Tschechoslowakei niemals wiederherstellen können, so wie sie vom Versailler Vertrag gestaltet worden war. [...]
Der gestern in Prag erlassenen Proklamation zufolge sind Böhmen und Mähren dem Deutschen Reich angeschlossen worden.[1] Nichtdeutsche Einwohner, zu denen natürlich die Tschechen gehören, werden dem deutschen Protektorat unterstellt. Sie haben sich den politischen, militärischen und wirtschaftlichen Bedürfnissen des Reiches zu unterwerfen. [...] Und vielleicht das Unheimlichste: wir hören wieder vom Auftauchen der Gestapo, der Geheimen Staatspolizei, und von der gewohnten Geschichte der Massenverhaftungen prominenter Persönlichkeiten mit den Folgen, die uns allen vertraut sind. [...]
Was ist aus der Erklärung „keine territorialen Ansprüche mehr" geworden? Was ist aus der Versicherung „Wir wollen keine Tschechen im Reich" geworden? [...] Ist dies der letzte Angriff auf einen kleinen Staat, oder sollen ihm noch weitere folgen? Ist dies sogar ein Schritt in Richtung auf den Versuch, die Welt durch Gewalt zu beherrschen? [...]
Ich glaube nicht, dass irgend jemand meine Aufrichtigkeit infrage stellen wird, wenn ich sage, dass es kaum etwas gibt, was ich nicht für den Frieden zu opfern bereit wäre; aber etwas gibt es, was ich davon ausnehmen muss, und das ist die Freiheit, die wir seit hunderten von Jahren genießen und die wir niemals preisgeben werden. Dass unter allen Menschen gerade ich mich aufgerufen fühle, dies zu erklären, das mag zeigen, in welchem Maße durch die Ereignisse das Vertrauen zerstört wurde, das eben ganz leise das Haupt zu erheben begann und das, hätte es wachsen dürfen, vielleicht dieses Jahr denkwürdig gemacht hätte durch die Rückkehr ganz Europas zur Gesundheit und zur Stabilität.

Günter Schönbrunn (Bearb.), a.a.O., S. 421 ff.

1. *Informieren Sie sich über den Inhalt des Münchener Abkommens und erläutern Sie Chamberlains Reaktion auf den Einmarsch der Deutschen in Tschechien.*
2. *Vergleichen Sie die Positionen Roosevelts (▸ M3) und Chamberlains. Beziehen Sie die unterschiedlichen Zeitpunkte der jeweiligen Stellungnahmen ein.*

M5
Der Nichtangriffspakt mit der UdSSR

Im August 1939 wird der Öffentlichkeit ein zwischen dem sowjetischen Außenminister Wjatscheslaw M. Molotow (1890-1986) mit dem deutschen Außenminister Joachim von Ribbentrop (1893-1946) ausgehandeltes Abkommen präsentiert:

Art. 1 Die beiden vertragschließenden Teile verpflichten sich, sich jeden Gewaltakts, jeder aggressiven Handlung und jedes Angriffs gegeneinander, und zwar sowohl einzeln als auch gemeinsam mit anderen Mächten, zu enthalten.
Art. 2 Falls einer der vertragschließenden Teile Gegenstand kriegerischer Handlungen seitens einer dritten Macht werden sollte, wird der andere vertragschließende Teil in keiner Form diese dritte Macht unterstützen. [...]
Art. 4 Keiner der beiden vertragschließenden Teile wird sich an irgendeiner Mächtegruppierung beteiligen, die sich mittelbar oder unmittelbar gegen den anderen Teil richtet.

[1] *Nachdem am 29. September 1938 das Sudetenland und am 14. März 1939 die Slowakei von der Tschechoslowakei abgespalten worden waren, marschierten die Deutschen am 15. März 1939 in Prag ein und errichteten das Protektorat Böhmen und Mähren.*

Geheimes Zusatzprotokoll[1]

Für den Fall einer territorial-politischen Umgestaltung der zum polnischen Staate gehörenden Gebiete werden die Interessenssphären Deutschlands und der UdSSR ungefähr durch die Linie der Flüsse Narew, Weichsel und San abgegrenzt.

Die Frage, ob die beiderseitigen Interessen die Erhaltung eines unabhängigen polnischen Staates erwünscht erscheinen lassen und wie dieser Staat abzugrenzen wäre, kann endgültig erst im Laufe der weiteren politischen Entwicklung geklärt werden.

In jedem Falle werden beide Regierungen diese Frage im Wege einer freundschaftlichen Verständigung lösen.

OSTEUROPA. Zeitschrift für Gegenwartsfragen des Ostens, 39. Jg. (1989), S. 417 ff.

1. *Erläutern Sie, was der Nichtangriffspakt über die außenpolitischen Planungen beider Länder aussagt.*
2. *Analysieren Sie die Bedeutung des geheimen Zusatzprotokolls.*

M6
Aus Todfeinden werden „Freunde“

Der sowjetische Beamte Victor A. Kravchenko (1905-?) aus der sibirischen Industriestadt Kemerowo erinnert sich an den Hitler-Stalin-Pakt:

Für uns galt es all die Jahre als ausgemacht, dass der einzige Feind der Nazis die Sowjetunion sei. [...] Wir hatten doch unsere führenden Armeegeneräle [...] erschossen, weil sie angeblich Verbündete von Hitlers Reichswehr waren. Die großen Verräterprozesse, in denen Lenins[2] vertrauteste Freunde liquidiert wurden, stützten sich auf die Voraussetzung, dass Nazideutschland und seine Achsenfreunde Italien und Japan sich gegen uns zum Kriege rüsteten.

1) *Das Zusatzprotokoll wurde im Westen 1948 bekannt; die Sowjetunion bestritt bis 1989 die Existenz dieser Abmachung.*
2) *Vladimir I. Lenin (1870-1924), Führungsfigur der russischen Revolution; sein Nachfolger Stalin sicherte seine diktatorische Macht u. a. durch rücksichtslose „Säuberungen“, der auch viele ehemalige Mitstreiter zum Opfer fielen.*

▲ *Stalin-Karikatur in der französischen Zeitschrift „Marianne“ von 1939. Josef W. Stalin (1879-1953) regierte nach Lenins (siehe Anm. 2) Tod als unumschränkter Diktator.*

• *Erläutern Sie die Bildsymbolik und die damit verbundene Interpretation des Hitler-Stalin-Paktes.*

Diese Nationen waren angeblich nur die Exponenten einer Weltkoalition von Kapitalisten, die sich verschworen hatten, unser sozialistisches Vaterland zu vernichten. [...]

Die Schurkerei Hitlers galt in unserem Land als fast ebenso geheiligter Glaubensartikel wie die Unfehlbarkeit Stalins. Unsere Sowjetkinder spielten Faschisten-gegen-Kommunisten-Spiele [...]. Erst als wir die Wochenschauen und Zeitungsbilder sahen, auf denen Stalin lächelnd Ribbentrop die Hand schüttelte, begannen wir das Unglaubliche zu glauben. Hakenkreuz und Hammer und Sichel flatterten Seite an Seite in Moskau! Bald darauf erklärte uns Molotow, der Faschismus sei schließlich „Geschmacksache“! Stalin begrüßte seinen diktatorischen Kollegen mit begeisterten Worten über die gemeinsame „mit Blut besiegelte Freundschaft“!

Victor A. Kravchenko, Ich wähle die Freiheit. Das private und politische Leben eines Sowjetbeamten, übersetzt von Albert Hess, Zürich 1947, S. 63 f.

Diskutieren Sie die Auswirkungen der außenpolitischen Kehrtwendung auf die sowjetische Bevölkerung.

Grundlagen der NS-Außenpolitik

Die Öffentlichkeit in den europäischen Staaten hatte mit Misstrauen die nationalsozialistische „Machtergreifung“ beobachtet. Der NS-Straßenterror, die Aushöhlung der Weimarer Verfassung, die Ausschaltung der Parteien sowie die einsetzende antijüdische Politik kosteten Deutschland sein in der Zeit der Weimarer Republik wiedergewonnenes Ansehen im Ausland.
Indem Hitler zunächst den bisherigen Außenminister *Konstantin von Neurath* im Amt beließ, schien er allerdings die Kontinuität der Weimarer Außenpolitik zu verbürgen, die auf diplomatischem Wege versucht hatte, eine Revision des Versailler Vertrages und politische sowie militärische Gleichberechtigung zu erreichen. In diesen Nahzielen stimmte Hitler durchaus mit den traditionellen Führungsschichten überein. Konsequenterweise folgte er deshalb in seiner Bündnisstrategie den überkommenen Mustern deutscher Außenpolitik: Einvernehmen mit England, um dadurch freie Hand gegen Frankreich und vor allem im Osten zu bekommen.
Die Pläne Hitlers blieben aber nicht bei einer Revision der Versailler Regelungen stehen (▸ M1, M2). Seine weit darüber hinausgehenden Absichten hatte er bereits 1925/26 in seinem Buch „Mein Kampf“ entworfen. Ziele der deutschen Außenpolitik waren demzufolge die Eroberung von „Lebensraum“ im Osten Europas und die Herrschaft der „arischen Rasse“. Die Zerschlagung der kommunistischen UdSSR und zugleich des „jüdischen Bolschewismus“ insgesamt bildeten den ideologischen Kern von Hitlers außenpolitischem Programm. Letztendlich sollte die Beherrschung eines europäischen Imperiums als Ausgangspunkt dazu dienen, im Bündnis mit Japan und eventuell Großbritannien in einem Krieg der Kontinente gegen die USA die Weltherrschaft des Deutschen Reiches zu vollenden. Hitler ging dabei in den 1930er-Jahren keineswegs nach einem bestimmten Plan vor, sondern reagierte jeweils mit Skrupellosigkeit und Glück auf sich wandelnde außenpolitische Konstellationen.

Bruch mit Versailles

Schon im Oktober 1933 trat das Deutsche Reich aus dem Völkerbund aus. Im Januar 1934 schloss es einen *Nichtangriffspakt mit Polen* und tat damit einen Schritt heraus aus der politischen Isolation. Dafür war die Sowjetunion jetzt gewarnt und suchte den Schulterschluss mit den ehemaligen Alliierten. Im September 1934 trat sie dem Völkerbund bei. Schon im Juli 1934 hatte Hitler einen nationalsozialistischen Putsch in Österreich vorangetrieben, um den 1919 von den Alliierten verbotenen *Anschluss Österreichs* an das Deutsche Reich vorzubereiten. Die Aktion scheiterte am massiven Einspruch des Nachbarlandes Italien. Mussolini drohte mit militärischem Eingreifen.
Am 13. Januar 1935 fand die im Versailler Vertrag vorgesehene Volksabstimmung über die Zukunft des Saargebiets statt. Das Votum von 91% der Bevölkerung für die Rückkehr ins Deutsche Reich feierte das Naziregime als großen politischen Erfolg. Kurz darauf erklärte Hitler alle Rüstungsbeschränkungen des Versailler Vertrags für nichtig und führte die *allgemeine Wehrpflicht* wieder ein. Drei Monate später kam sogar ein *deutsch-englisches Abkommen* zustande, in dem die relative Stärke der Flotten beider Länder festgeschrieben wurde. Damit hatte sich ein Siegerstaat über das Verbot hinweggesetzt, militärische Abkommen mit Deutschland zu schließen.
Im März 1936 besetzten deutsche Truppen in einer Blitzaktion das entmilitarisierte Rheinland. Die Westmächte reagierten auch auf diese Vertragsverletzung kaum: Der Versailler Vertrag war bedeutungslos geworden.

▲ *Im Spanischen Bürgerkrieg zerstörten deutsche Flugzeuge der Legion Condor am 26. April 1937 die baskische Stadt Guernica. Pablo Picasso (1881-1973) dokumentiert das Geschehen in seinem berühmt gewordenen Bild „Guernica".*

● *Analysieren Sie die künstlerischen Mittel, mit denen Picasso den Krieg darstellt.*

Neue Bündnisse

Als Hitler Ende 1935 Italien im Krieg gegen Äthiopien unterstützte, kam es zur Annäherung der beiden faschistischen Diktaturen. Am 1. November 1936 verkündete Mussolini die *Achse Berlin-Rom*. Ein Jahr später trat Italien dem *Antikominternpakt* bei, in dem sich Deutschland und Japan 1936 dazu verpflichtet hatten, weltweit den Kommunismus zu bekämpfen bzw. die Sowjetunion außenpolitisch zu isolieren. Im März 1939 schloss sich auch Spanien unter General *Franco* an, den die Nationalsozialisten und die italienischen Faschisten im *Spanischen Bürgerkrieg* seit 1936 massiv unterstützt hatten.

Wenn auch das von Hitler stets angestrebte Bündnis mit England nicht zustande gekommen war, so schien das „weltpolitische Dreieck" Berlin – Rom – Tokio eine Politik ohne – oder sogar gegen – das britische Weltreich zuzulassen. Zwar signalisierte die „Quarantäne-Rede" Roosevelts eine Abwendung von der Neutralitätspolitik (➧ M3), aber weder Hitler noch Mussolini ließen sich davon beeindrucken. England, Frankreich und die meisten anderen westeuropäischen Länder hatten mit inneren Problemen und den Nachwirkungen der Weltwirtschaftskrise zu kämpfen. Sie wollten unbedingt am Frieden festhalten und setzten auf *Appeasement* (Beschwichtigung) als Maxime ihrer Außenpolitik. Nur so ist es zu erklären, dass das Deutsche Reich keinen ernsthaften Widerstand fand und ab 1938 die Aggressivität seiner Außenpolitik noch steigern konnte.

Territoriale Pläne

Anders als 1934 hatte Hitler jetzt die Billigung Mussolinis sicher, als er erneut versuchte, massiven Einfluss auf Österreich zu gewinnen. Die österreichische Regierung setzte in ihrer Not eine Volksabstimmung über die Selbstständigkeit an, doch Hitler kam dem zuvor und marschierte im März 1938 mit seinen Truppen ein. Die Mehrzahl der Österreicher bereitete ihm einen triumphalen Empfang. Auch in Deutschland fand Hitlers Politik jetzt fast uneingeschränkte Zustimmung.

Nun forderte er die „Lösung des Sudetenproblems", die darin bestand, die deutschsprachig dominierten Gebiete der Tschechoslowakei dem Reich einzuverleiben.

▲ *Die Erweiterung des Deutschen Reiches zwischen 1933 und 1939.*

Hitler machte sich dabei bestehende Konflikte der verschiedenen in der Tschechoslowakei zusammenlebenden Volksgruppen und deren Autonomieforderung zunutze, um das deutsche Herrschaftsgebiet und damit den „Lebensraum" für das deutsche Volk nach Osten hin zu erweitern. Mit seiner Beteuerung, es sei dies die letzte territoriale Forderung des Deutschen Reiches, konnte Hitler sich wiederum durchsetzen. Auf der *Konferenz von München* am 29. September 1938 legten Deutschland, Italien, Frankreich und England ohne Beteiligung von Vertretern der Tschechoslowakei die Modalitäten für die geforderten territorialen Veränderungen fest.

Nur ein halbes Jahr später waren Hitlers Beteuerungen als Lügen entlarvt. Am 15. März 1939 marschierten deutsche Truppen in der „Rest-Tschechei" ein. Drei Tage später wurde das *Protektorat Böhmen und Mähren* de facto der Reichsverwaltung unterstellt. Diesmal konnte das Deutsche Reich seinen Schritt nicht mehr mit dem Hinweis auf das „Selbstbestimmungsrecht der Völker" begründen.

Wiederum griffen die anderen europäischen Mächte nicht ein, aber mit ihrer Geduld war es endgültig vorbei (▸ M4). Schon Ende März gaben Frankreich und England eine verbindliche Garantieerklärung für Polen ab, das zunehmend die Zielscheibe aggressiver deutscher Propaganda wurde. Der nächste Schritt der Machtausdehnung musste den von der deutschen Regierung längst einkalkulierten Krieg bedeuten.

In dieser Phase gelang der deutschen Diplomatie ein spektakulärer Erfolg: Die Nationalsozialisten, die sich immer als schärfste Feinde des „Bolschewismus" verstanden und inszeniert hatten, schlossen einen *Nichtangriffspakt mit der Sowjetunion* (▸ M5, M6). Diese hatte kurz zuvor noch Verhandlungen über einen britisch-französisch-sowjetischen Dreibund unter möglicher polnischer Beteiligung geführt, die aber gescheitert waren. Der sowjetische Diktator *Josef W. Stalin* wollte in jedem Fall seine Einflusssphäre in Osteuropa auch im Kriegsfalle gesichert wissen. So konnte er sich bei dem zu erwartenden Angriff Deutschlands auf Polen aus allen Kampfhandlungen heraushalten.

2.2 Der Zweite Weltkrieg

▲ *Europa im Zweiten Weltkrieg.*

1./3. 9. 1939
Deutschland überfällt Polen, daraufhin erklären Großbritannien und Frankreich Deutschland den Krieg

1940
Deutsche Truppen besetzen Dänemark, Norwegen, Belgien, die Niederlande und Frankreich

22. 6. 1941
Deutscher Überfall auf die Sowjetunion

7. 12. 1941
Japanischer Luftangriff auf den amerikanischen Stützpunkt Pearl Harbor im Pazifik

11. 12. 1941
Deutsche Kriegserklärung an die USA

24. 1. 1943
Konferenz von Casablanca; die USA und Großbritannien fordern die „bedingungslose Kapitulation Deutschlands, Italiens und Japans"

2. 2. 1943
Die 6. Armee kapituliert bei Stalingrad – Wende des Krieges

6. 6. 1944
Invasion der Alliierten in der Normandie

4.–11. 2. 1945
Konferenz von Jalta: USA, Großbritannien und die Sowjetunion treffen Regelungen zur Besetzung Deutschlands

30. 4. 1945
Selbstmord Hitlers

7./9. 5. 1945
Das Deutsche Reich kapituliert bedingungslos; Ende des Krieges in Europa

6./9. 8. 1945
Der amerikanische Abwurf der ersten Atombomben über Hiroshima und Nagasaki zwingt Japan zur Kapitulation

M1
„Provokationen"

Der deutsche Überfall auf Polen wird von der Regierung gründlich propagandistisch vorbereitet, wie sich aus dem folgenden Tagebucheintrag der angehenden Studentin Lore Walb (geb. 1919) vom 3. September 1939 erkennen lässt:

Seit Monaten haben sich die Beziehungen Polens zu Deutschland sehr verschlechtert. Schuld daran ist Polen. In unverantwortlicher Weise haben die Polen ihr Benehmen gegenüber den Volksdeutschen in Polen geändert. Wie im vergangenen Jahr unter den Tschechen, haben jetzt die Deutschen unter dem polnischen Terror zu leiden. In fünf Monaten haben sich die Überfälle auf Deutsche, Misshandlungen, Quälereien, Morde gehäuft und immer mehr gesteigert. Jeden Tag haben wir durch den Nachrichtendienst von neuen Schandtaten der Polen gehört. Unerträgliche Leiden mussten und müssen noch die Deutschen erdulden. […]
Der polnische Terror aber ist deshalb so groß, weil England Polen einen Freibrief gegeben hat durch sein Versprechen, wenn Deutschland sich gegen Polens Provokationen zur Wehr setzt, wird England Polen militärisch zur Seite stehen. Und Frankreich fühlt sich ebenfalls verpflichtet, Polen im Falle kriegerischer Verwicklungen beizustehen. Solche Garantien konnten die polnische Unverschämtheit natürlich nur herausfordern. Und seitdem die Garantien gegeben werden, ist der Terror, unter dem die Deutschen zu leiden haben, unerträglich geworden.
Es ist selbstverständlich, dass das deutsche Reich auf die Dauer solchen Provokationen nicht tatenlos zusieht, und so ist denn nun auch die Explosion eingetreten.

Lore Walb, Ich, die Alte – ich, die Junge. Konfrontation mit meinen Tagebüchern 1933-1945, Berlin 1998, S. 129 f.

1. *Erläutern Sie die Beurteilung der Kriegsschuld durch Lore Walb.*
2. *Beurteilen Sie die Funktion des „Nachrichtendienstes" im Vorfeld des Krieges.*
3. *Suchen Sie nach vergleichbaren zeitgenössischen Berichten und machen Sie sich ein Bild von der Stimmungslage in Deutschland zu Beginn des Krieges.*

M2
Der Kriegsbeginn aus neutraler Sicht

Die „Neue Zürcher Zeitung" vom 4. September 1939 kommentiert den Beginn des Krieges:

Hitlers Krieg gegen Polen hat am dritten Tag nach der Eröffnung des deutschen Angriffs auf die polnische Grenze die Katastrophe des bewaffneten Zusammenstoßes der europäischen Großmächte entfesselt, die von der ersten Stunde an als unvermeidlich erscheinen musste. Was sich zweimal, im Fall der Okkupation Österreichs durch die deutsche Armee und bei der Zertrümmerung und Unterwerfung der Tschechoslowakei, zugetragen hatte, hat sich diesmal nicht wiederholt: Großbritannien und Frankreich haben, nachdem sich die Reichsregierung wiederum über alle Warnungen vor einseitigem Vorgehen und Angriffshandlungen hinweggesetzt hatte, sich diesmal nicht mit verbalen Protesten gegen ein Fait accompli[1] begnügt, sondern in Berlin in ultimativer Form die Forderung nach sofortiger Einstellung der militärischen Operationen gestellt und die letzten Konsequenzen gezogen, als ihre diplomatische Intervention erfolglos blieb.
[…] Wenn die Kabinette in London und Paris […] nicht vor dem Herrschaftswillen des Dritten Reiches und der Selbstherrlichkeit seines Führers kapitulieren und gleichzeitig ihre eigenen Erklärungen und feierlichsten Verpflichtungen verleugnen, wenn sie nicht das verbündete Polen der deutschen Übermacht ausliefern und sich damit vor ihren eigenen Völkern und in der ganzen Welt um jedes Ansehen und jedes Vertrauen bringen wollten, dann konnten sie nicht anders handeln, als sie es seit dem Morgen des verhängnisvollen 1. Septembers getan haben […].
Man kann die Augen nicht verschließen vor der Tatsache, dass die Verantwortung für diese europäische Katastrophe auf einem Mann liegt, der – viel eindeutiger als in früheren historischen Kontroversen über die Frage der Kriegsschuld – mit Name und Vorname bezeichnet werden kann. […] Die britische Regierung hatte mit der Erklärung vom 31. März Polen ihre Hilfe versprochen, bevor Hitler

[1] *frz.: vollendete Tatsache*

in seiner Reichstagsrede vom 28. April sich öffentlich auf territoriale Forderungen gegenüber Warschau festgelegt hatte. Obwohl die Warnungen verdoppelt wurden und Frankreich und Großbritannien alle Anstrengungen machten und militärische Vorbereitungen trafen zur Abwehr und Bekämpfung der nächsten Angriffsaktion Deutschlands, fuhr Hitler im Sommer mit den Truppenkonzentrationen fort und vollzog im August den kriegsmäßigen Aufmarsch gegen Polen.

Neue Zürcher Zeitung, 4.9.1939

1. *Erläutern Sie die Entwicklung der europäischen Diplomatie, die der Artikel nachzeichnet.*
2. *Zeigen und interpretieren Sie die Unterschiede der Kriegsschuld-Einschätzung in M1 und M2.*

▲ *Auf der Kleidung zu tragendes Kennzeichen für die „Ostarbeiter" aus der Sowjetunion, die zur Zwangsarbeit nach Deutschland verschleppt wurden, um 1942.*

M3
Einsatz von Arbeitskräften im Krieg

Die Verteilung der Arbeitskräfte im Deutschen Reich in den Grenzen von 1937, einschließlich Österreich, Sudetenland und Memelgebiet in Mio. bei einer Gesamtbevölkerung von knapp 80 Millionen (1937):

Zeitpunkt	Zivile dt. Arbeitskräfte			Wehrmacht	Verluste
	Männer	Frauen	insges.	insges. einberufen	insgesamt
1939, Ende Mai	24,5	14,6	39,1	1,4	–
1940, Ende Mai	20,4	14,4	34,8	5,7	0,1
1941, Ende Mai	19,0	14,1	33,1	7,4	0,2
1942, Ende Mai	16,9	14,4	31,3	9,4	0,8
1943, Ende Mai	15,5	14,8	30,3	11,2	1,7
1944, Ende Mai	14,2	14,8	29,0	12,4	3,3
1944, Ende Sept.	13,5	14,9	28,4	13,0	3,9

Einsatz von Ausländern („Fremdarbeitern") und Kriegsgefangenen jeweils in Mio.:

Zeitpunkt	insges.	davon in den Sektoren:				
		Landwirtschaft	Industrie	Handwerk	Verkehr	Übrige
1941, Ende Mai	3,0	1,5	1,0	0,3	0,1	0,1
1942, Ende Mai	4,2	2,0	1,4	0,3	0,2	0,3
1943, Ende Mai	6,3	2,3	2,8	0,4	0,3	0,5
1944, Ende Mai	7,1	2,6	3,2	0,5	0,4	0,4

Nach: Fritz Blaich, Wirtschaft und Rüstung im „Dritten Reich", Düsseldorf 1987, S. 105 f.

1. *Analysieren Sie die Tendenzen und Verschiebungen in den Zahlen der Arbeitskräfte.*
2. *Kommentieren Sie die Entwicklung des Frauenanteils an den zivilen Arbeitskräften.*
3. *Erläutern Sie gesellschaftliche Veränderungen im Reich, die sich durch die Verschiebungen in der Arbeits- und Alltagswelt ergeben haben könnten.*

▲ *Die Wehrmacht als „Reiseunternehmen“: Paris-Reiseführer für deutsche Soldaten, 1940.*
Nachdem im Juni 1940 Nordfrankreich und die Beneluxstaaten unter deutsche Militärverwaltung gekommen waren, wurde Paris für die Soldaten zum beliebten Reiseziel. Für die Besatzungskosten ließ sich Deutschland von den besetzten westeuropäischen Staaten mit hohen Kontributionen und Exporten „entschädigen“.

M4
Wer bezahlte den Krieg?

Der Historiker Götz Aly (geb. 1947) hat untersucht, wer für die laufenden Kriegskosten des Deutschen Reiches aufkam:

Fest steht, dass das Deutsche Reich von den laufenden Kriegseinnahmen, konservativ gerechnet, rund 170 Milliarden Reichsmark aus ausländischen Quellen hereinholte. Das entsprach dem Zehnfachen der Reichseinnahmen im Jahre 1938 und würde heute etwa 1,7 bis 2 Billionen Euro ausmachen. Diese Politik der Ausplünderung bildete die Grundlage für das Wohlergehen und die in erster Linie materiell begründete politische Loyalität der Deutschen. […]
Von den laufenden Kriegseinnahmen des Reiches brachten die deutschen Klein- und Durchschnittsverdiener – das waren einschließlich der Familien etwa 60 Millionen Menschen – allenfalls zehn Prozent auf. Die besser verdienenden Deutschen trugen etwa 20 Prozent, während Ausländer, Zwangsarbeiter und Juden rund 70 Prozent der Haushaltseinnahmen aufzubringen hatten, die der Krieg auf deutscher Seite täglich verschlang. Auf dem Boden einer solchen doppelten, rassen- wie klassenbewusst organisierten Vorteilsnahme ließen sich die Masse der Deutschen bis weit in die zweite Kriegshälfte hinein bei Laune halten. Die verbrecherische Kehrseite ihres sozial- wie rassenimperialistisch gespeisten und zudem kriegssozialistisch versüßten Wohllebens verdrängten sie dauerhaft.
Am Ende bleiben zwei klare Einsichten: Erstens wurden mindestens zwei Drittel der deutschen Kriegseinnahmen aus ausländischen und „fremdrassigen“ Ressourcen aufgebracht; zweitens teilte sich das verbliebene Drittel in Deutschland zwischen den sozialen Schichten extrem unterschiedlich auf: Ein Drittel der Steuerpflichtigen trugen mehr als zwei Drittel der von deutschen Staatsbürgern aufgebrachten laufenden Kriegseinnahmen, während sich die große Mehrheit den kleinen Rest teilte. […] Wie […] gezeigt wurde, hatte die durchschnittliche deutsche Arbeiterfamilie bis zum 8. Mai 1945 keine direkten Kriegssteuern zu bezahlen. Die indirekten, auf Bier und Tabakwaren erhobenen Konsumsteuern wurden mithilfe der ungewöhnlich reichlichen Zahlungen für den laufenden Unterhalt der Soldatenfamilien und den Soldzahlungen an die Soldaten selbst über die Maßen kompensiert. Im Allgemeinen verfügte die übergroße, damals noch ziemlich knapp bemittelte Mehrheit der Deutschen im Krieg über mehr Geld als in den letzten Friedensjahren.

Götz Aly, Hitlers Volksstaat. Raub, Rassenkrieg und nationaler Sozialismus, durchgesehene und erweiterte Auflage, Frankfurt am Main 2006, S. 324, 326 f.

In Rezensionen (Buchbesprechungen) wurde darauf hingewiesen, dass die für Alys Forschungsansatz notwendige Verengung der Betrachtungsweise auf wirtschaftliche Aspekte die Gefahr in sich berge, dass Rassenpolitik, Holocaust und Kriegsverbrechen sowie die damit verbundene Frage nach Schuld und Verantwortung aus den Augen verloren oder verharmlost werden. Nehmen Sie Stellung zu dieser These.

M5
Unvorstellbare Verluste

Der Historiker Paul Kennedy (geb. 1945) schildert die Kriegsverluste auf russischer Seite:

Russlands Bevölkerungsverlust war erschreckend; [...]; dazu kamen die „indirekten" Kriegsverluste, die durch die reduzierten Lebensmittelrationen, die Zwangsarbeit und die enorm erhöhte Zahl der Arbeitsstunden verursacht wurden [...]. Da hauptsächlich Männer dem Krieg zum Opfer gefallen waren, ergab sich ein Ungleichgewicht zwischen den Geschlechtern, das sich stark auf die demografische Struktur des Landes auswirkte und zu einem ernsthaften Rückgang der Geburtenrate führte. Der materielle Schaden in den ehemals deutsch-besetzten Gebieten des europäischen Russlands, der Ukraine und Weißrusslands überschritt fast das Vorstellungsvermögen: Von den 11,6 Millionen Pferden in besetztem Gebiet wurden 7 Millionen getötet und beschlagnahmt. Dasselbe gilt für 20 von 23 Millionen Schweinen. 137 000 Traktoren, 49 000 Mähdrescher und eine große Zahl von Kuhställen und anderen landwirtschaftlichen Geräten wurde zerstört. Das Transportwesen litt unter der Zerstörung von 65 000 Kilometern an Schienenwegen, dem Verlust oder der Beschädigung von 15 800 Lokomotiven, 428 000 Güterwaggons, 4 280 Flussschiffen und der Hälfte aller Eisenbahnbrücken im besetzten Gebiet. [...] Viele Städte lagen in Trümmern. Tausende von Dörfern waren dem Erdboden gleichgemacht. Die Menschen lebten in Erdlöchern.

Paul Kennedy, Aufstieg und Fall der großen Mächte. Ökonomischer Wandel und militärischer Konflikt von 1500 bis 2000, Frankfurt am Main 1991, S. 539 f.

1. *Schließen Sie aus den unmittelbaren auf die langfristigen Folgen des Krieges für die betroffenen Gebiete.*
2. *Bestimmen Sie die Auswirkungen, die diese Art der Kriegsführung auf die nach Westen vorrückenden sowjetischen Truppen haben musste.*

▲ *Zerstörtes Murmansk (Nordwestrussland), Foto von 1942.*

M6
Tote des Zweiten Weltkrieges

Sichere Angaben über die Verluste liegen nicht vor. Neuere Schätzungen gehen von folgenden Zahlen aus:

Sowjetunion	26,3 Mio.	davon 15 Mio. Zivilisten
Deutschland	7,3 Mio.	davon 0,5 Mio. Zivilisten und 2,1 Mio. Flucht- und Vertreibungsopfer
Polen	4,52 Mio.	davon 4,2 Mio. Zivilisten
Japan	1,8 Mio.	davon 0,6 Mio. Zivilisten
Jugoslawien	1,7 Mio.	davon 1,3 Mio. Zivilisten
Frankreich	0,81 Mio.	davon 0,5 Mio. Zivilisten
USA	0,4 Mio.	
Großbritannien	0,39 Mio.	davon 62 000 Zivilisten
Ungarn	0,38 Mio.	davon 0,3 Mio. Zivilisten
Rumänien	0,38 Mio.	
Tschechoslowakei	0,38 Mio.	
Italien	0,33 Mio.	
Niederlande	0,21 Mio.	davon 0,2 Mio. Zivilisten
Gesamtverluste	ca. 55 Mio.	

Nach: Rüdiger Overmans, 55 Millionen Opfer des Zweiten Weltkrieges?, in: Militärgeschichtliche Mitteilungen 2/90, S. 1033 ff.; Martin Vogt (Hrsg.), Deutsche Geschichte. Von den Anfängen bis zur Gegenwart, Frankfurt am Main ^{3}2006, S. 773; Fischer Weltalmanach '91, Frankfurt am Main 1990, S. 544

Überlegen Sie, was die Zahl der getöteten Zivilisten über die Art der Kriegsführung aussagt.

Methoden-Baustein: Tagebücher

Das Tagebuch ist ein Geschichtsbuch im allerengsten Sinne. Viele Menschen halten Gedanken und Geschehnisse, die sie persönlich interessieren, in chronologischer Reihenfolge fest. Nur selten denken die Schreiberinnen und Schreiber dabei an die Möglichkeit späterer Veröffentlichung. Gerade die Intimität des Verborgenen gibt vielen erst die Sicherheit in der Auseinandersetzung mit für sie vielleicht heiklen Themen.

Für die Geschichtsforschung können Tagebücher eine überaus wertvolle Quelle sein. Zum einen gewinnt sie Einblicke in das Alltagsleben, die in ihrer persönlichen Authentizität, also Zeitnähe und „Echtheit“, vielleicht nur noch von Briefen oder von mündlicher Überlieferung erreicht werden. Zum anderen bricht sich in solchen Aufzeichnungen das jeweilige Zeitgeschehen. Wir können erfahren, ob und wie die große Politik beim einzelnen Menschen ankam und wie er oder sie darüber dachte.

Aber auch das Tagebuch muss man sorgsam auf die Person der Verfasserin oder des Verfassers und ihre Lebensumstände hin untersuchen. Selbst der Adressatenbezug ist relevant (Familie, „Nachwelt“, Öffentlichkeit?). Zudem werden auch hier wiederum Quellen benutzt: die Tageszeitung, die Nachbarin oder – je nach Anspruch – literarische Vorbilder. Soweit das möglich ist, sollten Ursprung und Glaubwürdigkeit solcher Quellen sichergestellt werden.

Schließlich muss man die Überlieferungsgeschichte des konkreten Textes prüfen: Ist das Tagebuch überhaupt echt? Im Jahr 1983 gab es einen Medienskandal, als eine große deutsche Wochenzeitschrift mit der Sensation aufwartete, dass die Tagebücher Adolf Hitlers gefunden worden seien. Kurze Zeit später stellte sich heraus, dass ein Fälscher am Werk gewesen war.

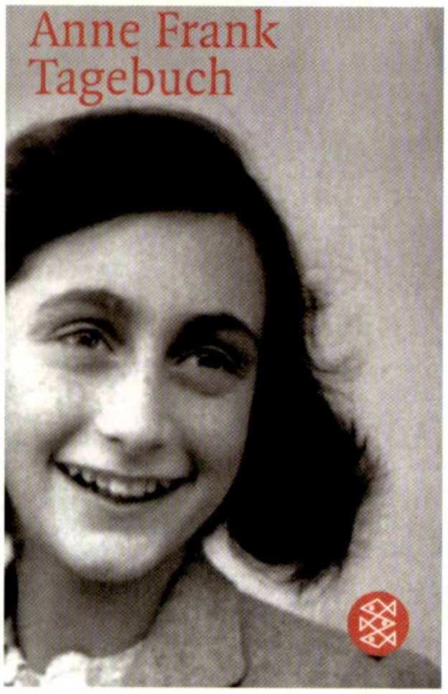

▲ *Die Deutschjüdin Anne Frank (1929–1945) schrieb in einem Amsterdamer Hinterhaus das wohl bekannteste Tagebuch aus der Kriegszeit. Im März 1945 wurde sie im Konzentrationslager Bergen-Belsen umgebracht.*

Lieselotte G.

Die Berlinerin Lieselotte G., Tochter eines von den Nationalsozialisten entlassenen hohen Verwaltungsbeamten, ist Anfang 1945 17 Jahre alt.

30. 1. [1945] Rede von Adolf Hitler.
Abends Strümpfe gestopft.

1. 2. Papa zum Volkssturm. Alarm. Bis nachts halb 12 Uhr gearbeitet.

2. 2. Alarm. Bis halb 12 Uhr gearbeitet. Papa hat Polizeiuniform bekommen.

[...]

11. 3. Alarm! Schwerer Angriff. Treffer vor der Kirche. Der kleine Uwe Sch. ist an Erkältung gestorben. Zweite Tasche angefangen.

[...]

17. 3. Alarm! Teppiche geklopft.

18. 3. Alarm! Ausgebombt! Gerettet!

19. 3. Haben in Gastwirtschaft auf dem Fußboden geschlafen. Mutti und Kinder zu Tante Eka. Margit ist krank.

20. 3. Nähmaschine ausgebuddelt. Schlafen bei T. Eka.

21. 3. 18. Hochzeitstag meiner Eltern. Fliegeralarm! Wagen mit geretteten Sachen zur T. Eka gefahren. Papa kommt nicht vom Volkssturm bzw. Stadtwacht frei.

22. 3. Alarm! Auf allen Vieren rumgelaufen. Onkel Fritzens Bild rausgebuddelt.

23. 3. Alarm! Gebuddelt. Im Schutt 50,– RM gefunden. Abgegeben.

[...]

20. 4. Alarm! Wenig Wasser, kein Strom, bei Fliegerangriffen ertönen keine Sirenen mehr.

[...]

22. 4. Schlafen jetzt im Keller. Russen sind bis Berlin. Onkel Willi ist geflüchtet und zu uns gekommen.

[...]

7. 5. Straße frei geschippt. Nummern für Brot geholt, aufgeräumt, sauber gemacht.
8. 5. Straße geschippt. Nach Brot angestanden. Nachricht, dass Papa lebt.
9. 5. Waffenstillstand. Für Margit gibt es Milch.
10. 5. Aufgeräumt.

Barbara Bronnen (Hrsg.), Geschichten vom Überleben. Frauentagebücher aus der NS-Zeit, München 1998, S. 167 ff.

Victor Klemperer

Der Romanist Victor Klemperer (1881-1960) war schon vor der nationalsozialistischen Machtergreifung ein renommierter Literaturwissenschaftler. Wegen seiner jüdischen Abstammung verliert er 1935 seinen Lehrstuhl, kann aber, geschützt durch seine als „arisch" geltende Frau Eva, unter Repressionen in Dresden weiterleben und teilweise seine Studien fortsetzen.

1944

18. Dezember, Montag Morgen (und später – ich werde wohl tagsüber mit Notizen zu tun haben)

[…]

Frau Stühler erzählte früh, während ich abwusch: Sie habe Brief aus Heidelberg; dort, obschon noch nicht zum Kriegsgebiet erklärt, lebe man wie in der Hölle. Mehrere Tage in der Woche ganz ohne Gas, ständig im Keller – wir hier hätten keine Ahnung vom Krieg. […] Ein paar Leute, nicht ganz ohne Bildung, seien noch immer fest vom Siege Deutschlands überzeugt […]. Also wirkt die Propaganda der Presse etc. doch? Aber auf wie viel Prozent der Bevölkerung? Und wie weit ist Sachsen, wie weit das verschonte Dresden, wie weit dies Grüppchen von drei, vier Leuten charakteristisch für das Ganze? Immer wieder die gleiche Unmöglichkeit des Wissens.

31. Dezember, Sonntag Abend, halb acht

Eben, ich war beim Vorlesen, kam Alarm. Sehr kurzer, 18.50 Uhr bis 19.10 Uhr, aber wir mussten gleich über glatten Schnee und durch Dunkelheit in den Keller. Ein wenig greift mir doch jeder dieser Alarme an die Nerven […]. Heute, was ich schon morgens beim Kohlenheraufholen merkte, wurde mir der Treppen-Gepäckmarsch besonders schwer, mein Herz redet mit zum Silvesterrésumé. […]

Irgendwie mich mit dem Todesgedanken abzufinden vermag ich nicht; religiöse und philosophische Tröstungen sind mir vollkommen versagt. Es handelt sich nur darum, Haltung bis zuletzt zu bewahren. […]

Zweiter Silvesteralarm, ohne Keller, 22.15 Uhr bis 22.30 Uhr.

Wir wollten gerade schlafen gehn.

1945

15. Januar, Montag Vormittag

Am gestrigen Nachmittag Lewinsky hier, für längere Zeit erschien auch Witkowsky, der unverwüstliche Moriturus[1]. Lewinsky hatte wieder von arischer Seite gehört, was wir nun schon von so verschiedenen Leuten gleich lautend gehört haben, was also keine Erfindung sein kann: dass die Deutschen in Polen die grässlichsten Judenmorde begangen haben. Ein Soldat hatte erzählt, wie man kleine Kinder am Bein gepackt und ihnen die Köpfe an der Hausmauer zerschlagen habe.

Victor Klemperer, Das Tagebuch 1933–1945. Eine Auswahl für junge Leser, Berlin [7]2005, S. 207 f.

1. *Beschreiben Sie die Texte nach formalen Kriterien wie Erzählhaltung, Erzählzeit, (chronologische) Gliederung oder Satzbau.*
2. *Für wen schreiben Lieselotte G. und Victor Klemperer? Lassen sich Adressatenbezüge ermitteln?*
3. *Erörtern Sie jeweils das Verhältnis der Schreibenden zu den öffentlichen Ereignissen und charakterisieren Sie die unterschiedlichen Formen der Auseinandersetzung. Bestimmen Sie jeweils die politische Haltung der Verfasser.*
4. *Untersuchen Sie beide Tagebuchauszüge auf verwendete Quellen.*
5. *Erläutern Sie, inwiefern vor allem der Text von Klemperer den Fluss von Informationen in der Bevölkerung verdeutlicht.*
6. *Erörtern Sie, warum ein Tagebuch im Allgemeinen sowohl Primär- als auch Sekundärquelle sein kann.*

---

1) *lat.: todgeweiht*

Hitlers Anfangserfolge 1939/40

Am 1. September 1939 griffen deutsche Truppen ohne Kriegserklärung Polen an (➧ M1, M2). Nach Ablauf ihrer Ultimaten erklärten Frankreich und Großbritannien Deutschland am 3. September den Krieg. Allerdings hielten sich die Westmächte vorläufig in der Defensive, weil sie sich militärisch noch zu schwach fühlten. Daher war der erste „Blitzkrieg" der deutschen Wehrmacht erfolgreich. Bereits Ende September wurde Polen – wie im Zusatzprotokoll des Hitler-Stalin-Paktes vereinbart – zwischen Deutschland und der Sowjetunion aufgeteilt.
Als die englische Regierung auf deutsche Friedensangebote nicht reagierte, ließ Hitler im April 1940 Dänemark und Norwegen besetzen, einen Monat später Belgien, die Niederlande und Luxemburg. In Frankreich stießen Streitkräfte bis nach Calais vor, am 14. Juni zogen die Deutschen kampflos in Paris ein.
England – seit Mai 1940 unter dem konservativen Premierminister *Winston Churchill* – zeigte sich entschlossen, den Krieg gegen das Deutsche Reich unter allen Umständen durchzustehen. Daher strebten Hitler und sein Generalstab eine Invasion auf den Britischen Inseln an und forcierten ab Juli 1940 Luft- und U-Boot-Krieg, um eine Landung vorzubereiten. Der Plan erwies sich aber als grobe Fehleinschätzung. Zum ersten Mal erreichte Hitler sein militärisches Ziel nicht. Im Gegenteil, die strategische Lage verschlechterte sich durch die immer deutlichere Parteinahme der USA für die Engländer.

Krieg gegen Russland

Ohne im Westen den Gegner besiegt zu haben, kündigte Hitler bereits im Sommer 1940 der Spitze der Wehrmacht den Krieg gegen die Sowjetunion an. Er wartete allerdings dazu noch das nächste Frühjahr ab, weil deutsche Truppen dem italienischen Bündnispartner auf dem Balkan und in Nordafrika beistehen mussten.
Mit einem Überraschungsangriff, der von der Ostsee bis zu den Karpaten auf breiter Front von über drei Millionen Soldaten geführt wurde, eröffnete Hitler im Juni 1941 ohne Kriegserklärung den Krieg. Zwar gelang es in der Anfangsphase, weit ins Innere des Landes vorzudringen, doch auf Dauer erwies sich das simple Prinzip des „Blitzkrieges" hier als völlig unrealistisch. Die Weite des Landes und das raue Klima, auf das die Wehrmacht nur unzureichend vorbereitet war, stoppten den deutschen Vormarsch gemeinsam mit einer zunehmend gut organisierten Roten Armee. Im Dezember 1941 konnte diese eine Gegenoffensive einleiten, der die Deutschen auf Dauer nicht gewachsen waren. In einer Kesselschlacht bei *Stalingrad* gelang der sowjetischen Armee Anfang 1943 ein überwältigender Sieg, dessen psychologische Wirkung für beide Seiten von großer Bedeutung war.
Gegen die tiefe Niedergeschlagenheit in der Bevölkerung versuchte Propagandaminister Goebbels anzukämpfen, indem er zum *totalen Krieg* aufrief, doch der Mythos, der den „Führer" umgeben hatte, war zerstört.

Die deutsche Wirtschaft im Krieg

Die NS-Machthaber waren bemüht, die Belastungen für die deutsche Bevölkerung in möglichst engen Grenzen zu halten. Niemand sollte Hunger leiden, denn Hitler lebte in ständiger Angst vor Streiks und inneren Unruhen, wie sie am Ende des Ersten Weltkriegs stattgefunden hatten. Nicht zuletzt durch die enormen Gebietsgewinne gelang es, die Zufuhr an Rohstoffen und Lebensmitteln ins

Deutsche Reich zu steigern. Rücksichtslos wurde die jüdische Enteignungspolitik in den besetzten Ländern fortgeführt, die fremden Staatskassen bis zum Bankrott mit riesigen Kontributionen belastet und Produktion, Ressourcen und Lebensmittel für die deutschen Bedürfnisse ausgebeutet (➧ M4, M5). Den durch den deutschen Lebensmittelraub verursachten Hungersnöten fielen Millionen von Menschen zum Opfer (➧ M6).
Zu den Maßnahmen, mit denen die Leistung der deutschen Kriegswirtschaft gesteigert werden sollte, zählte auch der Einsatz ausländischer Gefangener und *Zwangsarbeiter* (➧ M3). Da 1,8 Millionen *Kriegsgefangene* den Ausfall der in die Wehrmacht eingezogenen Männer nicht ausgleichen konnten, wurden in den besetzten Gebieten systematisch arbeitsfähige Menschen gefangen genommen und nach Deutschland geschickt – rund sieben Millionen Frauen und Männer insgesamt, darunter auch 10- bis 14-jährige Kinder. Mehr als vier Millionen „Fremdarbeiter" stammten aus der Sowjetunion, eine Million aus Polen. Massentransporte in Güterwaggons, schlechte Behandlung und Unterbringung, mangelhafte Ernährung sowie schwerste körperliche Arbeit gehörten zu den unmenschlichen Bedingungen, denen die Opfer in der Regel ausgesetzt waren.
Gleichzeitig nahm mit dem Krieg der politische Druck auf die Bevölkerung zu. Offene Kritik an dem Krieg und Zweifel am „Endsieg" wurden gerichtlich verfolgt, wobei die Nationalsozialisten sich nicht nur auf die Gestapo verlassen konnten, sondern auch auf ein Heer von Denunzianten.

Der europäische Krieg wird zum Weltkrieg

Am 7. Dezember 1941 eröffnete Japan mit einem Luftangriff auf die amerikanische Pazifikflotte in *Pearl Harbor* die Kampfhandlungen gegen die USA. Deutschland und Italien erklärten daraufhin, ohne dazu vertraglich gegenüber Japan verpflichtet zu sein, den Vereinigten Staaten den Krieg. Dagegen etablierte sich auf der anderen Seite die *Anti-Hitler-Koalition* einschließlich der UdSSR, die der britische Premierminister Churchill – trotz weltanschaulicher Bedenken – förderte.
Die großen Materialreserven, das Industriepotenzial und die frischen Truppen der USA verhalfen den Alliierten auch im Westen zu einer deutlichen Überlegenheit. Als den Amerikanern und Engländern am 6. Juni 1944 die Landung an der Küste der Normandie gelang, war die deutsche Niederlage nur noch eine Frage der Zeit. Da die nationalsozialistische Führung verbissen den Widerstand aufrechterhielt, sanken die meisten deutschen Großstädte unter den alliierten Luftangriffen in Schutt und Asche. Erst als die Rote Armee vor Berlin stand, begingen Hitler und mehrere seiner Mitarbeiter Selbstmord. Daraufhin erfolgte die deutsche Gesamtkapitulation, die am 8. Mai 1945 in Kraft trat. Der Krieg in Europa war zu Ende.
Der Zweite Weltkrieg endete drei Monate später mit der bedingungslosen Kapitulation Japans, nachdem die USA über *Hiroshima* und *Nagasaki* erstmals *Atombomben* abgeworfen hatten. Diese Waffen waren mit einem riesigen Forschungsaufwand in den USA entwickelt worden. Der amerikanische Präsident *Harry S. Truman*, der nach dem Tode Roosevelts im April 1945 die Macht übernommen hatte, schob Bedenken gegen die gewaltige Zerstörungskraft der Atomwaffen u. a. mit dem Hinweis beiseite, dass die Japaner nur auf diese Weise zur „bedingungslosen Kapitulation" gezwungen werden könnten. Über 200 000 Menschen starben bei den Bombenabwürfen sofort. Die Langzeitfolgen der radioaktiven Verseuchung wurden erst später deutlich: Zahllose Menschen starben an Leukämie und an anderen Krebserkrankungen.

Die Kriegskonferenzen der Alliierten – eine Übersicht	
„Prince of Wales“ vor Neufundland im **Atlantik** (9.-12. 8. 1941) Beteiligte: Churchill, Roosevelt	„Atlantik-Charta“: – Verzicht auf Annexionen – Selbstbestimmungsrecht aller Völker bei der Wahl ihrer Regierungssysteme und bei territorialen Streitigkeiten – Gleichberechtigung im Welthandel und wirtschaftliche Zusammenarbeit – Freiheit der Meere – Entwaffnung von Aggressorstaaten und Errichtung eines Systems der kollektiven Sicherheit
Casablanca (14.-25. 1. 1943) Beteiligte: Churchill, Roosevelt	– Beschluss der Landung auf Sizilien – Planung der systematischen Bombardierung Deutschlands – Ausschluss von Separatfriedensverträgen und Verkündung der „bedingungslosen Kapitulation“ Deutschlands, Italiens und Japans als Kriegsziel
Teheran (28. 11.-1. 12. 1943) Beteiligte: Churchill, Roosevelt, Stalin	– Beschluss der Invasion in Frankreich
	– Aussiedlung der Deutschen aus den Ostgebieten – Stalin beansprucht Königsberg, Memel und den nördlichen Teil Ostpreußens – Verschiedene Teilungspläne für Deutschland – Frage der Behandlung des besiegten Deutschland an die „Europäische Beratende Kommission“ verwiesen
	– Westverschiebung Polens bis zur Oder; „Curzon-Linie“ als Ostgrenze Polens – Finnland soll als selbstständiger Staat erhalten bleiben – Österreich soll wieder selbstständig werden
Jalta (4.-11. 2. 1945) Beteiligte: Churchill, Roosevelt, Stalin	– Zusage der UdSSR zum Kriegseintritt gegen Japan
	– Einigung über die zu gründende UNO – Erklärung über das „befreite Europa“: „gemeinsame Behebung politischer und wirtschaftlicher Probleme“ … „nach demokratischen Prinzipien“ periodische Außenministerkonferenzen als ständige Einrichtung der Alliierten
■ Entscheidungen über eine Nachkriegsordnung ■ militärstrategische Planungen ■ Beschlüsse Deutschland betreffend ■ Beschlüsse andere Länder betreffend	Nachkriegspolitik für Deutschland: – Entmilitarisierung – Beseitigung des Nationalsozialismus und Militarismus – Bestrafung der Kriegsverbrecher – Aufteilung in Besatzungszonen – Einladung Frankreichs als vierte Besatzungsmacht – Gebietsabtretungen – Diskussion über Reparationen – Abbau von Schlüsselindustrien
	– Endgültige Festlegung der polnischen Ostgrenze

2.3 Terror und Holocaust

▲ *Zeichnung von Doris Zdekauerová; die Elfjährige starb am 16. Oktober 1944 im Konzentrationslager Theresienstadt.*

Herbst 1939
In Polen beginnt das „Germanisierungsprogramm“

1940/41
Mit dem Vordringen der deutschen Truppen setzen die Massenmorde an Juden in den besetzten osteuropäischen Gebieten ein

10. 6. 1941
Die SS vernichtet das tschechische Dorf Lidice

1. 9. 1941
Im Deutschen Reich müssen alle Juden den Judenstern tragen (im besetzten Polen bereits seit Oktober 1939)

20. 1. 1942
Auf der Wannsee-Konferenz werden die Weichen für die „praktische Durchführung der Endlösung der Judenfrage“ gestellt

Juni 1942
In Auschwitz finden erste Massenvergasungen von Juden statt

1945
In Deutschland und in den von Deutschen besetzten Gebieten sind etwa sechs Millionen Juden ermordet worden

M1
Menschen als „Rohstoffbasis"

Reinhard Heydrich (1904-1942), Chef des Reichssicherheitshauptamtes, hält am 2. Oktober 1941 in Prag einen Vortrag über nationalsozialistische „Neuordnungs-Politik":

Und nun haben wir unter der Führung des Führers unendlich viel Räume in Europa besetzt als militärische Voraussetzung für die weitere Führung und siegreiche Beendigung des Krieges. Wir wollen uns darüber im Klaren sein, dass die Besetzung dieser Räume jedenfalls in vielen Gebieten nicht eine vorübergehende, sondern eine endgültige sein wird, wobei es gleichgültig ist, wie die Form des Kontaktes dieser Räume zu uns werden wird. Das heißt aber, die Zukunft des Reiches hängt nach Beendigung des Krieges ab von der Fähigkeit des Reiches und von der Fähigkeit der Menschen dieses Reiches, diese Räume zu halten, zu beherrschen und gegebenenfalls mit dem Reich zu verschmelzen. Es hängt also ab von der Art, wie wir imstande sind, diese Menschen zu behandeln, diese Menschen zu führen und zu verschmelzen. Wir müssen hier eigentlich große Gruppen unterscheiden:

Das eine sind die Räume mit germanischen Menschen, das sind jene Menschen, die unseres Blutes sind und daher an sich unseres Charakters sind. Es sind jene Menschen, die durch eine schlechte politische Führung und Einfluss des Judentums irgendwie verbogen sind, die sich erst langsam zurückführen müssen zu den Grundelementen des Gegenwartsdenkens. Es sind das die Räume, die ich sehe: Norwegen, Holland, Flandern, so wie in späterer Zukunft ich sehe: Dänemark, Schweden. Es sind jene Räume, die germanisch besiedelt sind und die in irgendeiner Art, darüber müssen wir uns hier im Klaren sein, ob im Staatenbund, Gau oder sonstwie, zu uns gehören werden. Es ist klar, dass wir diesen Menschen gegenüber eine ganz andere Art der Behandlung finden müssen als gegenüber den andersrassigen, slawischen und ähnlichen Völkern [...].

Das Zweite sind die Osträume, die zum Teil slawisch besiedelt sind, das sind die Räume, in denen man wissen muss, dass Güte nur als Schwäche ausgelegt wird, das sind die Räume, wo der Slawe selber gar nicht will, dass er gleichberechtigt behandelt wird, wo er gewöhnt ist, dass der Herr sich mit ihm nicht gemein macht. [...] Das sind die Räume, in denen eine deutsche Oberschicht nach der militärischen Entwicklung bis weit nach Russland hinein, bis weit an den Ural einmal in der ganz klaren Führungsform als Rohstoffbasis, als Arbeiter für große, auch Kulturaufgaben, als Heloten[1], wenn ich es ganz drastisch sagen will, für uns eingesetzt werden muss [...].

Wolfgang Michalka (Hrsg.), Deutsche Geschichte 1933-1945. Dokumente zur Innen- und Außenpolitik, Frankfurt am Main 2002, S. 249 f.

1. *Erläutern Sie die europäische „Völkerordnung", die Heydrich vor Augen hat.*
2. *Analysieren Sie Moralvorstellungen und Menschenbild, die hier zugrunde liegen.*

M2
„Totale Vernichtung"

Auszug aus den Anordnungen des Oberkommandos der Wehrmacht für die Behandlung sowjetischer Kriegsgefangener vom 8. September 1941:

Die in den Richtlinien des OKW vom 16. 6. 1941 noch vorgesehene Behandlung nach dem Genfer Abkommen[2] wird ausdrücklich aufgehoben. [...]
Der Bolschewismus ist der Todfeind des nationalsozialistischen Deutschlands. Zum ersten Male steht dem deutschen Soldaten ein nicht nur soldatisch, sondern auch politisch im Sinne des Völker zerstörenden Bolschewismus geschulter Gegner gegenüber. Der Kampf gegen den Nationalsozialismus ist ihm in Fleisch und Blut übergegangen. Er führt ihn mit jedem ihm zu Gebote stehenden Mittel: Sabotage, Zersetzungspropaganda, Brandstiftung, Mord. Dadurch hat der bolschewistische Soldat jeden Anspruch auf Behandlung als ehrenhafter Soldat und nach dem Genfer Abkommen verloren.

---
1) *im antiken Sparta versklavte Urbevölkerung*
2) *internationales völkerrechtliches Abkommen zum Schutz von Verwundeten, Kriegsgefangenen und der Zivilbevölkerung im Falle bewaffneter Konflikte*

▲ *Erschießung russischer Zivilisten durch ein Kommando der Wehrmacht, 1942.*

Aus dem beigefügten „Merkblatt für Bewachung sowj. Kriegsgefangener":

Für die Bewachungsmannschaften gelten folgende Richtlinien:
1.) Rücksichtsloses Durchgreifen bei den geringsten Anzeichen von Widersetzlichkeit und Ungehorsam! Zur Brechung von Widerstand ist von der Waffe schonungslos Gebrauch zu machen. Auf fliehende Kr. Gef. ist sofort (ohne Anruf) zu schießen mit der festen Absicht zu treffen.
2.) Jede Unterhaltung mit den Kr. Gef. – auch auf dem Marsch von und zur Arbeitsstelle – soweit sie sich nicht auf unbedingt notwendige dienstliche Anweisung bezieht, ist streng verboten. […]
Jede Unterhaltung der Kr. Gef. mit Zivilpersonen ist in gleicher Weise, notfalls unter Anwendung von Waffengewalt – auch gegen die Zivilpersonen – zu verhindern.
3.) Auch auf der Arbeitsstelle ist ständige scharfe Aufsicht durch deutsche Bewachungsmannschaften erforderlich. Jeder Wachmann hat sich von den Kr. Gef. immer in solcher Entfernung zu halten, dass er jederzeit sofort von seiner Waffe Gebrauch machen kann. Nie einem Kr. Gef. den Rücken kehren!
4.) Auch gegen den arbeitswilligen und gehorsamen Kr. Gef. ist Weichheit nicht am Platz. Er legt sie als Schwäche aus und zieht daraus seine Folgerungen.

Am 10. Oktober 1941 gibt der Oberbefehlshaber der 6. Armee, General von Reichenau, folgenden Befehl zum „Verhalten der Truppen im Ostraum" aus, der von Hitler als vorbildlich bezeichnet und danach auch von anderen Truppenteilen übernommen wird:

Hinsichtlich des Verhaltens der Truppe gegenüber dem bolschewistischen System bestehen vielfach noch unklare Vorstellungen.
Das wesentlichste Ziel des Feldzuges gegen das jüdisch-bolschewistische System ist die völlige Zerschlagung der Machtmittel und die Ausrottung des asiatischen Einflusses im europäischen Kulturkreis. Hierdurch entstehen auch für die Truppe Aufgaben, die über das hergebrachte einseitige Soldatentum hinausgehen. Der Soldat ist im Ostraum nicht nur ein Kämpfer nach den Regeln der Kriegskunst,

sondern auch Träger einer unerbittlichen völkischen Idee und der Rächer für alle Bestialitäten, die deutschem und anverwandtem Volkstum zugefügt wurden.
Deshalb muss der Soldat für die Notwendigkeit der harten, aber gerechten Sühne am jüdischen Untermenschentum volles Verständnis haben. Sie hat den weiteren Zweck, Erhebungen im Rücken der Wehrmacht, die erfahrungsgemäß stets von Juden angezettelt wurden, im Keime zu ersticken. Der Kampf gegen den Feind hinter der Front wird noch nicht ernst genug genommen. Immer noch werden heimtückische, grausame Partisanen und entartete Weiber zu Kriegsgefangenen gemacht, immer noch werden halb uniformierte oder in Zivil gekleidete Heckenschützen und Herumtreiber wie anständige Soldaten behandelt und in die Gefangenenlager abgeführt. [...]
Fern von allen politischen Erwägungen der Zukunft hat der Soldat zweierlei zu erfüllen:
1.) die völlige Vernichtung der bolschewistischen Irrlehre, des Sowjetstaates und seiner Wehrmacht.
2.) die erbarmungslose Ausrottung artfremder Heimtücke und Grausamkeit und damit die Sicherung des Lebens der deutschen Wehrmacht in Russland.
Nur so werden wir unserer geschichtlichen Aufgabe gerecht, das deutsche Volk von der asiatisch-jüdischen Gefahr ein für allemal zu befreien.

Reinhard Rürup (Hrsg.), Der Krieg gegen die Sowjetunion 1941-45. Eine Dokumentation, Berlin 1991, S. 110, 122

1. *Erörtern Sie die Motive der Distanzierung vom Genfer Abkommen. Inwiefern ist die deutsche Kriegsführung eine Umsetzung der nationalsozialistischen Rassenideologie?*
2. *Informieren Sie sich über damalige und heutige Völkerrechtsvereinbarungen, die auch im Krieg gültig bleiben. Erläutern Sie, in welcher Form die Deutschen dagegen verstoßen haben und welche Folgen dies für den weiteren Kriegsverlauf hat.*

M3
Kriegsverbrechen

Der ehemalige Botschafter Ulrich von Hassell, der wegen seiner Beteiligung am Attentat auf Hitler vom 20. Juli 1944 (➧ S. 123, 129) im September 1944 hingerichtet wird, schreibt in einem Tagebucheintrag vom 18. August 1941:

Der ganze Krieg im Osten [ist] entsetzlich, allgemeine Verwilderung. Ein junger Offizier erhielt den Befehl, 350 in einer großen Scheune zusammengetriebene Zivilisten, darunter Frauen und Kinder, niederzumachen, weigerte sich zunächst, wurde darauf hingewiesen, was auf Gehorsamsverweigerung stehe, erbat sich zehn Minuten Bedenkzeit und tat es schließlich, indem er mit einigen Leuten Maschinengewehrfeuer durch das geöffnete Scheunentor in die Menge prasseln ließ und die noch Lebenden mit Maschinenpistole niederknallte. Er war davon so erschüttert, dass er, später leicht verwundet, den festen Entschluss fasste, nicht wieder an die Front zu gehen.

Friedrich Hiller von Gaertringen (Hrsg.), Die Hassell-Tagebücher 1938–1944. Ulrich von Hassell. Aufzeichnungen vom Andern Deutschland, Berlin ²1989, S. 265

1. *Schildern Sie, wie der junge Offizier auf den Befehl reagierte, und erläutern Sie die Haltung von Hassels, die er zu den Kriegsverbrechen einnimmt.*
2. *Überlegen Sie, was man in Deutschland von den Kriegsverbrechen „im Osten" wissen konnte.*
3. *Keine Ausstellung wurde in Deutschland so kontrovers diskutiert wie die Wanderausstellung zu den Verbrechen der Wehrmacht während des Zweiten Weltkrieges, die zwischen 1995 und 1999 und danach noch einmal in überarbeiteter Form zwischen 2001 und 2004 in zahlreichen Städten gezeigt wurde. Informieren Sie sich über den Inhalt und die zeitgenössische Diskussion zu der „Wehrmachtsausstellung". Verfassen Sie zu der Debatte ein Essay.*

M4
Die Entscheidung für die „Endlösung"

Die Frage, wann die Entscheidung fiel, alle europäischen Juden zu ermorden, ist bis heute in der Forschung umstritten, weil es keinen schriftlichen Befehl dazu gibt. Adolf Hitler erklärt am 30. Januar 1939:

Wenn es dem internationalen Finanzjudentum inner- und außerhalb Europas gelingen sollte, die Völker noch einmal in einen Weltkrieg zu stürzen, dann wird das Ergebnis nicht die Bolschewisierung der Erde und damit der Sieg des Judentums sein, sondern die Vernichtung der jüdischen Rasse in Europa.

Zwei Jahre danach, der Höhepunkt des Zweiten Weltkrieges ist erreicht, macht sich Joseph Goebbels Aufzeichnungen über eine Rede Hitlers vom 12. Dezember 1941 auf einer Tagung der Reichs- und Gauleiter der NSDAP:

Bezüglich der Judenfrage ist der Führer entschlossen, reinen Tisch zu machen. Er hat den Juden prophezeit, dass, wenn sie noch einmal einen Weltkrieg herbeiführen würden, sie dabei ihre Vernichtung erleben würden. Das ist keine Phrase gewesen. Der Weltkrieg ist da, die Vernichtung des Judentums muss die notwendige Folge sein. Diese Frage ist ohne jede Sentimentalität zu betrachten. Wir sind nicht dazu da, Mitleid mit den Juden, sondern nur Mitleid mit unserem deutschen Volk zu haben. Wenn das deutsche Volk jetzt wieder im Ostfeldzug an die 160 000 Tote geopfert hat, so werden die Urheber dieses blutigen Konflikts dafür mit ihrem Leben bezahlen müssen.

Christian Gerlach, Krieg, Ernährung, Völkermord. Forschungen zur deutschen Vernichtungspolitik im Zweiten Weltkrieg, Hamburg 1998, S. 123 f.

Erklären Sie, warum die Nationalsozialisten den Juden die Schuld am Krieg zugeschoben haben.

M5
„In Litauen gibt es keine Juden mehr"

Der Leiter des EK (Einsatzkommando) 3, SS-Standartenführer Jäger, fasst am 1. Dezember 1941 für die Dienststelle der Sicherheitspolizei einen Bericht von dem Einsatz seines Kommandos in Litauen ab:

Ich kann heute feststellen, dass das Ziel, das Judenproblem für Litauen zu lösen, vom EK 3 erreicht worden ist. In Litauen gibt es keine Juden mehr, außer den Arbeitsjuden incl. ihrer Familien. [...] Diese Arbeitsjuden incl. ihrer Familien wollte ich ebenfalls umlegen, was mir jedoch scharfe Kampfansage der Zivilverwaltung (dem Reichskommissar) und der Wehrmacht eintrug und das Verbot auslöste: Diese Juden und ihre Familien dürfen nicht erschossen werden!
Die Durchführung solcher Aktionen ist in erster Linie eine Organisationsfrage. Der Entschluss, jeden Kreis systematisch judenfrei zu machen, erforderte eine gründliche Vorbereitung jeder einzelnen Aktion und Erkundung der herrschenden Verhältnisse in dem betreffenden Kreis. Die Juden mussten an einem Ort oder an mehreren Orten gesammelt werden. Anhand der Anzahl musste der Platz für die erforderlichen Gruben ausgesucht und ausgehoben werden. Der Anmarschweg von der Sammelstelle zu den Gruben betrug durchschnittlich 4 bis 5 km. Die Juden wurden in Abteilungen zu 500, in Abständen von mindestens 2 km, an den Exekutionsplatz transportiert. [...]
Nur durch geschickte Ausnutzung der Zeit ist es gelungen, bis zu 5 Aktionen in einer Woche durchzuführen und dabei doch die [...] anfallende Arbeit so zu bewältigen, dass keine Stockung im Dienstbereich eingetreten ist. [...]
Ich bin der Ansicht, dass sofort mit der Sterilisation der männlichen Arbeitsjuden begonnen wird, um eine Fortpflanzung zu verhindern. Wird trotzdem eine Jüdin schwanger, so ist sie zu liquidieren.

Reinhard Rürup (Hrsg.), a. a. O., S. 119 f.

1. *Erläutern Sie die internen Querelen um die „Arbeitsjuden", die der Verfasser andeutet.*
2. *Analysieren Sie die Sprache, in der hier über Massenmorde gesprochen wird.*

M6

Der Wert eines Menschen

Die SS stellte Unternehmen der Wirtschaft Insassen von Konzentrationslagern und Kriegsgefangene gegen Zahlungen zur Verfügung:

Täglicher Verleihlohn durchschnittlich	RM 6,–
abzüglich Ernährung	RM –,60
abzüglich Bekl. Amort.	RM –,10
durchschnittl. Lebensdauer 9 Mt. = 270 x RM 5,30 =	RM 1431,–
Erlös aus rationeller Verwertung der Leiche: 1. Zahngold 2. Kleidung 3. Wertsachen 4. Geld	
abzüglich Verbrennungskosten RM 2,–	RM 200,–
Gesamtgewinn nach 9 Monaten zuzüglich Erlös aus Knochen und Aschenverwertung.	RM 1631,–

Eberhard Aleff (Hrsg.), Das Dritte Reich, Hannover ^{5}1973, S. 208

Erläutern Sie das Menschenbild, das dieser „Rechnung" zugrunde liegt, und auf welche Behandlung der KZ-Insassen und Kriegsgefangenen sich daraus schließen lässt.

M7

„Vollkommene Gleichgültigkeit"

Ursula von Kardorff (1911-1988) ist in den Kriegsjahren Redakteurin bei der Berliner Deutschen Allgemeinen Zeitung. Am 3. März 1943 notiert sie in ihrem Tagebuch:

Frau Liebermann ist tot. Tatsächlich kamen sie noch mit einer Bahre, um die Fünfundachtzigjährige zum Transport nach Polen abzuholen. Sie nahm in dem Moment Veronal[1], starb einen Tag später im jüdischen Krankenhaus, ohne das Bewusstsein wiedererlangt zu haben. [...] Durch welche Veränderung ist es eigentlich möglich geworden, aus einem im Durchschnitt gutmütigen und herzlichen Menschenschlag solche Teufelsknechte zu formen? Das spielt sich in einem kaltbürokratischen Vorgang ab, bei dem der Einzelne schwer zu greifen ist, Zecken, die sich in den Volkskörper einsaugen und plötzlich ein Stück von ihm geworden sind.

Der Metteur[2] Büssy erzählt mir heute beim Umbruch, dass sich in seiner Gegend am Rosenthaler Platz die Arbeiterfrauen zusammengerottet und laut gegen die Judentransporte protestiert hätten. Bewaffnete SS mit aufgepflanztem Bajonett und Stahlhelm holte Elendsgestalten aus den Häusern heraus. Alte Frauen, Kinder, verängstigte Männer wurden auf Lastwagen geladen und fortgeschafft. „Lasst doch die alten Frauen in Ruhe!", rief die Menge, „geht doch endlich an die Front, wo ihr hingehört." Schließlich kam ein neues Aufgebot SS und zerstreute die Protestierenden, denen sonst nichts weiter geschah.

In unserem Viertel sieht man so etwas nie. Hier werden die Juden des Nachts geholt. [...] Wie schnell haben wir uns alle an den Anblick des Judensterns gewöhnt.

Die meisten reagieren mit vollkommener Gleichgültigkeit, so wie ein Volontär, der neulich zu mir sagte: „Was interessieren mich die Juden, ich denke nur an meinen Bruder bei Rshew, alles andere ist mir völlig gleichgültig."

Ich glaube, das Volk verhält sich anständiger als die sogenannten Gebildeten oder Halbgebildeten. Typisch dafür ist die Geschichte von dem Arbeiter, der in einer Trambahn einer Jüdin mit dem Stern Platz machte: „Setz dir hin, olle Sternschnuppe", sagte er, und als ein PG[3] sich darüber beschwerte, fuhr er ihn an: „Üba meenen Arsch verfüge ick alleene."

Ursula von Kardorff, Berliner Aufzeichnungen. Aus den Jahren 1942 bis 1945, München 1962, S. 36 f.

1. *Wie reagierte die nicht direkt betroffene Bevölkerung auf die Judenverfolgung?*
2. *Ursula von Kardorff versucht, ansatzweise ein „Täterprofil" zu erstellen. Vergleichen Sie ihr Ergebnis mit Lina Haags Analyse (➧ S. 47).*

---

1) *Veronal: starkes Schlafmittel*

2) *Metteur: alte Bezeichnung für Schriftsetzer*

3) *PG: Parteigenosse; Mitglied der NSDAP*

M8
Auf dem Weg ins Konzentrationslager

Resi Weglein, Jahrgang 1894 und Geschäftsfrau in Ulm, wird im August 1942 mit ihrer Mutter und ihrem Ehemann in ein sogenanntes „Altersghetto", das KZ Theresienstadt, deportiert:

Der 21. August 42 endete so, dass wir in sehr schlechten Lastkraftwagen auf einen Güterbahnhof außerhalb Stuttgarts befördert und dort in Viehwagen eingeladen wurden. Es handelte sich nur um Kranke, welche die Reise nicht in sitzendem Zustand zurücklegen konnten. [...]
Herr Behr und Frau Martha aus Stuttgart. Herr B. bekam während der 30-stündigen Fahrt einige Morphiumspritzen und starb im September 42 in Theresienstadt. Frau Martha B. war erst in der Putzkolonne und dann als Fürsorgerin beschäftigt und wegen ihres Fleißes und ihrer Güte sehr beliebt. Im Oktober 44 kam sie nach Auschwitz und wurde vergast. Herr und Frau Dr. Reiß aus Delmensingen. Dr. R. starb während der Fahrt. Herbeigerufene SS entfernte die Leiche und verbrachte sie in den Gepäckwagen. Frau R. kam am 23.1.43 nach Auschwitz, nachdem sie in Th. bereits halb verhungert war.
Herr und Frau Schömann aus Stuttgart. Herr Sch. starb während der Fahrt. Die Leiche nahmen wir mit nach Th. Frau Sch. kam im Oktober 43 nach Auschwitz. [...]
Ankunft in Theresienstadt. [...]
Der erste Eindruck auf dem Dachboden war: Jetzt bist Du gewiss im Inferno! Es summte und brummte, es weinte und schrie, es herrschte ein merkwürdiges Halbdunkel, da nur ganz vereinzelt eine kleine Glühlampe im Gebälk hing. Dann waren auf der Erde sehr hohe Balken angebracht, die überstiegen werden mussten. Wenn man zu niedrige Schritte machte und nicht aufpasste, fiel man hin und hatte sich sehr weh getan. Oberschenkelhalsbrüche der alten Menschen waren an der Tagesordnung. Betten gab es selbstverständlich nicht; man musste sich auf die nackten roten Steine niederlassen, auf denen der Schmutz vieler Jahre lag. Mutter und ich hatten uns nach vielem Suchen in der Schleuse gefunden und blieben beisammen in dieser Nacht, und das war gut so. Wir ergatterten ein Stück Papier, das Mutter auf den schmutzigen Boden legte. Mir war alles gleichgültig, ich setzte mich auf meinen Mantel. Männer, Frauen und Kinder saßen oder lagen Körper an Körper umher. Es waren 2500–3000 Menschen auf diesem Dachboden untergebracht, und an Ruhe war natürlich nicht zu denken. In verschiedenen Winkeln waren leere Marmeladeneimer als Klosetts aufgestellt. Die ganze Nacht war Großbetrieb, weil viele Menschen bereits Durchfall hatten. [...]
Es starben auf dem Dachboden täglich viele, viele Menschen. Unzählige haben ihrem Leben durch Herabstürzen von den Balustraden und von den Bodenfenstern aus freiwillig ein Ende gesetzt. Grausig sahen die Herabgestürzten aus, alle Knochen waren gebrochen. Man war damals schon so hart, dass man ohne Bedauern, ja, fast mit Neid den Mut der Menschen bewunderte, die sich zu diesem Schritt entschlossen hatten.

▲ *Ein Paket ohne Wert, Jerzy Krawczyk (1921-1969), 1964.*
● *Analysieren Sie, mit welchen Mitteln der polnische Künstler das Schicksal der Juden zu verarbeiten versucht.*

Barbara Bronnen (Hrsg.), Geschichten vom Überleben. Frauentagebücher aus der NS-Zeit, München 1998, S. 112 ff.

1. *Informieren Sie sich über die Konzentrationslager Theresienstadt und Auschwitz.*
2. *Suchen Sie nach Berichten von Überlebenden oder Dokumenten zu einem KZ in Ihrer Region.*

M9

„Ganz normale Männer" als Mörder?

Der amerikanische Historiker Daniel Jonah Goldhagen (geb. 1959) sieht die Hauptursache der Judenmorde in einem tief verwurzelten Antisemitismus in der deutschen Bevölkerungsmehrheit im „Dritten Reich":

Es musste sich etwas ändern, unbedingt. Das Wesen der Juden galt den Deutschen jedoch als unveränderlich, da in ihrer „Rasse" begründet, und nach vorherrschender deutscher Auffassung waren die Juden eine Rasse, die der germanischen Rasse in unüberwindlicher Fremdheit gegenüberstand. Hinzu kam, dass der „Augenschein" den Deutschen zeigte, dass die Mehrheit der Juden sich bereits assimiliert hatte, zumindest in dem Sinne, dass sie Manieren, Kleidung und Sprache des modernen Deutschland übernommen hatten. Also hatten die Juden jede erdenkliche Möglichkeit gehabt, zu guten Deutschen zu werden – und diese ausgeschlagen. Der unumstößliche Glaube an die Existenz einer „Judenfrage" führte mehr oder weniger selbstverständlich zu der Annahme, die einzige „Lösung" bestehe darin, alles „Jüdische" in Deutschland zu „eliminieren": auszugrenzen und zu beseitigen. […]

Hätten die ganz gewöhnlichen Deutschen die eliminatorischen Ideale ihrer Führung nicht geteilt, dann hätten sie dem sich stetig verschärfenden Angriff auf ihre jüdischen Landsleute und Brüder mindestens ebenso viel Widerstand und Verweigerung entgegengesetzt wie den Angriffen ihrer Regierung gegen die Kirchen oder dem sogenannten Euthanasieprogramm[1]. […] Hätten sie es mit einer deutschen Bevölkerung zu tun gehabt, die Juden als Menschen wie alle anderen auch betrachtet und in ihnen Brüder und Schwestern gesehen hätte, dann wäre den Nationalsozialisten ihre Vernichtungspolitik kaum gelungen. […]

Hitler und die Nationalsozialisten taten also nichts anderes, als den bestehenden und angestauten Antisemitismus freizusetzen und zu aktivieren.

Der Jurist Claus Arendt, der in den Sechzigerjahren an Untersuchungen über die belasteten Polizeieinheiten beteiligt war, schreibt in einem 1998 veröffentlichten Brief an Goldhagen:

Ich muss jedoch erhebliche Zweifel anmelden gegen die Richtigkeit jener These von Ihnen, dass die Mordtaten der Polizeiangehörigen in Polen und anderswo […] antisemitisch begründet waren. Bei aller Würdigung der Abscheulichkeit des Antisemitismus halte ich diese Ursachenfeststellung für eine Verharmlosung der Motivierung der Täter.

Leider war deren Motivation viel schlimmer: Sie bestand in ihrem ethisch-moralischen Unvermögen, von menschlichen Werten getragen zu handeln. Ihr Motto war: „Befehl ist Befehl." Es war die Weigerung und totale Unfähigkeit, nach menschlichen und moralischen Grundsätzen zu handeln. Dies wurde nicht zuletzt dadurch bewiesen, dass die Betroffenen sich nicht nur Juden gegenüber so verhielten, sondern auch jeder Menschengruppe gegenüber, die von den ihnen erteilten Befehlen betroffen war. Die gleichen Polizisten sind bei der Vernichtung und Ermordung zum Beispiel der polnischen Intelligenz gegen die Frauen und Kinder dieser Gruppe mit ebenderselben Grausamkeit, Gefühllosigkeit und Brutalität vorgegangen wie gegen Juden.

Der amerikanische Historiker Christopher R. Browning (geb. 1944) untersucht am Beispiel des Reserve-Polizeibataillons 101, das in Polen 1942 ca. 1200 Juden erschoss, die Motive der ausführenden Männer:

Im Bataillon kristallisierten sich einige ungeschriebene „Grundregeln" heraus. Für kleinere Erschießungsaktionen wurden Freiwillige gesucht beziehungsweise die Schützen aus den Reihen derjenigen genommen, die bekanntermaßen zum Töten bereit waren […]. Bei großen Einsätzen wurden die, die nicht töten wollten, auch nicht dazu gezwungen. Selbst wenn Offiziere versuchten, einzelne Unwillige zum Töten zu zwingen, konnten diese sich weigern, da die Offiziere in diesem Punkt bei Major Trapp[2] keine Unterstützung fanden. […]

Neben der ideologischen Indoktrinierung war ein

---

1) Euthanasie: eigentlich „Sterbehilfe"; die Nationalsozialisten missbrauchten den Begriff für die gezielte Tötung von Menschen durch Ärzte und Betreuer. Wirklich öffentlich konnten sie die „Tötung unwerten Lebens" aber nie betreiben; siehe dazu S. 118.

2) der Bataillonskommandeur

▶ *Die Vernichtungs- und Konzentrationslager im „Dritten Reich". In den Vernichtungslagern wurden 165 000 Juden aus Deutschland, 65 000 aus Österreich, 32 000 aus Frankreich und Belgien, mehr als 100 000 aus den Niederlanden, 60 000 aus Griechenland, ebenso viele aus Jugoslawien, über 140 000 aus der Tschechoslowakei, 500 000 aus Ungarn, 2 200 000 aus der Sowjetunion und 2 700 000 aus Polen umgebracht. Dazu fielen zwischen 200 000 und 500 000 Sinti und Roma dem Völkermord zum Opfer. Darüber hinaus wurden in den Konzentrationslagern im Reich weitere 500 000 Menschen umgebracht. Diese Werte gelten als „gesicherte Minimalzahlen" (Wolfgang Benz).*

weiterer entscheidender Aspekt [...] das gruppenkonforme Verhalten. Den Befehl, Juden zu töten, erhielt das Bataillon, nicht aber jeder einzelne Polizist. Dennoch machten sich 80 bis 90 Prozent der Bataillonsangehörigen ans Töten, obwohl es fast alle von ihnen – zumindest anfangs – entsetzte und anwiderte. Die meisten schafften es einfach nicht, aus dem Glied zu treten und offen nonkonformes Verhalten zu zeigen. Zu schießen fiel ihnen leichter. Warum? Zunächst einmal hätten alle, die nicht mitgemacht hätten, die „Drecksarbeit" einfach den Kameraden überlassen. Da das Bataillon die Erschießungen auch dann durchführen mußte, wenn einzelne Männer ausscherten, bedeutete die Ablehnung der eigenen Beteiligung die Verweigerung des eigenen Beitrags bei einer unangenehmen kollektiven Pflicht. Gegenüber den Kameraden war das ein unsozialer Akt. [...]

Es gibt auf der Welt viele Gesellschaften, die durch rassistische Traditionen belastet und aufgrund von Krieg oder Kriegsdrohung in einer Art Belagerungsmentalität befangen sind. Überall erzieht die Gesellschaft ihre Mitglieder dazu, sich der Autorität respektvoll zu fügen, und sie dürfte ohne diese Form der Konditionierung wohl auch kaum funktionieren. Überall streben die Menschen nach beruflichem Fortkommen. In jeder modernen Gesellschaft wird durch die Komplexität des Lebens und die daraus resultierende Bürokratisierung und Spezialisierung bei den Menschen, die die offizielle Politik umsetzen, das Gefühl für die persönliche Verantwortung geschwächt. In praktisch jedem sozialen Kollektiv übt die Gruppe, der eine Person angehört, gewaltigen Druck auf deren Verhalten aus und legt moralische Wertmaßstäbe fest. Wenn die Männer des Reserve-Polizeibataillons 101 unter solchen Umständen zu Mördern werden konnten, für welche Gruppe von Menschen ließe sich dann noch Ähnliches ausschließen?

Erster Text: Daniel Jonah Goldhagen, Hitlers willige Vollstrecker. Ganz gewöhnliche Deutsche und der Holocaust, übers. v. Klaus Kochmann, Berlin 1996, S. 107 f., 489 und 518; zweiter Text: Claus Arendt, in: „Die Zeit" vom 15. 1. 1998; dritter Text: Christopher R. Browning, Ganz normale Männer. Das Reserve-Polizeibataillon 101 und die „Endlösung" in Polen, übers. v. Jürgen Peter Krause, Reinbek bei Hamburg [4]2007, S. 224, 241 und 246f.

1. *Suchen Sie Gemeinsamkeiten und Gegensätze der Erklärungsansätze.*
2. *Diskutieren Sie anhand der Überlegungen Brownings die Wiederholbarkeit von Massenverbrechen wie dem Holocaust.*

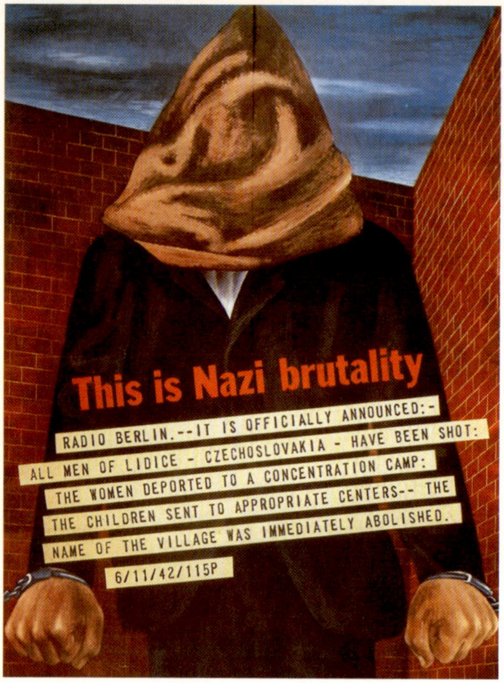

▲ *„This is Nazi brutality", Ben Shahn (1898–1969), 1942.*
Mit seinem Plakat prangert Shahn das Massaker von Lidice an. Das tschechische Dorf war am 10. Juni 1942 von der SS allein auf den Verdacht hin völlig zerstört und dessen Bewohner erschossen oder verschleppt worden, dass sich dort die Attentäter des am 4. Juni in Prag getöteten SS-Funktionärs Reinhard Heydrich aufhalten würden.

Unterschiedliches Vorgehen in Ost- und Westeuropa

Die menschenverachtende Infrastruktur, die die Nationalsozialisten in der SS und in den gut organisierten Konzentrationslagern besaßen, übertrugen sie schon zu Beginn des Krieges auf die besetzten Gebiete.

Welch neuartige Dimension der von Hitler vom Zaun gebrochene Krieg erreichen sollte, zeigte sich bereits im Herbst 1939 nach der Aufteilung Polens. Sofort gingen der „Führer" und seine Helfer daran, ihr rassenideologisches Völkermordkonzept in die Tat umzusetzen.

Ein Großteil des eroberten Landes sollte von umgesiedelten Deutschen aus den baltischen Staaten und anderen osteuropäischen Gebieten „germanisiert" werden. Die polnische Bevölkerung wurde ins übervölkerte *Generalgouvernement*[1] vertrieben, viele Angehörige der Intelligenz verhaftet, teilweise sofort erschossen oder in Konzentrationslager deportiert. Gymnasien und Hochschulen sollten geschlossen werden, um die Entstehung einer neuen Führungsschicht zu verhindern. Wer nicht „germanisiert" werden konnte – nach deutschen Schätzungen über 95 Prozent der polnischen Bevölkerung –, war als Arbeitssklave für ein erbärmliches Schicksal vorgesehen (➧ M1).

In der UdSSR waren die einmarschierenden deutschen Truppen 1941 an manchen Orten als Befreier vom Bolschewismus begrüßt worden. Doch die Brutalität der Wehrmacht, der SS und anderer „Sonderkommandos" ließen die Stimmung rasch umschlagen. Die Behandlung der Bevölkerung war ähnlich wie in Polen, doch steigerte sich der Kampf um „Lebensraum" im Osten jetzt zu einem *rassischen Vernichtungskrieg* gegen angeblich minderwertige Völker (➧ M2, M3). Die Russland zugedachte Rolle als Ergänzungsraum zur Sicherung der Ernährung des geplanten Großreichs sollte zum Absterben der dortigen Industrie und der Bevölkerung führen.

In West-, vor allem aber Nordeuropa behandelten die Besatzer die Bevölkerung anders als in Osteuropa. Manche Regionen erhielten eine eigene Zivilverwaltung, oder alte Regierungen bestanden zeitweise weiter fort – so in Dänemark bis 1943. Die unterschiedliche Behandlung resultierte aus der verbrecherischen Rassenideologie des Nationalsozialismus, die „arischen" Angelsachsen, „Wikingern" oder Franken den Vorzug gab vor Slawen oder Juden.

Zwischen Ideologie und Kriegswirtschaft

Dauernde Kompetenzstreitigkeiten und verschiedene einander widersprechende Maßnahmen ließen in der Besatzungspolitik oft keine klare Linie erkennen. Während Teile der neuen Verwaltung einerseits möglichst schnell Ruhe und Ordnung in den annektierten Gebieten herzustellen suchten, wollte andererseits die SS mithilfe von Wehrmacht und Polizeieinheiten ihr rassenideologisches Umsiedlungs- und Vernichtungsprogramm durchführen. Kräften der Wirtschaft lag dagegen an der Ausbeutung und Angliederung der Ressourcen. Je länger der Krieg

[1] *die besetzten polnischen Gebiete, die nicht unmittelbar dem Reich angegliedert worden waren*

▲ *An der Selektionsrampe des Vernichtungslagers Auschwitz-Birkenau, SS-Foto von 1944.*

dauerte und je mehr man auf das Wirtschaftspotenzial der Besatzungsgebiete angewiesen war, desto eher musste man aus rein opportunistischen Gründen auf eine Normalisierung der Beziehungen hinarbeiten. Aber die brutalen Maßnahmen gegen die Widerstandsbewegungen, die die Bevölkerung ebenfalls trafen, sorgten immer wieder für eine Verschärfung der Spannungen. So sollten beispielsweise bei „Vergeltungsaktionen" an der Ostfront für jedes deutsche Partisanenopfer 50–100 Sowjetbürger sterben.

Die „Endlösung der Judenfrage"

Seit 1933 waren die Juden planmäßig diskriminiert und stigmatisiert worden. Nach Ausbruch des Zweiten Weltkriegs stellten die Verhängung von Sperrstunden und die Einteilung zur Zwangsarbeit weitere Stufen auf dem Weg zu ihrer völligen Entrechtung dar. 1941 erging schließlich ein Auswanderungsverbot. Nahezu zeitgleich wurden alle Juden gezwungen, in der Öffentlichkeit den gelben *Judenstern* zu tragen; dies grenzte sie endgültig aus der Gesellschaft aus.
Spätestens im Sommer 1941 fiel im engsten Führungszirkel des Regimes die Entscheidung für den *Genozid* (Völkermord) (▶ M4). Im Osten folgten „Sonderkommandos" der SS und Polizeieinheiten den vorrückenden deutschen Truppen und erschossen bereits in den ersten Monaten des Russlandfeldzugs mehrere hunderttausend Juden (▶ M5); auch Angehörige von Wehrmacht und Zivilverwaltung beteiligten sich an den Massakern. Im Reich und in den besetzten Ländern wurden seit Oktober 1941 Juden in Konzentrationslagern oder *Ghettos* zusammengezogen und anschließend in neu eingerichtete *Vernichtungslager* nach Osten deportiert (▶ M6-M9). Die „praktische Durchführung" der *Endlösung* wurde Anfang 1942 in Berlin mit hohen Verwaltungsbeamten, SS-Offizieren und Staatssekretären aus den Innen-, Justiz- und Außenministerien besprochen und im sogenannten *Wannseeprotokoll* festgehalten.
In den meisten Lagern hat die SS die Ankömmlinge sofort ermordet. Vergiftung durch Dieselmotorabgase und schließlich die fast industriell betriebene Tötung durch das Blausäurepräparat Zyklon B dienten als Verfahren der Ausrottung. Nach polnischen Schätzungen sind allein in Auschwitz etwa 1,5 Millionen Juden umgebracht worden. Insgesamt fielen dem *Holocaust*[1] etwa sechs Millionen Menschen zum Opfer.

---

[1] *Von griech. hólocaustos für „völlig verbrannt" bedeutet der Begriff im Englischen „Inferno", „Zerstörung" oder „Brandopfer"; im Hebräischen wird für das Leiden der Juden während der NS-Zeit der Begriff „Shoa" (Katastrophe) gebraucht.*

▲ *Brillenberg im Vernichtungslager Auschwitz-Birkenau, Foto von 1945.*

Die Vernichtung anderer Minderheiten

In engem ideologischen Zusammenhang mit der Ermordung von Millionen Juden stand im „Dritten Reich" die „Vernichtung lebensunwerten Lebens". Nach den pervertierten pseudobiologischen Kategorien von *Rassenhygiene*, „Zuchtwahl" und „Erbgesundheit", wie die Nationalsozialisten sie vertraten, stellten gesellschaftliche Minderheiten aller Art eine potenzielle Bedrohung für das „deutsche Erbgut" dar. Ermordet wurden auch Menschen, bei denen aufgrund pathologischer oder sozialer Abweichungen ein verändertes Erbgut vermutet wurde. Dazu gehörten körperlich und geistig Behinderte ebenso wie Homosexuelle. Ein bereits 1933 von den Nationalsozialisten erlassenes Gesetz verpflichtete Erbkranke und geistig Behinderte zur *Zwangssterilisation*.
1939 ging Hitler noch einen Schritt weiter und gab die Tötung von unheilbar Kranken in eigens ausgewählten „Heil- und Pflegeanstalten" frei. Man schätzt, dass ungefähr 120 000 Menschen, darunter viele Kinder, Opfer dieser Weisung wurden. Vor allem aufgrund von Protesten aus kirchlichen Kreisen wurde das *Euthanasie-Programm* zwar 1941 im Reich offiziell eingestellt, doch im Geheimen ging die „Vernichtung unwerten Lebens" weiter. Auch Sinti und Roma galten als „rassisch minderwertig", schwer in die „Volksgemeinschaft" integrierbar und wurden deshalb in Konzentrationslager eingewiesen. Die Zahl der Opfer ist schwer zu bestimmen; nach Schätzungen ermordete die SS etwa 500 000 Angehörige dieser Volksgruppe.

2.4 Widerstand

Flugblätter der Widerstandsbewegung in Deutschland.

A u f r u f a n a l l e D e u t s c h e !

Der Krieg geht seinem sicheren Ende entgegen. Wie im Jahre 1918 versucht die deutsche Regierung alle Aufmerksamkeit auf die wachsende U-Bootgefahr zu lenken, während im Osten die Armeen unaufhörlich zurückströmen, im Westen die Invasion erwartet wird. Die Rüstung Amerikas hat ihren Höhepunkt noch nicht erreicht, aber heute schon übertrifft sie alles in der Geschichte seither Dagewesene. Mit mathematischer Sicherheit führt Hitler das deutsche Volk in den Abgrund. H i t l e r k a n n d e n K r i e g n i c h t g e w i n n e n , n u r n o c h v e r l ä n g e r n ! Seine und seiner Helfer Schuld hat jedes Mass unendlich überschritten. Die gerechte Strafe rückt näher und näher !

Was aber tut das deutsche Volk? Es sieht nicht und es hört nicht. Blindlings folgt es seinen Verführern ins Verderben. Sieg um jeden Preis, haben sie auf ihre Fahne geschrieben. Ich kämpfe bis zum letzten Mann, sagt Hitler - indes ist der Krieg bereits verloren.

Deutsche! Wollt Ihr und Eure Kinder dasselbe Schicksal erleiden, das den Juden widerfahren ist? Wollt Ihr mit dem gleichen Masse gemessen werden ,wie Eure Verführer? Sollen wir auf ewig das von aller Welt gehasste und ausgestossene Volk sein? Nein! Darum trennt Euch von dem nationalsozialistischen Untermenschentum! Beweist durch die Tat, dass Ihr anders denkt! Ein neuer Befreiungskrieg bricht an. Der bessere Teil des Volkes kämpft auf unserer Seite. Zerreisst den Mantel der Gleichgültigkeit, den Ihr um Euer Herz gelegt! Entscheidet Euch, e h ' e s z u s p ä t i s t !

▲ *Flugblatt „Aufruf an alle Deutsche" der „Weißen Rose" vom Januar 1943 (Ausschnitt). Das fünfte von insgesamt sechs Flugblättern der Widerstandsgruppe wurde in mehreren hundert Exemplaren in der Münchener Universität ausgelegt.*

8.11.1939
Georg Elsers Attentat auf Hitler missglückt

Herbst 1942
49 Mitglieder der „Roten Kapelle" werden hingerichtet

Februar 1943
Die Geschwister Scholl werden bei einer Flugblatt-Aktion ergriffen und hingerichtet

Februar/März 1943
In der Berliner Rosenstraße protestieren hunderte nichtjüdischer Frauen erfolgreich gegen die Inhaftierung ihrer jüdischen Männer

19.4.-16.5.1943
Die SS schlägt den Aufstand im Warschauer Ghetto nieder

20.7.1944
Das Attentat Graf Stauffenbergs auf Hitler schlägt fehl

M1

Kommunistischer Widerstand

Dagobert Biermann (1904-1943) war Kommunist und arbeitete im Hamburger Hafen. Nach dem Krieg erzählt seine Frau Emmi vom Schicksal ihres Mannes:

1936 war ich schwanger, und grad da begann wieder die illegale Arbeit. Hitler ließ Kriegsmaterial nach Spanien liefern. Da wollten die Faschisten die Republik kaputthauen, und die Nazis halfen denen dabei. Mein Bruder war Ewerführer[1] im Hamburger Hafen. Er hatte Wind davon bekommen, dass Schiffe mit Munition nach Spanien rausgehen. Getarnt waren die als Handelsschiffe. Wir mussten die Arbeiter in Spanien doch warnen! Die sollten die gleich übern Schnabel nehmen[2], wenn die da ankommen. Mein Bruder spionierte aus, wo die Schiffe lagen, und notierte sie. Unter Lebensgefahr! Aber er war ja roter Betriebsrat gewesen und hatte eine gute Nummer im Hafen. Die Kollegen verpfiffen ihn nicht. Die Unterlagen wurden nach Spanien geschmuggelt. Wenn ein Waffenschiff im Hafen lag, rief mein Mann den Herbert Michaelis, unsern Kurier, an, und der nahm die neuesten Nachrichten mit. […]

Mein Mann kam in „Schutzhaft". So hieß das damals. Ich wollte genau wissen, wo er sitzt, aber ich wurde immer abgewiesen. Eines Tages hab ich dann doch erfahren, dass er in Fuhlsbüttel ist. Und man erlaubte mir, seine Wäsche zu holen und ihm neue zu bringen. Aber ich hab ihn nicht gesehen, nur das Blut, das an der Wäsche klebte. Die Wäsche wurde von der SS in Empfang genommen, und die haben die Wäsche gegen das Licht gehalten, ob auch nichts darin versteckt ist. Einmal machte ich eine Entdeckung. Da, wo die kleinen Stäbe in den Hemdkragen kamen, die Stelle war zugenäht. Darin war ein Kassiber[3], auf dünnem Papier geschrieben. Da stand drauf: „Michaelis packt aus." Das war das Zeichen, jetzt sollte der Prozess beginnen. Zwei Jahre hatte das gedauert. Solange hatten die gebraucht, bis sie was zusammengestoppelt hatten gegen meinen Mann. […] Für den Prozess kam extra der Volksgerichtshof nach Hamburg. […] Mein Mann und mein Bruder hatten zuerst immer geleugnet, etwas mit der Sache zu tun zu haben, mit den Waffen und den Informationen für die Spanier. Aber dann wurden Geschosse auf den Tisch gepackt, die mein Bruder aus dem Hafen mitgebracht hatte. Sogar Dumdumgeschosse hatte er von den Schiffen geklaut, die reißen große Wunden. Die hatten wir Michaelis mitgegeben, damit die Spanier wussten, was ihnen blühte.

Mein Bruder hat mir später erzählt, wie er sich verteidigt hat. Er hat auf doof gemacht. Im Hafen klauen alle mal, hat er gesagt, nur so aus Spaß wird geklaut. Und dann hat er immer Platt gesprochen, das war für die Richter was Neues. Die Richter wollten darauf hinaus, mein Mann hätte meinen Bruder beauftragt, die Sache auszubaldowern. Das hätte gereicht, dann hätten sie ihn gleich umgebracht. Der Pflichtverteidiger meines Bruders war aber ausnahmsweise ein guter Mann. Er wollte meinen Bruder direkt fragen: „Hat Biermann Sie beauftragt?" Wenn er dann mit Nein antwortet, musste der Anklagepunkt fallengelassen werden. Aber die Anwälte mussten alle Fragen vorlegen. Die Frage wurde natürlich nicht zugelassen, die wollten meinem Mann an den Kragen. Da hat der Anwalt alles auf eine Karte gesetzt und die Frage

▲ *Wer regimekritische Meinungen verbreiten wollte, musste erfinderisch sein.*

1) *Ewer: kleines Küstenschiff*
2) *umgangssprachlich: etwas übernehmen, in Empfang nehmen*
3) *geheimer Brief von einem oder an einen Gefangenen*

einfach dazwischengerufen. Und mein Bruder sagte natürlich sofort: „Nee, mein Schwager hat mich nicht dazu beauftragt." Damit entfiel der Punkt.
Mein Bruder wurde freigesprochen. Ein „irregeleiteter Arbeiter", meinten die Richter. Mein Mann kriegte sechs Jahre. Ich war bei der Urteilsverkündung dabei, bin am Schluss schnell durch die Barriere gelaufen und hab ihm die Hand gedrückt. Wir wurden sofort auseinandergerissen. Er konnte mich noch trösten: „Die sechs Jahre sitz ich auf einer Arschbacke ab." Das war 1937. Er ist nie wieder rausgekommen.

Harald Focke und Uwe Reimer, Alltag der Entrechteten, Reinbek bei Hamburg 1980, S. 27 ff.

1. *Erläutern Sie die politische Arbeit, die hier von Kommunisten geleistet wurde.*
2. *Analysieren Sie die Motive der Beteiligten.*
3. *Arbeiten Sie aus dem Text die speziellen Merkmale der hier verwendeten Quellengattung heraus.*

M2

„Wir fordern Gerechtigkeit"

Immer wieder nutzt der katholische Bischof von Münster, Clemens August Graf von Galen (1878-1946), seine Predigten, um Unrecht und Missstände des NS-Regimes, besonders die Tötung behinderter Menschen („Euthanasie") und die Enteignung von Klöstern, anzuprangern. Der folgende Auszug stammt aus einer Predigt vom 13. Juli 1941.

Bei den Anordnungen und Strafverfügungen der GSTP[1] ist die Verwaltungsgerichtsbarkeit ausgeschlossen. Da wir alle keinen Weg kennen, der für eine unparteiische Kontrolle der Maßnahmen der GSTP, ihrer Freiheitsbeschränkungen, ihrer Aufenthaltsverbote, ihrer Verhaftungen, ihres Gefangenhaltens deutscher Volksgenossen in Konzentrationslagern gegeben wäre, so hat bereits in weitesten Kreisen des deutschen Volkes ein Gefühl der Rechtlosigkeit, ja feiger Ängstlichkeit Platz gegriffen, das die deutsche Volksgemeinschaft schwer schädigt. Die Pflicht meines bischöflichen Amtes, für die sittliche Ordnung einzutreten, die Pflicht meines Eides, in dem ich vor Gott und vor dem Vertreter der Reichsregierung gelobt habe, nach Kräften „jeden Schaden zu verhüten, der das deutsche Volk bedrohen könnte", drängen mich, angesichts der Taten der GSTP diese Tatsache öffentlich warnend auszusprechen. Meine Christen! Man wird mir vielleicht den Vorwurf machen, mit dieser offenen Sprache schwäche ich jetzt im Kriege die innere Front des deutschen Volkes. Demgegenüber stelle ich fest: Nicht ich bin die Ursache einer etwaigen Schwächung der inneren Front, sondern jene, die ungeachtet der Kriegszeit, ungeachtet der Schreckenswoche schauriger Feindesangriffe, schuldlose Volksgenossen ohne Gerichtsurteil und Verteidigungsmöglichkeit in harte Strafe nehmen, unsere Ordensleute, unsere Brüder und Schwestern, ihres Eigentums berauben, auf die Straße setzen, aus dem Lande jagen. Sie zerstören die Rechtssicherheit, sie untergraben das Rechtsbewusstsein, sie vernichten das Vertrauen auf unsere Staatsführung. Und darum erhebe ich im Namen des rechtschaffenen deutschen Volkes, im Namen der Majestät der Gerechtigkeit und im Interesse des Friedens und der Geschlossenheit der inneren Front meine Stimme, darum rufe ich laut als deutscher Mann, als ehrenhafter Staatsbürger, als Vertreter der christlichen Religion, als katholischer Bischof: Wir fordern Gerechtigkeit.
Bleibt dieser Ruf ungehört und unerhört, wird die Herrschaft der Königin Gerechtigkeit nicht wiederhergestellt, so wird unser deutsches Volk und Vaterland trotz des Heldentums unserer Soldaten und ihrer ruhmreichen Siege an innerer Fäulnis und Verrottung zugrunde gehen. Lasset uns beten für alle, die in Not sind, besonders für unsere Ordensleute, für unsere Stadt Münster, dass Gott weitere Prüfungen von uns fernhalte, für unser deutsches Volk und Vaterland und seinen Führer!

Heinrich Portmann, Der Bischof von Münster, Münster 1946, S. 132 f.

1. *Bestimmen Sie Beweggründe und Ziele für von Galens Predigt.*
2. *Diskutieren Sie, inwiefern es sich bei dieser Predigt um eine Form des Widerstands handelt.*

---

[1] *GSTP = Geheime Staatspolizei (Gestapo)*

▲ *Adolf Hitler begrüßt auf dem 6. Reichsparteitag „Reichsbischof" und Oberhaupt der evangelischen „Deutschen Christen" Ludwig Müller, Foto vom 6. September 1934.*

M3
Gegen das Schweigen der Kirche

An Ostern 1943 verfasst ein Kreis evangelischer Laien einen Protestbrief an den Landesbischof der evangelischen Kirche in Bayern Hans Meiser (1881-1956):

Hochwürdiger Herr Landesbischof!
Als Christen können wir es nicht mehr länger ertragen, dass die Kirche in Deutschland zu den Judenverfolgungen schweigt. [...] Der zurzeit drohende nächste Schritt: die Einbeziehung der sog. „privilegierten" Juden in diese Verfolgung unter Aufhebung der nach Gottes Gebot gültigen Ehen mag der Kirche die Veranlassung geben, das durch Gottes Wort von ihr geforderte Zeugnis abzulegen gegen diese Verletzung des 5., 6., 7., 8., 9. und 10. Gebotes und damit endlich das zu tun, was sie längst hätte tun müssen.
Was uns treibt, ist zunächst das einfache Gebot der Nächstenliebe [...]. Von dieser Entscheidung kann uns keine „Judenfrage" entbinden. Vielmehr hat die Kirche bei diesem Anlass zugleich zu bezeugen, dass die Judenfrage primär eine evangelische und keine politische Frage ist. Das politisch irreguläre und singuläre Dasein und Sosein der Juden hat nach der Heiligen Schrift seinen alleinigen Grund darin, dass dieses Volk vor Gott als Werkzeug seiner Offenbarung in Beschlag genommen ist. [...]
Dem Staat gegenüber hat die Kirche diese heilsgeschichtliche Bedeutung Israels zu bezeugen und jedem Versuch, die Judenfrage nach einem selbstgemachten politischen Evangelium zu „lösen", d.h. das Judentum zu vernichten, aufs äußerste zu widerstehen als einem Versuch, den Gott des 1. Gebotes zu bekämpfen. Die Kirche [...] darf nicht länger versuchen, vor dem gegen Israel gerichteten Angriff sich selbst in Sicherheit zu bringen. Sie muss vielmehr bezeugen, dass mit Israel sie und ihr Herr Jesus Christus selbst bekämpft wird. [...]
Alles, was bisher von der Kirche in Deutschland in dieser Sache getan wurde, kann nicht als solches Zeugnis gelten, da es weder öffentlich geschah noch inhaltlich der Aufgabe des Predigtamtes in dieser Sache gerecht wurde. [...]
Darum treibt uns neben dem Mitleid für die Verfolgten die Angst, das Predigtamt unserer Kirche könne durch sein Schweigen sein Dasein sichern wollen um den Preis, dass es dafür seine Vollmacht und Glaubwürdigkeit zu binden und zu lösen verliert. Und damit wäre alles verloren – mit der Kirche wäre auch unser Volk verloren.

In einem Brief an den Bonner Pastor Bernhard Custodis vom 23. Februar 1946 schreibt der spätere Bundeskanzler Konrad Adenauer (1876-1967):

Ich glaube, dass, wenn die Bischöfe alle miteinander an einem bestimmten Tage öffentlich von den Kanzeln aus dagegen Stellung genommen hätten, sie vieles hätten verhüten können. Das ist nicht geschehen und dafür gibt es keine Entschuldigung. Wenn die Bischöfe dadurch ins Gefängnis oder in Konzentrationslager gekommen wären, so wäre das kein Schade, im Gegenteil. Alles das ist nicht geschehen, und darum schweigt man am besten.

Erster Text: Horst Möller, Volker Dahm und Hartmut Mehringer (Hrsg.), Die tödliche Utopie. Bilder, Texte, Dokumente, Daten zum Dritten Reich, München ³2001, S. 324 f.;
zweiter Text: Konrad Adenauer, Briefe 1945-1947, Berlin 1983, S. 172 f.

Nehmen Sie Stellung zu der Kritik Adenauers und der des Laien-Kreises. Bewerten Sie vor diesem Hintergrund die Rolle Einzelner wie des Bischofs von Galen (➧ M2) im Widerstand der christlichen Kirchen gegen das NS-Regime.

M4
Widerstand im Militär

Die Offiziere Henning von Tresckow (1901–1944, Selbstmord) und Claus Schenk Graf von Stauffenberg (1907–1944, hingerichtet) sind maßgeblich an einem Bombenanschlag auf Hitler am 20. Juli 1944 beteiligt. Tresckow hat sich seit 1934 innerlich vom Regime distanziert und sich an mehreren Attentaten auf Hitler beteiligt. Ein Weggefährte erinnert sich an ein Treffen mit ihm am 17. November 1942 beim Oberkommando der Heeresgruppe Mitte in Smolensk:

Hier griff Henning ein. Er müsse mir etwas Entscheidendes sagen. Unser Generalstab verdiene diesen Namen nicht mehr. Nur noch die Kragenspiegel und die karmesinroten Streifen an den Hosen ließen ihn noch als solchen erscheinen. Clausewitz und der alte Moltke seien nicht mehr gefragt. Hitler habe – mit seinen eigenen Worten – gefordert, der Generalstabsoffizier müsse sein wie ein „Bluthund, der gierig an der Leine zerre, um, losgelassen, sich auf den Feind zu stürzen und ihn zu zerfleischen". Eine Beleidigung des Generalstabs seien diese Worte des Führers gewesen. Hitler wolle nur noch „subalterne Erfüllungsgehilfen" im Generalstab haben. „Erfüllungsgehilfen im Dienste eines Kapitalverbrechers", rief er. Und er wiederholte die Worte. [...]
Nach einer Pause fragte ich ihn, was an den Gerüchten von Übergriffen der SS gegen die Zivilbevölkerung in den rückwärtigen Gebieten sei. Diese Gerüchte träfen zu, antwortete er, allerdings mit der Ergänzung, dass es sich nicht um einzelne Übergriffe handele, sondern um planmäßige Ausrottungen von Menschen. Man habe bei der Heeresgruppe zuverlässige Informationen, dass der SD und die SS Spezialeinheiten gebildet hätten, die das sorgfältig organisiert betrieben, und zwar in einem Umfang, der jede Fantasie übersteige. Während wir, die Soldaten an der Front, uns vorne totschießen lassen dürften, betreibe die SS in unserem Rücken ein grauenvolles Geschäft. Er, Henning, sehe darin eine Schändung der Opferbereitschaft des Soldaten an der Front.
Fassungslos hatte ich ihm zugehört. Es war ungeheuerlich, was er gesagt hatte. Dann sprach er davon, dass er auf den Tag hinarbeite, an dem dies alles zu Ende sei. Niemand könne heute sagen, wann dieser Tag komme, aber kommen werde er mit Sicherheit, und er werde schrecklich sein.

Im Juni 1944 erklärt Tresckow gegenüber Freunden:

Das Attentat auf Hitler muss erfolgen, um jeden Preis. Sollte es nicht gelingen, so muss trotzdem der Staatsstreich versucht werden. Denn es kommt nicht mehr auf den praktischen Zweck an, sondern darauf, dass die deutsche Widerstandsbewegung vor der Welt und vor der Geschichte unter Einsatz des Lebens den entscheidenden Wurf gewagt hat. Alles andere ist daneben gleichgültig.

Kurz vor dem Attentat vom 20. Juli 1944, das Hitler überlebte, sagt Stauffenberg zu einer Bekannten:

Es ist Zeit, dass jetzt etwas getan wird. Derjenige allerdings, der etwas zu tun wagt, muss sich bewusst sein, dass er wohl als Verräter in die deutsche Geschichte eingehen wird. Unterlässt er jedoch die Tat, dann wäre er ein Verräter vor seinem eigenen Gewissen.

Erster Text: Reinhard Rürup (Hrsg.), Der Krieg gegen die Sowjetunion. Eine Dokumentation, Berlin 1991, S. 193; zweiter Text: Peter Steinbach und Johannes Tuchel (Hrsg.), Widerstand in Deutschland 1933–1945. Ein historisches Lesebuch, München [3]2000, S. 326; dritter Text: Peter Hoffmann, Claus Schenk Graf von Stauffenberg und seine Brüder, Stuttgart 1992, S. 395

1. *Erörtern Sie die Motive des Widerstands im Militär.*
2. *Erklären Sie, wie es möglich war, dass ein radikaler Regimegegner jahrelang höchste Funktionen innehatte. Welche Schlüsse lässt das auf die betroffene Person und die Stabilität des Regimes zu?*
3. *Seit 1951 finden Gedenkfeiern zu den Jahrestagen des 20. Juli 1944 statt. 1994 forderte ein SPD-Politiker, das Gedenken dürfe nicht zum „Kult der Gerechten" missraten. Überlegen Sie, was er damit gemeint haben könnte.*
4. *Diskutieren Sie, wann und unter welchen Umständen in unserem Staat ein Widerstandsrecht besteht. Berücksichtigen Sie dazu auch Artikel 20 des Grundgesetzes.*

Bekanntmachung.

Die vom Volksgerichtshof am 4. Juni 1937 wegen Vorbereitung eines hochverräterischen Unternehmens unter erschwerenden Umständen zum Tode verurteilten

Adolf Rembte

aus Kirchsteinbek, 35 Jahre alt, und

Robert Stamm

aus Remscheid, 37 Jahre alt,

sind heute morgen hingerichtet worden.

Berlin, den 4. November 1937.

Der Reichsanwalt beim Volksgerichtshof.

▲ *Bekanntmachung.*

● *Ziehen Sie aus der Öffentlichkeit der Bekanntgaben Rückschlüsse auf die Akzeptanz des Regimes in der Bevölkerung.*

M5
Ein Zukunftsprogramm

Seit Ende 1938 treffen sich auf dem Gut Kreisau in Schlesien Menschen, die nach einer Alternative zum NS-Staat suchen. Im Juni 1943 wird dort ein Programm der „Sozialistischen Aktion" verfasst, das folgende Forderungen enthält:

1. Wiederherstellung von Recht und Gerechtigkeit.
2. Beseitigung des Gewissenszwanges und unbedingte Toleranz in Glaubens-, Rassen- und Nationalitätenfragen.
3. Achtung vor den Grundlagen unserer Kultur, die ohne das Christentum nicht denkbar ist.
4. Sozialistische Ordnung der Wirtschaft, um Menschenwürde und politische Freiheit zu verwirklichen und die Existenzsicherheit der Angestellten und Arbeiter in Industrie und Landwirtschaft sowie des Bauern auf seiner Scholle zu schaffen, die die Voraussetzung von sozialer Gerechtigkeit und Freiheit ist.
5. Enteignung der Schlüsselbetriebe der Schwerindustrie zugunsten des deutschen Volkes als Grundlage der sozialistischen Ordnung der Wirtschaft, um mit dem verderblichen Missbrauch der politischen Macht des Großkapitals Schluss zu machen.
6. Selbstverwaltung der Wirtschaft unter gleichberechtigter Mitwirkung des arbeitenden Volkes als Grundelement der sozialistischen Ordnung.
7. Sicherung der Landwirtschaft vor der Gefahr, zum Spielball kapitalistischer Interessen zu werden.
8. Abbau des bürokratischen Zentralismus und organischer Aufbau des Reiches aus den Ländern.
9. Aufrichtige Zusammenarbeit mit allen Völkern, insbesondere in Europa mit Großbritannien und Sowjetrussland.

Noch hat das deutsche Volk keine Möglichkeit, seine Stimme zu erheben. Umso lauter rufen die Ruinen und Gräber zur Sammlung, zur Aktion! Es gilt zu handeln, ehe unsere Heimat ganz zerstört und der Zusammenbruch vollständig ist. Nur die Einheitsfront aller Feinde des Nationalsozialismus kann diese Tat vollbringen.

Im Gedenken an die Toten des Krieges und die Märtyrer der Freiheit, die vom Machtwahn des Faschismus hingemordet wurden, und an die Leiden unserer Soldaten geloben wir:

Nie wieder soll das deutsche Volk sich im Parteienstreit verirren! Nie wieder darf die Arbeiterschaft sich im Bruderkampf zerfleischen! Nie wieder Diktatur und Sklaverei!

Ein neues Deutschland muss erstehen, worin sich das schaffende Volk sein Leben im Geist wahrer Freiheit selbst ordnet.

Der Nationalsozialismus und seine Lügen müssen mit Stumpf und Stiel ausgerottet werden, damit wir die Achtung vor uns selbst zurückgewinnen und der deutsche Name wieder ehrlich wird in der Welt. Das Gebot der Stunde lautet: Fort mit Hitler! Kampf für Gerechtigkeit und Frieden!

Peter Steinbach und Johannes Tuchel (Hrsg.), a. a. O., S. 218 f.

1. *Bestimmen Sie die Motive des Kreisauer Kreises.*
2. *Analysieren Sie die zugrunde liegenden sozialen und politischen Interessen.*

M6

Selbstverständliche Hilfeleistung?

Der englische Journalist Eric Silver hat für sein Buch „Sie waren stille Helden" 40 wahre Geschichten von Frauen und Männern aus ganz Europa zusammengetragen, die Juden vor der Verfolgung durch die Nationalsozialisten retteten. Bei der Frage nach Beweggründen und Motiven dieser Menschen kommt er zu folgenden Ergebnissen:

„Bitte machen Sie nicht zuviel Wirbel. Stellen Sie mich nicht als den großen Helden dar." Jeder, der mit Rettern gesprochen hat, kennt diese Antworten. „Ich habe meine Pflicht getan", heißt es. „Es war doch selbstverständlich, ein Akt der Menschlichkeit, Christenpflicht, das zu tun. Menschen waren in Gefahr. Sie brauchten Hilfe. Also half ich ihnen." Dass die Bittsteller Juden waren, fügten viele hinzu, sei nur ein Zufall. [...]

Wenn Hilfeleistung so selbstverständlich war, warum sahen viele Millionen anständiger Europäer, die ihr Vaterland liebten und in die Kirche gingen, beiseite (oder schlimmeres)? Die einfachste Erklärung ist die Angst, der Selbsterhaltungstrieb. Krieg und Besatzung brachten sie und ihre Familien unmittelbar in Gefahr. Wie streng die Prinzipien auch sein mögen, niemand kann beschwören, dass er nicht ebenso gehandelt hätte. Lass dich nicht in Schwierigkeiten bringen. Pass auf dich auf. Doch die Ungewissheit, die der allgegenwärtige Krieg in sich barg, wirkte sich auch in gegenteiliger Richtung aus. Sicherheit war eine Illusion. Ein Leben war nicht viel wert. Partisanen kämpften und starben. „Wovor sollte ich Angst haben?", fragte Erik Myrgren, der schwedische Pastor in Berlin. „Der Tod war immer nahe. Tag und Nacht fielen Bomben. Ein zusätzliches Risiko wog nicht schwer. Doch für manche war es eine Überlebensfrage." [...]

Konformistische Neigungen verstärkten jedoch bei vielen den Drang zum Selbstschutz. Die Nazis, ihre Verbündeten und Kollaborateure schufen ein Klima, in dem es erlaubt war, Juden zu töten. Es erforderte keine große Anstrengung, barg kein unmittelbares Risiko, wenn man sich anpasste, das Morden stillschweigend hinnahm oder sich sogar daran beteiligte. Man konnte sich sogar Lob und Belohnung verdienen. Diese Tendenz herrschte besonders in solchen Gesellschaften vor, in denen Juden als Außenseiter galten, als Eindringlinge, die nationalen Bestrebungen im Wege standen, als wirtschaftliche Konkurrenten. [...] Umgekehrt war die Bereitschaft, die Juden zu schützen, gleich, was es koste, dort am größten, wo sie eine kleine, gut in das Gesellschaftsgefüge integrierte Minderheit darstellten. In Ländern, deren nationale Identität unumstritten war, in denen die Juden keinerlei Bedrohung darstellten, weder kulturell noch politisch, noch wirtschaftlich. [...] Doch selbst in Ländern, in denen der Antisemitismus eine lange Tradition hat, zeigten einige Widerstandsgruppen Mut und Menschlichkeit. Ganze Bücher sind über polnische Retter geschrieben worden, die zwar eine Minderheit, aber keine unbedeutende Minderheit darstellten. Sie operierten nicht im luftleeren Raum. [...]

Aus welchen Motiven handelten die, die zu helfen bereit waren? Seit zehn Jahren suchen Sozialwissenschaftler mit den Methoden der Wissenschaft, mit Interviews und Fragebögen, eine Antwort auf diese Frage. Man ist sich einig, dass Altruismus, Menschenliebe, nicht in Sekundenschnelle entsteht. Einfühlungsvermögen und Mitgefühl sind Eigenschaften, die eng mit der persönlichen Geschichte verknüpft sind. Die Neigung, ja zu sagen, war bereits in Persönlichkeit und Lebensstil des Retters angelegt. Doch darüber hinaus kann die Forschung nur mögliche Verhaltensmuster aufzeigen.

Eric Silver, Sie waren stille Helden. Frauen und Männer, die Juden vor den Nationalsozialisten retteten, übers. v. Verena Koch, München/Wien 1994, S. 229 ff.

1. *Erläutern Sie die Gründe, die Silver sowohl für die Hilfeleistung gegenüber den Juden als auch für deren Unterlassung vorbringt. Vergleichen Sie seine Argumente mit denen von Goldhagen, Arendt und Browning (▶ S. 114 f.).*
2. *Der Historiker Detlef Peukert unterscheidet verschiedene Formen abweichenden Verhaltens während des Nationalsozialismus, die von Nonkonformität (unangepasstem Verhalten) über Verweigerung und Protest bis zum Widerstand reichen. Als Widerstand definiert er nur, wenn das NS-Regime als Ganzes abgelehnt und Maßnahmen zu dessen Beseitigung getroffen wurden. Ordnen Sie Peukerts Schema mithilfe von M1 bis M6 unterschiedliche Verhaltensformen zu. Bewerten Sie diese Form von Kategorisierung.*

Motive

Eine breite *Widerstandsbewegung* gegen das NS-Regime hat es nicht gegeben. Hitlers Herrschaft wurde über viele Jahre von einer großen Mehrheit des deutschen Volkes akzeptiert, selbst dort, wo keine enge Identifikation mit den Zielen und Wertmaßstäben der Nationalsozialisten vorhanden war. Nur eine Minderheit hatte den Mut, Maßnahmen der NS-Herrschaft öffentlich zu kritisieren oder nicht zu befolgen, noch wenigere wagten es, Juden und anderen Verfolgten zu helfen oder das Regime zu bekämpfen. Daneben gab es jedoch immer Gruppen und Einzelpersonen, die sich nicht mit der NS-Herrschaft abfinden wollten und ihre Ablehnung auf andere Weise, etwa durch passive Verweigerung oder *nonkonformistisches*, d.h. *unangepasstes Verhalten* ausdrückten. Zwischen der „inneren Emigration", privaten Unmutsäußerungen im Freundeskreis oder der Verweigerung des „Hitler-Grußes", dem freiwilligen Rücktritt aus einem Amt oder der Planung und Durchführung eines Umsturzes gab es eine Vielzahl von Abstufungen.
Die Motive waren ebenso unterschiedlich wie die des Mitmachens oder Wegschauens. Es konnte Mitleid mit den Verfolgten sein, moralische, religiöse oder politische Überzeugung. Gemeinsam war jedoch allen Gruppierungen der feste Glaube an ethische Grundnormen, der ihnen die Kraft zu einem eigenverantwortlichen Denken gab.
Für Sozialdemokraten und Kommunisten stand Hitlers nationalistisches, rassistisches und imperialistisches Konzept im Widerspruch zu demokratischem Sozialismus, Klassenkampf und Weltrevolution. Aber auch Liberale und Konservative stellten sich gegen Hitler. Die brutale Missachtung fundamentaler Grund- und Menschenrechte sowie demokratischer Spielregeln in Staat und Gesellschaft verletzten die freiheitlichen Prinzipien der einen; der Missbrauch tradierter Werte wie Ehre, Treue, Deutschtum, Volk und Vaterland zeigte den anderen, dass sie lange Zeit die wahre Gesinnung Hitlers nicht erkannt hatten. Selbst manche Mitglieder der „Partei" und ihrer Organisationen konnten auf Dauer ihre moralischen Bedenken gegen die welt- und menschenverachtende Ideologie der NSDAP nicht zurückstellen.

Ziele und Formen

Hatte auch die letzte Übersteigerung des NS-Regimes seit Beginn des Zweiten Weltkrieges viele von der Notwendigkeit der Gewalt gegen die Diktatur überzeugt, so gab es doch auf die Frage „was dann?" keine eindeutige Antwort. Die Errichtung eines christlich-konservativen Nationalstaates, eine übernationale Ordnung Europas oder die Einführung der Diktatur des Proletariats als Übergang zur Weltrevolution deuteten die Spannweite der Zukunftsvorstellungen an.
Einzelpersonen, lose Gesprächskreise oder Verschwörergruppen arbeiteten auf sehr verschiedene Weise, meist ohne gegenseitige Kontakte wegen des hohen Risikos eines Verrates. Es wurden Flugblätter verteilt, Gegenparolen an die Hauswände belebter Straßen geschrieben, ausländische Sender abgehört und regimefeindliche Nachrichten verbreitet. In Rüstungsbetrieben kam es zu Arbeitsniederlegungen und Sabotageakten.

▼ *Handzettel.*

Ende Februar 1943 versammelten sich in der Berliner Rosenstraße hunderte nichtjüdischer Frauen vor dem als provisorisches Gefängnis genutzten Gebäude Rosenstraße 2-4 und riefen über mehrere Tage nach ihren

inhaftierten jüdischen Männern. Diese während der Nazi-Zeit einzigartige Protestaktion hatte Erfolg: Nachträglich als „Versehen der Berliner Gestapo" ausgegeben, kamen die Juden auf Befehl Goebbels wieder frei.
Trotz umfangreicher Sicherheitsvorkehrungen sind mehrere Attentate auf Hitler zur Ausführung gekommen. *Georg Elser*, ein Tischler aus Württemberg, scheiterte aber am 8. November 1939 in München mit einem Bombenanschlag ebenso wie alle weiteren rund 40 Versuche, Hitler zu beseitigen.
Dass die Erfolge des Widerstands bescheiden blieben, lag an der Heterogenität der Widerstandsgruppen und vor allem an der Brutalität, mit der die Nationalsozialisten jede Opposition im Keim zu ersticken suchten. Vermutlich wurden über 10 000 Angehörige des Widerstandes von NS-Schergen getötet oder vom Volksgerichtshof zum Tode verurteilt.

Widerstand aus der Arbeiterbewegung

Schon vor 1933 hatten Kommunisten und Sozialdemokraten gegen die Nationalsozialisten gekämpft und waren deshalb von Anfang an massiv verfolgt worden (➧ M1). Viele Partei- und Gewerkschaftsmitglieder gerieten in KZ-Haft, wurden ermordet oder zur Flucht ins Ausland gezwungen. Eine gemeinsame Abwehrfront der Arbeiterbewegung blieb jedoch aus, da die politischen Gegensätze zwischen KPD und SPD zu groß waren. Bis 1937 gelang es den Nationalsozialisten, den Arbeiterwiderstand fast vollständig zu unterdrücken.
Nach Kriegsbeginn und vor allem nach dem Angriff auf die Sowjetunion lebte der Widerstand wieder auf. Die ins Exil geflohenen und im Lande verbliebenen Kommunisten und Sozialdemokraten versuchten, die Kontakte zu den eigenen Mitgliedern sowie zu anderen Widerstandsgruppen aufrechtzuerhalten, verbreiteten Flugblätter, organisierten Hilfe für Verfolgte und entwarfen Pläne für die Zeit nach dem „Dritten Reich". Um dem Verfolgungsdruck zu entgehen, operierten sie aus dem Untergrund und bildeten möglichst kleine lokale oder locker verbundene größere Netzwerke.
Eines von diesen war der Widerstandskreis mit dem von der Gestapo geprägten Namen *Rote Kapelle*, dem neben einem kommunistisch orientierten Kern auch Personen ganz unterschiedlicher sozialer Herkunft und politischer Ausrichtung angehörten. Angesichts der nationalsozialistischen Verbrechen entschlossen sich einige Mitglieder, den sowjetischen Geheimdienst mit kriegswichtigen Informationen zu versorgen, weshalb die Gestapo den Kreis als Spionageorganisation des sowjetischen Nachrichtendienstes verfolgte. 1942 wurde die Gruppe enttarnt, zerschlagen und zahlreiche Mitglieder hingerichtet.

Die Rolle der Kirchen

Die Haltung der Kirchen während des „Dritten Reiches" war zwiespältig. Obwohl Weltanschauung und Praxis der Nationalsozialisten mit der christlichen Lehre unvereinbar waren, änderten die Kirchen nach der „Machtergreifung" ihre ablehnende Haltung gegenüber dem neuen Regime. Hitler bemühte sich zunächst um die Zustimmung der kirchlichen Amtsträger und Gemeindemitglieder. In einem am 20. Juli 1933 mit dem Vatikan geschlossenen Staatsvertrag (*Reichskonkordat*) garantierte die NS-Regierung der katholische Kirche die Sicherung ihres Bestandes und ihrer Unabhängigkeit. Dafür erklärte der Papst den Verzicht der Geistlichen auf politische Betätigung.

Innerhalb der zersplitterten evangelischen Kirche setzte sich die nationalsozialistische Fraktion der *Deutschen Christen* für die „Gleichschaltung" der evangelischen Landeskirchen zu einer regimetreuen *Reichskirche* und die Entlassung „nichtarischer" Geistlicher und Kirchenbeamten ein. Dagegen formierte sich im Mai 1934 auf Initiative des Pfarrers *Martin Niemöller* die *Bekennende Kirche*, der sich mehr als die Hälfte aller evangelischen Pfarrer anschloss. In Schriften und Predigten protestierten sie gegen die staatliche Vereinnahmung der Kirche, die nationalsozialistische Rassenpolitik und die Konzentrationslager.
Als die Nationalsozialisten entgegen ihrer Vereinbarung mit dem Vatikan schrittweise dazu übergingen, Bekenntnisschulen und katholische Verbände aufzulösen oder gleichzuschalten, Klöster und kirchliche Heime zu enteignen, forderte dies auch die katholische Seite wiederholt zu scharfem Protest heraus. Im März 1937 veröffentlichte der Papst seine Enzyklika „Mit brennender Sorge", in der er sich gegen die Verdrängung des Christentums und die „Vergötzung" des Nationalsozialismus, nicht aber gegen die Verfolgung der Juden wandte. Auch später kritisierte die Kirchenführung die Verbrechen nicht öffentlich. Jedoch gab es einzelne Priester, Ordensgeistliche und Laien, die Judendiskriminierung und die Tötung behinderter Menschen (Euthanasie) offen verurteilten (▶ M2, M3). Zu den bekanntesten Kritikern des NS-Regimes gehört der Bischof von Münster, *Clemens August Graf von Galen,* dessen anklagende Predigten in geheimen Abschriften zirkulierten. Viele katholische Geistliche und protestantische Pfarrer wie Martin Niemöller und der Theologe *Dietrich Bonhoeffer* wurden wegen ihrer öffentlichen Regimekritik verfolgt und inhaftiert, manche wurden ermordet. Ein grundsätzlicher Widerstand der Kirchen oder ein gemeinsamer Protest aller deutschen Bischöfe gegen die Judenverfolgung blieb jedoch aus.

Die „Weiße Rose"

Die Angehörigen der *Weißen Rose* waren fast ausschließlich Studenten bis zum Alter von 25 Jahren. In bürgerlichen Elternhäusern mit vorwiegend christlichen Traditionen aufgewachsen, hatten sie zum Teil begeistert der Hitler-Jugend angehört, aber bald die moralische Verwerflichkeit der NS-Bewegung durchschaut. Durch ihren Fronteinsatz wurden einige Zeugen der Unmenschlichkeit von Kriegsführung und Besatzungspolitik und hegten bald Zweifel am „Endsieg". In München, wo die meisten Angehörigen der „Weißen Rose" studierten, bildete sich um die Geschwister *Hans* und *Sophie Scholl, Willi Graf, Alexander Schmorell* und ihren Universitätslehrer, den Musikwissenschaftler *Kurt Huber*, ein Freundeskreis. Im Sommer 1942 erschien das erste Flugblatt der „Weißen Rose". 100 Exemplare verschickte man an ausgesuchte Adressen. Mitte Februar 1943 wurde das letzte Flugblatt in einer Auflagenstärke von 3 000 Exemplaren erstellt und wieder teilweise per Post versandt. Bei der Verteilung des Restes im Lichthof der Universität stellte ein Hausmeister die Geschwister Scholl und übergab sie der Polizei. In mehreren Prozessen wurden Angehörige des Freundeskreises zum Tode verurteilt und hingerichtet, andere erhielten Gefängnisstrafen.

Militärischer Widerstand

Der einzige Machtfaktor im Hitlerstaat, der zur Organisation und Durchführung eines Umsturzes in der Lage schien, war das Militär. Außerdem waren die Generäle die ersten Befehlsempfänger für Hitlers maßlose Eroberungspläne, und da dieser sprunghaft und ohne großen

◀ *Gedenkblock der Deutschen Bundespost von 1964 zum Jahrestag des Attentats auf Hitler am 20. Juli 1944.*

strategischen Verstand befehligte, musste sich aufseiten der militärischen Führung die Sachkritik regen. Selbst moralische Einwände kamen zum Tragen, denn der rassistische Vernichtungskrieg Hitlers ging weit über das hinaus, was Berufssoldaten zu tun bereit waren (▸ M4). Generaloberst *Ludwig Beck* war bereits 1938 aus Ablehnung gegen Hitlers Einmarsch in die Tschechoslowakei als Generalstabschef zurückgetreten und versuchte seitdem, den Widerstand gegen das Regime zu organisieren. Gemeinsam mit dem ehemaligen Oberbürgermeister von Leipzig, *Carl Friedrich Goerdeler*, plante er schon eine neue deutsche Regierung und knüpfte Kontakte mit dem Ausland.

Doch erst nach der militärischen Wende Anfang 1943 erhielt die Verschwörung größeren Rückhalt und mehr Teilnehmer, so neben *Henning von Tresckow* den aus einem alten schwäbischen Adelsgeschlecht stammenden Obersten *Claus Schenk Graf von Stauffenberg*, der als Mitglied des Generalstabs unmittelbaren Zugang zu Hitler hatte. Die Ausweitung des Kreises der Verschwörer brachte aber auch unmittelbare Gefahr, denn die Sicherheitskräfte waren ihnen auf der Spur und hatten bereits einige Mitwisser verhaftet. Stauffenberg versuchte daher, die erstbeste Gelegenheit zu nutzen, und deponierte am 20. Juli 1944 eine Aktentasche voll Sprengstoff in Hitlers Nähe. Die Bombe verfehlte ihren Zweck, Hitler blieb fast unverletzt, und das Regime nahm grausam Rache. Graf Stauffenberg und seine engsten Mitarbeiter wurden noch in derselben Nacht erschossen. 7000 Personen, auch solche, die mit der Verschwörung nichts zu tun hatten, verhaftete die Gestapo; Himmler hatte die „absolute Sippenhaftung“ (Verwandte sind für die Tat mitverantwortlich und werden gleichfalls bestraft) befohlen.

Der „Kreisauer Kreis“

Das schlesische Gut Kreisau in der Nähe von Breslau, das dem Sachverständigen für Kriegs- und Völkerrecht im Oberkommando der Wehrmacht, *Helmuth James Graf von Moltke*, gehörte, war seit Ende 1938 geheimer Treffpunkt für einen Kreis von etwa 40 Personen verschiedener Anschauungen und Herkunft: Konservative, Sozialisten, Militärs, adlige Großgrundbesitzer, protestantische und katholische Geistliche sowie ehemalige Gewerkschaftsvertreter wie *Julius Leber* und *Wilhelm Leuschner* entwarfen gemeinsam Grundsätze für einen vom Europagedanken geprägten demokratischen Staats- und Gesellschaftsaufbau, der das „Dritte Reich“ nach dem Sturz Hitlers ablösen sollte (▸ M5). Staatsstreichpläne wurden zwar nicht ausgearbeitet, aber es bestanden Kontakte zu Widerstandsgruppen im In- und Ausland, so auch zu Vertretern des fehlgeschlagenen Umsturzversuches am 20. Juli 1944. Das führte dazu, dass die meisten Mitglieder der Widerstandsgruppe, darunter auch Leber, der Jesuitenpater *Alfred Delp* und die treibende Kraft des Kreises, Graf von Moltke, 1945 hingerichtet wurden.

Widerstandsbewegungen in den besetzten Ländern

In allen eroberten Gebieten rief die deutsche Besatzungspolitik Widerstand hervor. Angesichts des von den Deutschen im Osten grausam geführten Vernichtungskrieges wuchs er sich in Polen, in der Sowjetunion und auf dem Balkan zum Partisanenkrieg aus. In Polen entstand bereits 1939 eine eigene „Heimatarmee“, die Aufstände organisierte und Partisanen mobilisierte. Die sowjetische Widerstandsbewegung hielt engen Kontakt zur politischen Führung und zur „Roten Armee“. Die zunehmenden Überfälle der Partisanen auf deutsche Soldaten sowie Anschläge auf Eisenbahnlinien und Lastwagen schwächten die deutsche Wehrmacht erheblich. Nirgends jedoch entwickelte der Widerstand eine solche Stärke wie auf dem Balkan, wo unter dem späteren jugoslawischen Staatspräsidenten *Josip Broz*, genannt *Tito*, eine riesige Partisanenarmee gegen die Besatzer kämpfte und weite Teile des Landes kontrollierte.

In West- und Nordeuropa bestand der aktive Widerstand hauptsächlich in der Übermittlung von Nachrichten an Spione, der Verbreitung von Flugblättern und illegalen Zeitungen sowie der Hilfe für Kriegsgefangene, Juden und andere Verfolgungsopfer (▶ M6). In Frankreich verübte die aus verschiedenen Widerstandsgruppen bestehende *Résistance* gezielte Sabotageakte und Attentate. Von General *Charles de Gaulle* aus dem Londoner Exil organisiert, beteiligte sich der französische Widerstand nach der Landung der Alliierten in der Normandie an der Befreiung Frankreichs. In Großbritannien und den USA unterstützten zudem seit 1940 bzw. seit 1943 eigene staatliche Institutionen die Partisanen mit Waffenlieferungen, Informationen und Spezialagenten. Darüber hinaus beteiligten sich über 1,5 Millionen Juden in den alliierten Armeen oder als Partisanen am Kampf gegen den NS-Staat.

Die Widerstandsbewegungen haben der Nachkriegsordnung in Europa den Boden bereitet und entscheidend zu ihrer Legitimation beigetragen.

◀ Polnische Briefmarke von 1948 zum fünften Jahrestag des Warschauer Ghettoaufstands (oben) und israelische Briefmarke von 1988 zum 45. Jahrestag mit dem Porträt Mordechai Anielewicz, dem Führer des Aufstands (unten).

Die Juden waren keineswegs nur passive Opfer der NS-Herrschaft. Eindrucksvollster Beweis dafür ist der jüdische Aufstand im Warschauer Ghetto, wo die Nazis 500 000 Juden in einem kleinen abgeriegelten Stadtbezirk unter unmenschlichen Bedingungen eingepfercht hatten. Als immer mehr Juden in Lager deportiert wurden, bildete sich die „Jüdische Kampforganisation“, die im Frühjahr 1943 einen bewaffneten Aufstand organisierte: Etwa vier Wochen lang führten die Juden einen erbitterten Häuserkampf gegen die übermächtigen deutschen Kommandos. Der Aufstand scheiterte zwar, jedoch wirkte er wie eine Aufforderung: In zahlreichen Ghettos und Konzentrationslagern gab es Revolten.

2.5 Umgang mit der NS-Zeit

▲ *Titelblatt des Magazins „Der Spiegel“ Nr. 19 vom 8. Mai 1995.*

20.11.1945-1.10.1946
Im Nürnberger Prozess werden die Hauptverantwortlichen für die Kriegsverbrechen zur Rechenschaft gezogen; bis 1949 folgen zwölf Nachfolgeprozesse gegen politische, militärische und wirtschaftliche Führungsgruppen

1945-1950
Die von den Alliierten begonnene „Entnazifizierung“ soll die deutsche Bevölkerung von den Einflüssen des Nationalsozialismus „säubern“

10.9.1952
Im Luxemburger Abkommen verpflichtet sich die Bundesrepublik zu einer „Globalentschädigung“ für die Holocaust-Opfer

Seit 1950
In der DDR ist der 8. Mai als „Tag der Befreiung“ bis 1966 gesetzlicher Feiertag; in ganz Deutschland wird das Datum bis heute mit besonderen Gedenkveranstaltungen begangen

1963/65
In Frankfurt am Main finden die Auschwitz-Prozesse statt

1986/87
In der deutschen Presse wird ein „Historikerstreit“ um die Einordnung des Holocaust geführt

3.1.1996
Der 27. Januar, der Tag der Befreiung des Vernichtungslagers Auschwitz-Birkenau, wird zum nationalen Gedenktag erklärt; 2005 erhebt ihn die UNO zum internationalen Holocaustgedenktag

10.5.2005
Nach über 15 Jahren Diskussion und Vorbereitung wird in Berlin das Holocaust-Mahnmal eröffnet

Die Titelbildcollage zeigt einen Ausschnitt aus Caspar David Friedrichs Landschaftsgemälde „Der Wanderer über dem Nebelmeer“ (um 1818).

- *Untersuchen Sie die Bildelemente und erläutern Sie, auf welche Themen und Probleme der deutschen Geschichte diese hinweisen. Diskutieren Sie, warum das Gemälde Caspar David Friedrichs für das Thema ausgewählt wurde und wofür der Wanderer jeweils steht.*
- *Deuten Sie die Aussage des Titelbildes. Beurteilen Sie die Haltung der Redakteure zum Umgang mit der NS-Zeit und gegenüber dem Thema „Vergangenheitsbewältigung“.*

M1
Schlussstrich?

In den Achtzigerjahren fand in der bundesdeutschen Geschichtswissenschaft und Presse eine heftige Debatte um die „Einmaligkeit“ des nationalsozialistischen Judenmordes statt (Historikerstreit). Dabei ging es auch um die Frage, wie „normal“ die nationalsozialistische Zeit jemals in der deutschen Geschichte werden könne. Der Historiker Ernst Nolte (geb. 1923) bezieht in der „Frankfurter Allgemeinen Zeitung“ vom 6. Juni 1986 dazu Stellung.

Mit der „Vergangenheit, die nicht vergehen will“, kann nur die nationalsozialistische Vergangenheit der Deutschen oder Deutschlands gemeint sein. Das Thema impliziert die These, dass normalerweise jede Vergangenheit vergeht und dass es sich bei diesem Nicht-Vergehen um etwas ganz Exzeptionelles handelt. Andererseits kann das normale Vergehen der Vergangenheit nicht als ein Verschwinden gefasst werden. Das Zeitalter des Ersten Napoleon etwa wird in historischen Arbeiten immer wieder vergegenwärtigt und ebenso die Augusteische Klassik. Aber diese Vergangenheiten haben offenbar das Bedrängende verloren, das sie für die Zeitgenossen hatten. Eben deshalb können sie den Historikern überlassen werden. Die nationalsozialistische Vergangenheit dagegen unterliegt [...] anscheinend diesem Hinschwinden, diesem Entkräftigungsvorgang nicht, sondern sie scheint immer noch lebendiger und kraftvoller zu werden, aber nicht als Vorbild, sondern als Schreckbild, als eine Vergangenheit, die sich geradezu als Gegenwart etabliert oder die wie ein Richtschwert über der Gegenwart aufgehängt ist. [...]

Gerade diejenigen, die am meisten und mit dem negativsten Akzent von „Interessen“ sprechen, lassen die Frage nicht zu, ob bei jenem Nichtvergehen der Vergangenheit auch Interessen im Spiel waren oder sind, etwa die Interessen einer neuen Generation im uralten Kampf gegen „die Väter“ oder auch die Interessen der Verfolgten und ihrer Nachfahren an einem permanenten Status des Herausgehoben- und Privilegiertseins.

Die Rede von der „Schuld der Deutschen“ übersieht allzu geflissentlich die Ähnlichkeit mit der Rede von der „Schuld der Juden“, die ein Hauptargument der Nationalsozialisten war. Alle Schuldvorwürfe gegen „die Deutschen“, die von Deutschen kommen, sind unaufrichtig, da die Ankläger sich selbst oder die Gruppe, die sie vertreten, nicht einbeziehen und im Grunde bloß den alten Gegnern einen entscheidenden Schlag versetzen wollen. [...]

Es ist ein auffallender Mangel der Literatur über den Nationalsozialismus, dass sie nicht weiß oder nicht wahrhaben will, in welchem Ausmaß all dasjenige, was die Nationalsozialisten später taten, mit alleiniger Ausnahme des technischen Vorgangs der Vergasung, in einer umfangreichen Literatur der frühen Zwanzigerjahre bereits beschrieben war: Massendeportationen und -erschießungen, Folterungen, Todeslager, Ausrottungen ganzer Gruppen nach bloß objektiven Kriterien, öffentliche Forderungen nach Vernichtung von Millionen schuldloser, aber als „feindlich“ erachteter Menschen. [...] Vollbrachten die Nationalsozialisten, vollbrachte Hitler eine „asiatische“ Tat vielleicht nur deshalb, weil sie sich und ihresgleichen als potenzielle oder wirkliche Opfer einer „asiatischen“ Tat betrachteten? War nicht der „Archipel GULag“[1] ursprünglicher als Auschwitz? War nicht der „Klassenmord“ der Bolschewiki das logische und faktische Prius[2] des „Rassenmords“ der Nationalsozialisten? [...] Rührte Auschwitz vielleicht in seinen Ursprüngen aus einer Vergangenheit, die nicht vergehen wollte? [...]

Wenn sie [die Geschichte des „Dritten Reichs“] in all ihrer Dunkelheit und in all ihren Schrecknissen, aber auch in der verwirrenden Neuartigkeit, die man den Handelnden zugute halten muss, einen Sinn für die Nachfahren gehabt hat, dann muss er im Freiwerden von der Tyrannei des kollektivistischen Denkens bestehen. Das sollte zugleich die entschiedene Hinwendung zu allen Regeln einer freiheitlichen Ordnung bedeuten, einer Ordnung, welche die Kritik zulässt und ermutigt, soweit sie sich auf Handlungen, Denkweisen und Traditionen bezieht, also auch auf Regierungen und Organisationen aller Art, die aber die Kritik an Gegebenheiten mit dem Stigma des Unzulässigen versehen muss, von denen die Individuen sich nicht oder

1) Sammelbegriff für die sibirischen Zwangslager, in denen zwischen 1928 und 1952 ca. 5 Millionen Menschen zu Tode kamen.
2) lat.: vorher

nur unter größten Anstrengungen lösen können, also die Kritik an „den" Juden, „den" Russen, „den" Deutschen oder „den" Kleinbürgern. Sofern die Auseinandersetzung mit dem Nationalsozialismus gerade von diesem kollektivistischen Denken geprägt ist, sollte endlich ein Schlussstrich gezogen werden. Es ist nicht zu leugnen, dass dann Gedankenlosigkeit und Selbstzufriedenheit um sich greifen könnten.
Aber das muss nicht so sein, und Wahrheit darf jedenfalls nicht von Nützlichkeit abhängig gemacht werden. Eine umfassendere Auseinandersetzung, die vor allem im Nachdenken über die Geschichte der letzten zwei Jahrhunderte bestehen müsste, würde die Vergangenheit, von der im Thema die Rede ist, zwar ebenso zum „Vergehen" bringen, wie es jeder Vergangenheit zukommt, aber sie würde sie sich gerade dadurch zu Eigen machen.

Ernst Nolte, Vergangenheit, die nicht vergehen will, in: „Historikerstreit": Die Dokumentation der Kontroverse um die Einzigartigkeit der nationalsozialistischen Judenvernichtung, München 1987, S. 39 ff.

1. *Inwiefern übt Nolte Kritik am Umgang mit der nationalsozialistischen Vergangenheit?*
2. *Erläutern Sie, für welchen Umgang mit der Geschichte des „Dritten Reichs" Nolte plädiert.*
3. *Halten Sie die Parallelen, die Nolte zu anderen historischen Epochen zieht, für angemessen?*

In Nürnberg und anderswo

◀ *„Er hat mir's doch befohlen!" Karikatur von 1946.*
• *Erörtern Sie die Aussagen der Karikatur.*

M2

Wie lange haften die Nachgeborenen?

Der Philosoph Jürgen Habermas (geb. 1929) äußert sich in der Wochenzeitung „Die Zeit" vom 7. November 1986 zum Historikerstreit.

Unsere Situation hat sich, im Vergleich zu der vor vierzig Jahren [...], gründlich verändert. Damals ging es um die Unterscheidung zwischen der persönlichen Schuld der Täter und der kollektiven Haftung derer, die es – aus wie immer verständlichen Gründen – unterlassen hatten, etwas zu tun. Diese Unterscheidung trifft nicht mehr das Problem von Nachgeborenen, denen das Unterlassungshandeln ihrer Eltern und Großeltern nicht zur Last gelegt werden kann. Gibt es für diese überhaupt noch ein Problem der Mithaftung? [...]
Nach wie vor gibt es die einfache Tatsache, dass auch die Nachgeborenen in einer Lebensform aufgewachsen sind, in der das möglich war. Mit jenem Lebenszusammenhang, in dem Auschwitz möglich war, ist unser eigenes Leben nicht etwa durch kontingente[1] Umstände, sondern innerlich verknüpft. Unsere Lebensform ist mit der Lebensform unserer Eltern und Großeltern verbunden durch ein schwer entwirrbares Geflecht von familialen, örtlichen, politischen, auch intellektuellen Überlieferungen – durch ein geschichtliches Milieu also, das uns erst zu dem gemacht hat, was und wer wir heute sind. Niemand von uns kann sich aus diesem Milieu herausstehlen, weil mit ihm unsere Identität, sowohl als Individuen wie als Deutsche, unauflöslich verwoben ist. [...] Wir müssen also zu unseren Traditionen stehen, wenn wir uns nicht selber verleugnen wollen. [...] Aber was folgt aus dieser existenziellen Verknüpfung mit Traditionen und Lebensformen, die durch unaussprechliche Verbrechen vergiftet worden sind? [...] Überträgt sich etwas von dieser Haftung auch noch auf die nächste und die übernächste Generation? Aus zwei Gründen, denke ich, sollten wir die Frage bejahen. Da ist zunächst die Verpflichtung, dass wir in Deutschland – selbst wenn es niemand sonst mehr auf sich nähme – unverstellt, und nicht nur mit dem Kopf, die Erinnerung an das Leiden der von deutschen Händen Hingemordeten wach halten

[1] *zufällig, nicht wesensnotwendig*

müssen. [...] Wenn wir uns über dieses Benjamin'sche Vermächtnis[1] hinwegsetzten, würden jüdische Mitbürger, würden überhaupt die Söhne, die Töchter und die Enkel der Ermordeten in unserem Lande nicht mehr atmen können. Das hat auch politische Implikationen. Jedenfalls sehe ich nicht, wie sich das Verhältnis der Bundesrepublik beispielsweise zu Israel auf absehbare Zeit „normalisieren" könnte. [...]
Nach Auschwitz können wir nationales Selbstbewusstsein allein aus den besseren Traditionen unserer nicht unbesehen, sondern kritisch angeeigneten Geschichte schöpfen. Wir können einen nationalen Lebenszusammenhang, der einmal eine unvergleichliche Versehrung der Substanz menschlicher Zusammengehörigkeit zugelassen hat, einzig im Lichte von solchen Traditionen fortbilden, die einem durch die moralische Katastrophe belehrten, ja argwöhnischen Blick standhalten. Sonst können wir uns selbst nicht achten und von anderen nicht Achtung erwarten.
Diese Prämisse hat bisher das offizielle Selbstverständnis der Bundesrepublik getragen. Der Konsens wird heute von rechts aufgekündigt. Man fürchtet nämlich eine Konsequenz: Eine kritisch sichtende Traditionsaneignung fördert in der Tat nicht das naive Vertrauen in die Sittlichkeit bloß eingewöhnter Verhältnisse; sie verhilft nicht zur Identifikation mit ungeprüften Vorbildern.

Jürgen Habermas, Vom öffentlichen Gebrauch der Historie, in: „Historikerstreit", a.a.O., S. 246 ff.

1. *Erläutern Sie, was Habermas mit einer „kritisch angeeigneten Geschichte" meint.*
2. *Vergleichen Sie M1 und M2. Welche „Erkenntnisinteressen" in der Interpretation des „Dritten Reiches" werfen Nolte und Habermas jeweils bestimmten Gruppen von Zeitgenossen vor?*
3. *Nehmen Sie Stellung zur Frage des „richtigen" Umgangs mit der Geschichte des „Dritten Reiches".*

---

[1] *Der Literaturwissenschaftler Walter Benjamin (1892-1940) war jüdischer Herkunft und nahm sich auf der Flucht vor der Gestapo das Leben. In seinen Aufzeichnungen fand sich die dringende Mahnung, dass die immerwährende Erinnerung an die grausamen Verbrechen der Deutschen die einzig mögliche Sühne wäre.*

M3
Unverstehbar

Der Politikwissenschaftler Dolf Sternberger (1907-1989) setzt sich mit der These Ernst Noltes auseinander, die stalinistischen Massenmorde seien „ursprünglicher" als die nationalsozialistischen Morde.

Die wahnsinnige Untat, die mit dem Namen „Auschwitz" bezeichnet wird, lässt sich in Wahrheit gar nicht verstehen, sie lässt sich nur berichten. Auch wenn nachgewiesen würde, dass der Plan zur „Endlösung der Judenfrage" als eine Art Antwort auf frühere („ursprünglichere") Untaten des Bolschewismus ausgeheckt worden wäre, so würde das die wirkliche Ausführung, nämlich den tatsächlichen fabrikmäßigen Massenmord, nicht um einen Deut verstehbarer machen. [...]
Es scheint mir ganz vergeblich, ja von Grund auf verfehlt, sich um ein Verständnis von Auschwitz zu bemühen. Verstehen lässt sich das Verständige – und wäre es etwa die technische Verbesserung der Kapazität der Gaskammern von Auschwitz im Vergleich zu denen von Treblinka, deren sich der Lagerkommandant Höß gerühmt hat. Wer aber den Zweck dieser Vorrichtung, wer die Ausführung dieses Planes als solche verstehen wollte, der müsste darüber den Verstand verlieren. [...]
Wenn wahrhaftig die Absicht des Verstehens den Sinn von Wissenschaft ausmachte, so müsste man den Schluss ziehen, dass zur Erkenntnis des Phänomens „Auschwitz" die Wissenschaft untauglich sei.

Frankfurter Allgemeine Zeitung, 6.4.1988

1. *Was kritisiert Sternberger an der Argumentation Noltes (➧ M1)?*
2. *Welche Konsequenzen hätte die Haltung Sternbergers für die Erforschung des Nationalsozialismus?*
3. *Erörtern Sie, ob Auschwitz „verstehbar" ist.*

M4

„Wer darf vergessen werden?“

Der Einweihung des staatlichen Denkmals für die ermordeten Juden Europas („Holocaust-Mahnmal“) im Mai 2005 geht eine über 15 Jahre dauernde Planungs- und Vorbereitungsphase voraus, die in Politik und Presse kontrovers diskutiert wird. Der Historiker Reinhart Koselleck (1923-2006) greift 1998 mit einem in der „Zeit“ veröffentlichten Artikel in die Überlegungen des Deutschen Bundestags für einen Konzeptentwurf ein:

Die erste Möglichkeit ist [...] ein Denkmal nur für die ermordeten Juden zu schaffen, unter striktem Ausschluss jeder anderen Opfergruppe [...]. Dann müssen wir räumlich, ikonografisch[1], zeitlich und finanziell die jüdischen Wünsche einlösen: ein Opfermal. Oder wir errichten ein Mahnmal beziehungsweise ein Schandmal, jedenfalls ein Denkmal, das primär an die Tat und die Täter erinnert, die die Juden erschlagen, erschossen, vergast, beseitigt und in Asche, Luft und Wasser aufgelöst haben. Also ein Täterdenkmal? Nur scheinbar sind diese beiden Projekte identisch. Errichten wir ein Mahnmal, das die unsäglichen Taten der Deutschen erinnert, dann können wir nicht haltmachen vor den Millionen Toten anderer Gruppen, die von uns als Täter ebenso ermordet worden sind wie die Juden. Oder sollen wir als Erben der Täter eine Grenze ziehen zwischen den mit Gas Ermordeten, zum Beispiel in Sonnenstein, und jenen mit Gas Umgebrachten in Chelmno oder Sobibor? Die Vernichtungskategorien wurden von den Rasseideologen der SS entwickelt, sortiert und exekutiert – der Tod war der gleiche, so einmalig und so verschieden die Menschen auch waren, die unschuldig in diese Mordmaschine eingeschleust wurden. [...]

Aus einem Denkmal nur für die Juden allein folgt zwingend, dass wir für alle anderen Opfergruppen entsprechende Denkmäler errichten müssen. Dies ist die zweite Möglichkeit, die verwirklicht zu werden fordert. Jede Lösung unterhalb dieser Vielfalt von Denkmälern wäre verlogen. Doch bisher ist es nur bei Lippenbekenntnissen zur Toleranz geblieben. Für keine der anderen Opfergruppen gibt es eine staatliche Initiative oder private Pressure-groups, als seien ihre Toten Tote minderen Ranges, die eher der Vergessenheit anheim gegeben werden dürfen. Es ist die makabre Ironie dieser zweiten Lösung, dass wir uns weiterhin an die Häftlingskategorien der SS halten, die in den Konzentrationslagern alle so oder so definierten Gruppen gegeneinander ausspielte. Akzeptieren wir einmal das Denkmal nur für die Juden, dann erhebt sich daraus unentrinnbar jene oft zitierte Denkmalshierarchie, die je nach Zahl der Ermordeten und je nach Einfluss der Überlebenden die nazistischen Tötungskategorien festschreibt und in unterschiedlichen Größenordnungen versteinert. Es stellt sich die Frage, ob wir als Nation der Täter diese Folgelasten gutheißen können. [...]

Weder moralisch noch politisch gibt es irgendeinen Grund, diese Millionen Toten, die demselben Terrorsystem zum Opfer gefallen sind wie die Juden, aus unserem Denkmal auszusparen. Daraus folgt die dritte Möglichkeit: dass wir nur ein einziges Denkmal errichten dürfen, ein Mal, das an alle Ermordeten und Beseitigten gemeinsam erinnert. Dann bleibt keiner der von uns ermordeten unschuldigen Menschen aus der mahnenden Erinnerung des Täter-Mals ausgeschlossen. Dies ist die wirkliche geschichtliche Folgelast, die wir als Deutsche auf uns zu nehmen haben.

Die Zeit, Nr. 13/1998, 19.3.1998
[http://www.zeit.de/1998/13/holocaust.txt.19980319.xml]

1. *Arbeiten Sie die Argumente Kosellecks heraus. Was könnten Sie ihm entgegenhalten?*
2. *Erläutern Sie, was er unter einem Opfer- und einem Täterdenkmal versteht. Welche Schwierigkeiten werden in Bezug auf eine mit dem Holocaust verbundene „Erinnerungskultur“ deutlich?*
3. *In einem anderen Artikel betont Koselleck, dass die Entscheidung des Deutschen Bundestags für die Errichtung eines Holocaust-Mahnmals von ähnlicher Tragweite sei wie jene von 1969, als die bevorstehende Verjährung für die Ahndung des Völkermordes aufgehoben wurde. Nehmen Sie Stellung zu dieser Aussage.*

---

1) Ikonografie = Bestimmung, Beschreibung oder Erklärung von Bildinhalten

▲ *Das Denkmal für die ermordeten Juden Europas, Foto von Paul Langrock, Dezember 2004.*
Das nach einem Entwurf von Peter Eisenman errichtete Mahnmal besteht aus 2711 in Reihen angeordneten Betonstelen und einem unterirdischen „Ort der Information" mit Angaben über die Judenvernichtung und ihre Opfer. Siehe auch http://www.holocaust-denkmal-berlin.de und www.holocaust-mahnmal.de.

M5
„Eine Verpflichtung für Gegenwart und Zukunft"

Am 25. Juni 1999 beschließt der Bundestag die Errichtung eines Denkmals für die ermordeten Juden Europas nach einem Entwurf des amerikanischen Architekten Peter Eisenman. Kurz vor der Eröffnung des Holocaust-Mahnmals in Berlin am 10. Mai 2005 nimmt Bundestagspräsident und zugleich Kuratoriums-Mitglied der Denkmal-Stiftung Wolfgang Thierse in einem Interview mit der „Jüdischen Allgemeinen" (J.A.) dazu Stellung:

THIERSE: [...] Mit dieser Entscheidung [für die Errichtung des Denkmals] bekennt sich der Bundestag dazu, sich nicht nur der freundlichen, der großen Seiten unserer Geschichte zu erinnern, sondern auch der entsetzlichen. Im Sinne einer Verpflichtung für Gegenwart und Zukunft. Das ist ein Bekenntnis zur raison d'etre[1] dieser Republik, die entstanden ist aus den materiellen, geistigen und moralischen Trümmern des nationalsozialistischen Deutschland. Mit der Verpflichtung, immer für Demokratie, Humanität und Toleranz einzustehen, Rassismus, Antisemitismus und Diktatur niemals wieder zuzulassen.

J.A.: *Kann ein solches Signal von einer Architektur ausgehen?*

THIERSE: Kunstwerke zwingen nicht alle, ja zu sagen. Kunstwerke, das Holocaust-Denkmal ist auch eines, sind eine Einladung. Ich bin überzeugt davon, dass diese Einladung vielfach angenommen werden wird. Sie werden beim Gang durch das Stelenfeld sinnlich und körperlich erfahren können, was das heißt: einsam sein, bedroht sein, bedrängt sein. Wenn die Besucher so emotional berührt in den „Ort der Information" gehen, dort anhand von Einzelschicksalen erfahren, woran erinnert wird – an die millionenfache Vernichtung von Menschen –, dann kann das Denkmal gut gehen und funktionieren.

J.A.: *Das Denkmal erinnert ausschließlich an die Ermordung der Juden. Ist das nicht eine Hierarchisierung der Opfer?*

THIERSE: Das ist ein alter Streit: An wen erinnern wir und in welcher Form tun wir es? Nach langen Debatten war man sich doch einig, dass die Ermordung von sechs Millionen europäischen Juden das schlimmste, das monströseste Verbrechen der Nazis war, der eigentliche Zivilisationsbruch, der all unsere Vorstellungskraft übersteigt. Damit ist ja nicht gesagt, dass wir der anderen Opfer nicht gedenken. Der Bundestag hat sich ausdrücklich dazu verpflichtet, Erinnerungsstätten auch für die Ermordung der Sinti und Roma sowie der Homosexuellen zu errichten. Ich weiß, da bleibt immer ein Ungenügen.

J.A.: *Viele Juden sagen, sie brauchen ein solches Denkmal nicht.*

THIERSE: Das ist richtig.

J.A.: *Wer braucht dann das Denkmal?*

THIERSE: Es ist doch ganz klar: Das ist kein Denkmal für die überlebenden Juden. Es ist ein Denkmal für uns Deutsche, für unser kollektives Gedächtnis. Damit wir uns daran erinnern, was einmal möglich war. Eine solche verpflichtende Erinnerung geschieht dadurch, dass wir der Opfer gedenken. Verdrängen wir damit die Täter?

[1] *dt. Daseinsberechtigung*

Nein! Ein Kilometer entfernt steht die „Topographie des Terrors"[2)], die zeigt, wie dieser Herrschafts- und Unterdrückungsapparat funktionierte. [...]

J.A.: *Zieht das Denkmal nicht allein durch seine Existenz einen Schlussstrich unter die Geschichte?*

THIERSE: Warum? Wenn es so wäre, wäre es ein Argument gegen jedes Denkmal, das ja immer der „versteinerte" Ausdruck eines Diskussionsprozesses ist, der zu einem Ende gekommen ist. Aber Peter Eisenmans Werk hat eben etwas Anstößiges, Anregendes, Irritierendes. Und das Mahnmal steht ja auch in einem Kontext mit dem „Jüdischen Museum" und der „Topographie des Terrors". Das ist ein Angebot zur historischen Aufklärung im Selbstversuch.

Jüdische Allgemeine Nr. 18/2005, 6.5.2005

1. *Bestimmen Sie die Rolle der NS-Zeit im politischen Selbstverständnis der Bundesrepublik, wie sie Thierse hier zum Ausdruck bringt.*
2. *Vergleichen Sie die Aussagen Thierses mit denen von Koselleck (➧ M4). Nehmen Sie und Ihre Mitschüler jeweils eine der Positionen ein und führen Sie die Argumentation fort.*

M6
Die „Aura" von Buchenwald

Der amerikanische Historiker Charles S. Maier (geb. 1939) beschreibt 2002 seinen Besuch im Konzentrationslager Buchenwald in der Nähe von Weimar:

Das Museum in Buchenwald [...] ist ein Modell öffentlicher Pädagogik; in seiner Gestaltung soll es den Besucher mit der Geschichte konfrontieren, machtvoll erzählen. Es ist ein Denkmal für das Projekt der Aufklärung, das Erziehung nutzen wollte, um Vorurteile zu zerstreuen und den Autoritarismus[1)] zu überwinden. [...] Aber ich frage mich, ob die sorgfältige, umfangreiche, ernsthafte Dokumentation das ist, was wirklich bei den Besuchern hängen bleibt. Ist es nicht eher das Krematoriumsgebäude, wo man die Gegenwart der Leichen fühlen kann, die vernichtet wurden? Hier nimmt der Begriff Nationalsozialismus als solcher Gestalt an, hier wo die Teleologie[2)] des Nationalsozialismus intuitiv vermittelt wird. Und wahrscheinlich hier und nicht im Museum fühlen sich Besucher mit einer unterschwelligen Neigung zum Nationalsozialismus „erbaut", so wie die zwei Männer, die ich sah, wie sie sich gegenseitig hinter den Autopsietischen fotografierten, auf denen Leichen präpariert und Experimente durchgeführt wurden. [...] Sie schienen keine Skins oder Neo-Nazis zu sein, einfach nur Touristen, die in einem wahren Kuriositätenkabinett der westlichen Welt fotografiert werden wollen. [...]

Die Verbindung von Erinnerung mit einem Ort birgt jedoch eine Gefahr, nämlich die Gefahr der Kalenderkunst, die Gefahr des Kitsches. Wir lieben die Erinnerung wie die Melancholie – das warme Bad der wieder hochkommenden Gefühle –, die einer Fuge[3)] ähnelnden Gegenüberstellung von Erinnerung und gegenwärtigen Ereignissen, die ein Kennzeichen der Romantik ist, der deutschen wie der französischen und der britischen.

Charles S. Maier, Die „Aura" Buchenwald, in: Volkhard Knigge und Norbert Frei (Hrsg.), Verbrechen erinnern. Die Auseinandersetzung mit Holocaust und Völkermord, München 2002, S. 329 ff.

1. *Setzen Sie sich mit Maiers Sichtweise auseinander. Diskutieren Sie Chancen und Probleme im Umgang mit den „Stätten des Terrors".*
2. *Informieren Sie sich im Internet über andere Gedenkstätten und Dokumentationszentren in Deutschland. Verfassen Sie anhand eines Beispiels einen Essay über die künstlerische Gestaltung bzw. Ausstellungskonzeption und deren Zielsetzung.*

---

2) Projekt zur Dokumentation des NS-Terrors auf dem Gelände zwischen Prinz-Albrecht-Straße (heute Niederkirchnerstraße), Wilhelmstraße und Anhalter Straße im Berliner Stadtbezirk Kreuzberg, wo sich zwischen 1933 und 1945 das Hauptquartier der Gestapo, der Sitz der SS-Führung und das Reichssicherheitshauptamt befanden. Die Dokumentationsstätte in der Niederkirchnerstraße 8 zählt zu den staatlichen Museen in Berlin.

1) absoluter Autoritätsanspruch
2) die Lehre vom Ziel und von der Zweckmäßigkeit
3) Die Fuge ist im Bereich der Musik ein streng durchkomponierter Satz, bei dem eine Stimme durch meist drei weitere (Gegen-)Stimmen gegensätzlich (kontrapunktisch) bzw. in unterschiedlicher Form imitiert wird.

Beginn einer „Aufarbeitung"?

Die Ahndung der nationalsozialistischen Verbrechen übernahmen zunächst die Siegermächte: Von November 1945 bis Oktober 1946 wurden die Hauptkriegsverbrecher in Nürnberg vor ein internationales Militärgericht (*Nürnberger Prozess*) gebracht; bis 1949 folgten weitere Prozesse gegen NS-Täter.
Darüber hinaus gehörte es zu den Zielen der Siegermächte, Deutschland politisch zu säubern (*Entnazifizierung*) und zu demokratisieren. Vor allem die amerikanische Besatzungsmacht nahm diese Aufgabe sehr ernst. 1946/47 wurde die Entnazifizierung in den *westlichen Besatzungszonen* deutschen „Spruchkammern" übertragen. Entnazifizierung und Spruchkammerverfahren scheiterten letztlich jedoch an Art und Umfang des Vorhabens: Schuldigen gelang es immer wieder, durch Fälschung ihrer Angaben oder Entlastungszeugen als „Mitläufer" eingestuft zu werden. In der *Sowjetischen Besatzungszone* (*SBZ*) wurden „kleine Parteigenossen" seit 1947 pauschal von der Bestrafung ausgenommen.
Der Beginn des *Kalten Krieges* trug dann dazu bei, dass die Entnazifizierung 1948 in der SBZ und um 1950 in den westlichen Besatzungszonen eingestellt wurde. Die Nürnberger Prozesse und die auf halber Strecke beendete politische Säuberung ließen die deutsche Bevölkerung glauben, die Vergangenheit genügend aufgearbeitet zu haben. Bis in die 1960er-Jahre wurden die nationalsozialistischen Verbrechen aus dem öffentlichen Bewusstsein weitgehend verdrängt.
Auf Druck der Amerikaner und gegen den Willen großer Teile der Bevölkerung leitete die politische Führung der Bundesrepublik eine „Wiedergutmachung" für die jüdischen Opfer ein. 1952 verpflichtete sie sich im *Luxemburger Abkommen* zu umfangreichen Entschädigungszahlungen. Ähnliche Verträge wurden mit zwölf europäischen Staaten zugunsten von NS-Opfern abgeschlossen. Vergleichbare „Wiedergutmachungen" leistete die DDR nicht.

Erste wissenschaftliche Erklärungsversuche

Die erste Phase der „Aufarbeitung" der NS-Zeit ist in der Geschichtswissenschaft durch zwei Deutungsmuster gekennzeichnet. Erstens: Der Nationalsozialismus sei ein „Betriebsunfall" gewesen. Damit versuchten sich die Deutschen von der historischen Kontinuität abzugrenzen, die die Nationalsozialisten sehr betont hatten und die auch für die Siegermächte – unter umgekehrten Vorzeichen – maßgeblicher Bestandteil der politischen Schuldzuweisung war. Diese These ist im Westen jedoch bereits in den Fünfzigerjahren widerlegt worden, als Historiker nachweisen konnten, dass nicht nur im Antisemitismus, sondern auch im obrigkeitsstaatlichen Denken und im Hang zum Militarismus eine Kontinuität vom Kaiserreich über die Weimarer Republik hinweg bestanden hatte. Das zweite Deutungsmuster besagte, dass Deutschland Opfer eines verbrecherischen Führers und seiner Clique geworden sei (*Intentionalismus*). Auf diese Weise konnte die Schuld auf wenige Nazis aus Partei und SS geschoben und damit das Mitläufertum sowie die vielfachen Verstrickungen der Bevölkerung und der Wehrmacht verdrängt werden.
Einen anderen Weg der Entlastung wählte die DDR, die ihre historische Kontinuität vor allem aus dem kommunistischen Widerstand im NS-Regime ableitete. Hier wurde der Faschismus als letzte Steigerung der kranken kapitalistischen Gesellschaft interpretiert. Seine historisch folgerichtige Überwindung durch die sozialistische Revolution ließ eine „Aufarbeitung" nach westlichem Muster nicht notwendig erscheinen.

Konfrontation mit Schuld und Verantwortung

1958 wurde in Ludwigsburg die *Zentralstelle zur Aufklärung nationalsozialistischer Gewaltverbrechen* gegründet, die mit der systematischen Verfolgung von NS-Tätern in den Vernichtungslagern die Grundlagen für die großen NS-Prozesse der 1960er-Jahre legte. 1961 wurde *Adolf Eichmann*, dem Organisator der jüdischen Deportationen, in Jerusalem der Prozess gemacht; 1963-65 folgte der *Frankfurter Auschwitz-Prozess*, dem sich weitere Verfahren anschlossen. Die Prozesse förderten das ganze Ausmaß der Massenvernichtung zu Tage und die Medien sorgten dafür, dass die Auseinandersetzung mit den nationalsozialistischen Verbrechen zu einer öffentlichen Angelegenheit wurde. Damit rückten bei der Beschäftigung mit dem „Dritten Reich" Entstehung und Durchführung der Vernichtungsmaßnahmen in den Mittelpunkt der Betrachtung. Das Interesse einer breiten Öffentlichkeit an der Ermordung der europäischen Juden wurde erst durch die gleichnamige amerikanische TV-Serie „Holocaust" von 1978 geweckt.

Während die intentionalistische Deutung des Holocaust besagte, dass der persönliche Judenhass Adolf Hitlers entscheidenden Anteil an den Massenmorden gehabt habe, suchten die Vertreter des *Funktionalismus* seit den 1960er- und 70er-Jahren die Erklärung in den Systembedingungen des NS-Regimes. So war von einem „Selbstläufertum" der Institutionen die Rede, von einer seelenlosen „Maschinerie" des Tötens, die, einmal in Gang gesetzt, kaum noch zu stoppen gewesen sei. Dass für diese „Maschinerie" aber der bereitwillig Ausführende ebenso verantwortlich war wie eine verbreitete Volksmentalität, in der sich ein aggressiver Antisemitismus seit dem 19. Jahrhundert kontinuierlich entwickeln konnte, ist erst in jüngster Zeit hervorgehoben worden.

Das im Zusammenhang mit dem Frankfurter Auschwitz-Prozess veröffentlichte Aktenmaterial zeigte auch, wie weit die NS-Herrschaft in alle Bereiche von Staat und Wirtschaft hineinreichte und wie groß die Unterstützung war, die sie dort fand. Detaillierte Untersuchungen legten den Schluss nahe, dass von einer totalen Durchdringung und Überwachung des Alltags durch das Regime keine Rede sein konnte. Ein genaues Studium von Gestapo-Akten zeigte zudem, dass ein nicht unerheblicher Teil der deutschen Bevölkerung, teils unter Druck oder in jugendlichem Fanatismus, teils aber auch bewusst kalkulierend, freiwillig und regelmäßig Auskünfte über das Verhalten anderer Personen gegeben und damit die Gewaltherrschaft aktiv unterstützt hat.

Relativierung des Holocaust?

Ein weiterer „entlastender" Ansatz ist die *Totalitarismus-Interpretation*. Sie sieht die eingeschränkten Rechte des Individuums, die Verfolgung Andersdenkender oder personifizierte Machthierarchien ohne klare Kompetenzenteilung ebenso im *Stalinismus* wie in vielen nationalistischen Diktaturen verwirklicht. Daraus schließt sie auf eine allgemeine, nicht nur den Deutschen eigene Neigung zu autoritärer Herrschaft.

Einen Schritt weiter ist der deutsche Historiker *Ernst Nolte* gegangen, der die These vom *europäischen Bürgerkrieg* vertrat: Er hat versucht, Faschismus und Bolschewismus konsequent als gesamteuropäisches Phänomen zu interpretieren, das mit einer gewissen Zwangsläufigkeit und in gegenseitiger Abhängigkeit zur Katastrophe geführt habe. Die beiden Deutungsvarianten sehen sich freilich dem Vorwurf ausgesetzt, durch die Betonung des internationalen Kontextes die deutschen Verbrechen relativieren und verharmlosen zu wollen. An diesen Auffassungen entzündete sich in den Jahren 1986/87 der *Historikerstreit* in Fachwelt und Presse (▸ M1-M3).

Aus der Diskussion um die Singularität der Massenverbrechen und der Frage danach, wie ein derartiger „Zivilisationsbruch“ in einer modernen Gesellschaft möglich werden konnte, ergab sich die beunruhigende Erkenntnis, dass Zivilisation und Barbarei nah beieinander liegen. Damit gewann der Holocaust einen neuen Stellenwert. In der *Stockholmer Erklärung*, die Regierungsvertreter aus rund vierzig Staaten aller Kontinente Ende Januar 2000 verabschiedeten, heißt es unter anderem: „Der Holocaust (*Shoa*) hat die Fundamente der Zivilisation grundlegend infrage gestellt. Der beispiellose Charakter des Holocaust wird immer universelle Bedeutung haben.“

Der Nationalsozialismus und die Gegenwart

Wie aktuell die deutsche Vergangenheit sein kann, zeigen die heftigen Diskussionen um die Beteiligung der Bundeswehr an den NATO-Einsätzen in Ex-Jugoslawien 1999 oder in Afghanistan 2007. Die politische Auseinandersetzung mit den NS-Verbrechen kann auch deshalb nicht beendet werden, weil bis heute nationalsozialistisches Gedankengut in Form von Rassismus, Antisemitismus, Ausländerfeindlichkeit und anderen rechtsextremistischen Auswüchsen zu beklagen ist.
Auch die geschichtswissenschaftliche Erforschung des „Dritten Reiches“ ist längst nicht abgeschlossen. Dabei haben in den letzten Jahren Untersuchungen zur NS-Zeit immer wieder öffentliche Kontroversen ausgelöst, wie die 1995 eröffnete *Wehrmachtsausstellung* des Hamburger Instituts für Sozialforschung über die Beteiligung der Wehrmacht am Völkermord in Osteuropa. Auf heftige Kritik stieß 1996 auch das Buch des amerikanischen Politologen *Daniel Jonah Goldhagen* „Hitlers willige Vollstrecker“, in dem dieser die Auffassung vertrat, dass die Nationalsozialisten den Mord an den europäischen Juden mit dem Wissen und der Billigung fast aller Deutschen begangen hätten. Zuletzt war es die These des Historikers *Götz Aly*, die geteilte Meinungen hervorrief: Hitler habe sich die Zustimmung des deutschen Volkes auf Kosten der besetzten Gebiete durch umfangreiche Gefälligkeiten erkauft.
Zugleich wird die Vorstellung über den Nationalsozialismus heute immer mehr von medialen Darstellungen wie Geschichtsdokumentationen oder Spielfilmen geprägt, die das Thema popularisieren und aus den wissenschaftlichen und politischen Kontroversen herausheben. Die Frage ist, ob wir dadurch besser und umfangreicher informiert sind, oder ob dies nicht eher eine Verkitschung und Verharmlosung der Vergangenheit bewirkt.

Eine neue „Gedenkkultur“

In den 1990er-Jahren gab es eine weitere Zäsur im Umgang mit der NS-Zeit. Viele Zeitzeugen, die ihre persönlichen Erfahrungen und ihr Wissen an die Nachwelt weitergeben können, sind inzwischen verstorben. Daher gewinnen Formen des öffentlichen Gedenkens immer mehr an Bedeutung, welche die individuelle durch eine gemeinsame Erinnerung – ein *kollektives Gedächtnis* – ersetzen.
Eine Form der kollektiven Erinnerung sind Gedenktage. In Deutschland wird seit 1950 am 8. Mai dem Ende des Zweiten Weltkrieges gedacht; 1996 wurde der 27. Januar, der Tag der Befreiung des Vernichtungslagers Auschwitz-Birkenau, zum nationalen Gedenktag und 2005 durch die UNO zum *internationalen Holocaustgedenktag* erklärt. Auch Historische Museen und Dokumentationszentren sind Orte, die einen Beitrag zur

kollektiven Erinnerung leisten. Im alltäglichen Umfeld halten Gedenktafeln, Mahnmale oder Straßennamen die Erinnerung an die Opfer und Gegner des NS-Regimes wach.
Wie schwierig es ist, die unterschiedlichen Vorstellungen über angemessene Formen des öffentlichen Gedenkens überein zu bringen, davon zeugen die in Politik und Presse ausgetragenen Debatten über die Errichtung eines nationalen *Denkmals für die ermordeten Juden Europas* in Berlin (➧ M4, M5).
Insbesondere in den ehemaligen „Stätten des Terrors“ gilt es bei aller Trauer und Erschütterung, die Achtung der Opfer zu wahren und der Gefahr von Sensationslust und Missbrauch durch rechtsextreme Gruppen vorzubeugen (➧ M6).
Einen kritischen und verantwortungsvollen Umgang mit der NS-Vergangenheit fordern unsere Nachbarn ebenso wie Opfer und Hinterbliebene. Die Auseinandersetzung um Einordnung und Erinnerung des Holocaust steht deshalb immer im Zusammenhang mit der Frage nach deutscher Identität und internationaler Glaubwürdigkeit. Auch wenn das Deutschland der Nachkriegszeit einen überwiegend positiven Beitrag zum friedlichen Zusammenleben der Völker leisten konnte, wird es doch noch lange an den dunklen Seiten seiner Vergangenheit gemessen werden.

▲ *Filmplakat und Szenenfoto aus dem Spielfilm „Am Ende kommen Touristen“ von Robert Thalheim, 2007. Im Hintergrund: Werbeplakate einer polnischen Supermarktkette. Im Zentrum des Films steht der Deutsche Sven Lehnert (Alexander Fehling), der im polnischen Oświęcim, besser bekannt unter dem deutschen Namen Auschwitz, seinen Zivildienst in der KZ-Gedenkstätte ableistet und dort den Holocaust-Überlebenden Stanislaw Krzeminski (Ryszard Ronczewski) betreut.*

- *Informieren Sie sich zu Inhalt und Figuren des Films und erläutern Sie, inwiefern es sich dabei um eine neue Form des Umgangs mit der NS-Vergangenheit handelt. Informationen und weitere Arbeitsanregungen finden Sie in:*
  Filmheft Am Ende kommen Touristen, hrsg. von der Bundeszentrale für politische Bildung, Bonn 2007 [http://www.bpb.de/files/1AUZJI.pdf]
- *Diskutieren Sie, wie wir uns heute mit dem Thema „Holocaust“ auseinandersetzen sollten.*

Auf den folgenden vier Seiten finden Sie kompakt und übersichtlich einige grundlegende Hinweise zur methodischen Arbeit im Geschichtsunterricht.

Eine schriftliche Quelle analysieren und interpretieren

- Klären Sie zunächst Ihnen unbekannte oder unklare Begriffe.
- Sammeln Sie Hinweise und Informationen über
  - den Autor: seine Funktion, seinen Beruf, seine soziale Stellung und Lebensumstände, seine politische Haltung, seinen Bezug zum Thema,
  - die Entstehungszeit der Quelle, die Einordnung in den historischen Kontext (Anlass, Umstände),
  - die Gattung der Quelle (primär: Urkunde, Vertrag, Rede, Brief, Tagebuch[1], Flugblatt, Denkschrift, Biografien (Lebenserinnerungen), Zeitungsartikel; sekundär: nachträglich verfasste Beschreibung eines Ereignisses oder einer Person, wissenschaftliche Arbeit) und deren spezifische Kennzeichen sowie ihre begrifflichen und sprachlichen Besonderheiten,
  - die Intentionen (Absichten), die Perspektive der Darstellung, die Interessenlage und den Standort des Verfassers, seine Wertungen, Belege, Lücken, Glaubwürdigkeit und Urteilsfähigkeit,
  - die Adressaten des Textes (eventuelle Beeinflussungsversuche durch den Autor?).
- Erarbeiten Sie aus Ihren Notizen strukturiert und prägnant
  - die formalen Merkmale der Quelle, beschreiben Sie in eigenen Worten den Aufbau und Gang der Argumentation,
  - die inhaltlichen Aussagen, um das Verständnis zu klären, und belegen Sie Ihre erläuternden Aussagen mit wichtigen, markant formulierten Zitaten aus der Vorlage. Ziehen Sie ein Fazit.
- Prüfen Sie abschließend kritisch den Gehalt, nennen Sie erkannte Probleme.
  Ordnen Sie die Ergebnisse Ihrer Quellenanalyse in den historischen Kontext ein.

Mit wissenschaftlichen Texten (Sekundärliteratur) arbeiten

- Bestimmen Sie nach dem ersten Lesen das Problem, um das es dem Autor geht, und seine Absicht.
- Gliedern Sie den Text. Unterstreichen Sie wichtige Aussagen. Beschränken Sie sich dabei weitgehend auf das Markieren einzelner Wörter (Schlüsselbegriffe). Fassen Sie in eigenen Worten die wesentlichen Aussagen zusammen. Zitieren Sie dabei kurze, besonders aussagestarke Textstellen und erläutern Sie diese. Formulieren Sie ein abstrahierendes Fazit ohne Wiederholungen.
- Prüfen Sie die Art der Darstellung: Überwiegen Thesen und Beispiele oder werden Argumente sorgfältig entwickelt? Was wird festgestellt? Was wird erklärt? Was will der Autor zeigen? Werden die Aussagen belegt? Ist die Darstellung multiperspektivisch? Wie wird gewertet? Welche Kriterien sind dem Autor dabei wichtig? Formulieren Sie Einwände gegen die Darstellung, falls es Ihnen notwendig erscheint.

---

[1] *Vgl. Methoden-Baustein: Tagebücher* *➧ S. 102 f.*

Eine Statistik auswerten

Zu unterscheiden sind Zahlentabellen und Diagramme. Sie präsentieren und veranschaulichen ermittelte Daten und zeigen, wie sich Mengen im Laufe einer Zeiteinheit verändern, wie sich eine Gesamtzahl in Teile gliedern lässt oder welchen Anteil bestimmte Gruppen am Ganzen haben. Um gültige Aussagen zu erlangen, benötigen wir möglichst viele, einheitliche, untereinander vergleichbare, lückenlose Angaben über eine Sache oder einen Zusammenhang. Meistens sind die in diesem Buch abgedruckten Tabellen bereits bearbeitet worden. Die ihnen zugrunde liegenden ursprünglichen Rohdaten wurden beispielsweise für eine Region zusammengefasst, in einer überschaubaren Messgröße vereinheitlicht, umgerechnet oder nach bestimmten Gesichtspunkten ausgewählt und sortiert.

- ✔ Sammeln Sie zunächst Aussagen zu Thema, Zeit, Raum, Messgrößen sowie ihre Beziehung zueinander.
- ✔ Ermitteln Sie die Art der verwendeten Daten. Achten Sie auf Prozentwerte oder Indexierungen (Verhältniszahlen, die sich auf einen gleich 100 gesetzten Wert eines Ausgangsjahres beziehen).
- ✔ Vergleichen Sie die Angaben in den einzelnen Zeilen und Spalten miteinander. Achten Sie auf besonders hohe und niedrige Werte. Suchen Sie nach Schwerpunkten und Trends. Beschreiben und erläutern Sie die Veränderungen. Ermitteln Sie Gründe.
- ✔ Stellen Sie Ihre Erkenntnisse in den Zusammenhang mit anderen Informationsquellen. Vergleichen Sie die Aussagen miteinander.
- ✔ Fassen Sie Ihre Arbeitsergebnisse in einem strukturierten Text prägnant und so klar nachvollziehbar zusammen, dass sie für andere ohne Blick auf das bearbeitete Material verständlich sind.

TIPP

Sie können Statistiken sich selbst und anderen veranschaulichen, indem Sie diese in Diagramme umwandeln. Für den Vergleich absoluter Werte eignen sich Säulen, für langfristige Entwicklungen bieten sich Kurven an und in Kreisen lassen sich gut prozentuale Teile eines Ganzen zeigen.

Historische Karten lesen

Geschichtskarten berücksichtigen räumliche, chronologische, thematische und quantitative Aspekte. Sie setzen geografische Bedingungen in eine Beziehung zu historischen Zuständen und Entwicklungen.

- ✔ Worüber informiert die Karte? Auf welche Region und Zeit beziehen sich ihre Aussagen? Zeigt sie einen Zustand oder eine Entwicklung? Welche Bedeutung haben die Zeichen der Legende? Was ist wann wo in welchem Ausmaß vorhanden?
- ✔ Formulieren Sie anschließend, welche Schlussfolgerungen sich ziehen lassen, wenn Sie die einzelnen Fakten miteinander verknüpfen und im Zusammenhang betrachten. Ziehen Sie bei Bedarf andere Quellen heran, um Ihre Erkenntnisse abzusichern oder zu erweitern.

Bildquellen interpretieren

Karikaturen

Karikaturen sind gezeichnete Kommentare. Sie gehen von der Realität aus, die sie jedoch subjektiv vereinfachen und verzerrt wiedergeben, um einen zentralen Aspekt hervorzuheben. Sie zeigen Schwächen von Personen, kritisieren Zustände und Entwicklungen, wollen sie vielleicht verändern.
Meist finden Sie unter dem Bild eine kurze Textzeile, beispielsweise die Aussage einer Person, eine bekannte Redewendung, ein mehrdeutiges Stichwort.

- Klären Sie zunächst den Bildinhalt.
- Erläutern Sie dann seinen historischen Kontext, bevor sie schließlich
- die Intention bestimmen und
- die Wirkung kommentieren.

Plakate

Plakate sollen Aufmerksamkeit wecken und müssen auf den ersten Blick wirken. Sie vereinfachen deshalb eine beabsichtigte Aussage.

- Beschreiben Sie die bildliche Darstellung. Achten Sie auf dominierende Farben, die mit ihnen verbundenen Assoziationen und auf Symbole.
- Erläutern Sie den Text und stellen Sie eine Beziehung zwischen ihm und dem Motiv her. Berücksichtigen Sie die Entstehungszeit und den Ort der Veröffentlichung.
- An welche Adressaten wendet sich das Plakat? Wer hat es entwerfen lassen? In welcher Absicht?

TIPP

Schließen Sie aufgrund Ihrer Kenntnisse aus anderen Materialien auf die Mentalität der Zielgruppen. Berücksichtigen Sie dabei den „Zeitgeist".

Fotos

- Beschreiben Sie möglichst genau, was das Bild zeigt (Personen, Objekte, Umgebung).
- Handelt es sich um eine (zufällige) Amateur- oder um eine (geplante / bestellte) Profiaufnahme?
- In welcher Absicht wurde fotografiert? Für wen? Beachten Sie den Kontext (Entstehungszeit und -ort).
- Entdecken Sie Hinweise auf Manipulationen (Retuschen, Montagen, unpassende Übergänge und Perspektiven)?

Gemälde

- Ausgangspunkt ist wie bei jeder Bildquelle die genaue Beschreibung des Kunstwerks (Formen, Farben, Bildaufbau, Personen, Gegenstände, Raumbeziehungen, Größenverhältnisse, Perspektive).
- Erklären und deuten Sie danach die verwendeten bildlichen Elemente vor dem historischen Hintergrund des Dargestellten.
- Bestimmen Sie schließlich die Bildaussage des Künstlers (Intention).
- Hatte der Künstler einen Auftraggeber? Aus welchem Anlass und für welchen Zweck entstand das Kunstwerk?
- Berücksichtigen Sie bei jedem Arbeitsschritt Ihre im Kunstunterricht erworbenen spezifischen Kenntnisse oder informieren Sie sich aus der Literatur über Kennzeichen jener Epoche, der das Bild zuzuordnen ist.

Filme

- Fassen Sie zunächst den Gang der Handlung knapp zusammen. Nennen Sie dabei besonders Ort und Zeit. Wird fortlaufend „erzählt" oder gibt es Sprünge?
- Charakterisieren Sie die wichtigsten Personen. Bestimmen Sie ihre Beziehung(en) zueinander.
- Ermitteln und erläutern Sie zeittypische Merkmale des Films. Berücksichtigen Sie allgemeine Grundsätze filmischer Gestaltung. Ziehen Sie ein Filmlexikon zu Rate, um Ihren Blick zu schärfen.
- Informiert der Film sachlich? Prüfen Sie kritisch politische oder ideologische Aussagen vor dem Hintergrund der Entstehungszeit des Films.
- Gab es Reaktionen auf den Film, die Ihnen bei der Interpretation helfen?

TIPP

Ist der Film ein historisches Dokument? Erläutern und begründen Sie Ihr zusammenfassendes Urteil.

Bauwerke

Wir gehen hier davon aus, dass Sie gelegentlich mit Abbildungen von Bauwerken arbeiten. Deshalb zählen wir sie zu den *Bild*quellen.

- Wer war der Auftraggeber des Gebäudes / Bauwerks?
- Welchen Zwecken sollte das Bauwerk dienen?
- Wurde der Bau verwirklicht? Wie lange wurde von wem an dem Bauwerk gearbeitet? Wer bezahlte es?
- Was kennzeichnet das Bauwerk (Stilelemente, Form, Größe, Platzierung, Besonderheiten)?
- In welchem Zusammenhang stehen Stil und Funktion des Baus? Ziehen Sie bei Bedarf für architekturgeschichtliche Aspekte ein Fachbuch oder Speziallexikon heran.
- Welche Reaktionen auf das Bauwerk gab es? Wurde es später verändert? Warum?

Literaturhinweise

Lexika/Nachschlagewerke

Friedemann Bedürftig, Lexikon III. Reich, Hamburg 1994

Wolfgang Benz (Hrsg.), Legenden, Lügen, Vorurteile. Ein Lexikon zur Zeitgeschichte, München 1992

Ders. (Hrsg.), Lexikon des Holocaust, München 2002

Ders. (Hrsg.), Lexikon des deutschen Widerstandes, Frankfurt am Main [2]2004

Ders., Die 101 wichtigsten Fragen. Das Dritte Reich, München 2006

Ders., Hermann Graml und Hermann Weiß (Hrsg.), Enzyklopädie des Nationalsozialismus, aktual. und erw. Neuausgabe, München 2007

Hilde Kammer, Elisabet Bartsch und Manon Eppstein-Baukhage, Lexikon Nationalsozialismus. Begriffe, Organisationen und Institutionen, Reinbek [2]2002

Hermann Weiß (Hrsg.), Biographisches Lexikon zum Dritten Reich, überarb. Neuausgabe, Frankfurt am Main 2002

Quellen

Ute Benz, Frauen im Nationalsozialismus. Dokumente und Zeugnisse, München [2]1997

Heinz Hürten (Hrsg.), Weimarer Republik und Drittes Reich. Deutsche Geschichte in Quellen und Darstellung, Bd. 9, Stuttgart 1995

Helma Kaden und Ludwig Nestler (Hrsg.), Dokumente des Verbrechens. Aus den Akten des Dritten Reiches 1933–1945, 3 Bde., Berlin 1993

Wolfgang Michalka und Gottfried Niedhart (Hrsg.), Deutsche Geschichte 1918–1933. Dokumente zur Innen- und Außenpolitik, Neuausgabe, Frankfurt am Main 2002

Wolfgang Michalka (Hrsg.), Deutsche Geschichte 1933–1945. Dokumente zur Innen- und Außenpolitik, Neuausgabe, Frankfurt am Main 2002

Reinhard Rürup (Hrsg.), Der Krieg gegen die Sowjetunion 1941–1945. Eine Dokumentation, Berlin 1995

Ders. (Hrsg.), Topographie des Terrors. Gestapo, SS und Reichssicherheitshauptamt auf dem „Prinz-Albrecht-Gelände". Eine Dokumentation, Berlin [12]2000

Peter Steinbach und Johannes Tuchel (Hrsg.), Widerstand in Deutschland 1933–1945. Ein historisches Lesebuch, München 32000

Das Ende der Weimarer Republik

Dirk Blasius, Weimars Ende. Bürgerkrieg und Politik 1930–1933, Göttingen [2]2006

Christoph Gradmann (Hrsg.), Das Ende der Weimarer Republik und die nationalsozialistische Machtergreifung, Heidelberg 1994

Ulrich Kluge, Die Weimarer Republik, Paderborn 2006

Heinrich August Winkler (Hrsg.), Weimar im Widerstreit. Deutungen der ersten deutschen Republik im geteilten Deutschland, München 2002

Nationalsozialismus und Zweiter Weltkrieg

Götz Aly, Hitlers Volksstaat. Raub, Rassenkrieg und nationaler Sozialismus, durchgesehene und erweiterte Auflage, Frankfurt am Main 2006

Ders. (Hrsg.), Volkes Stimme. Skepsis und Führervertrauen im Nationalsozialismus, Frankfurt am Main [2]2006

Wolfgang Benz, Geschichte des Dritten Reiches, München 2003

Norbert Frei, Der Führerstaat. Nationalsozialistische Herrschaft 1933 bis 1945, hrsg. v. Martin Brozat, Wolfgang Benz und Hermann Graml, erw. und aktual. Neuauflage, München 2001

Mechtild Gilzmer (Hrsg.), Widerstand und Kollaboration in Europa, Münster 2004

Hamburger Institut für Sozialforschung (Hrsg.), Verbrechen der Wehrmacht. Dimensionen des Vernichtungskrieges 1941–1944, Hamburg [2]2001

Christian Hartmann, Johannes Hürter und Ulrike Jureit (Hrsg.), Verbrechen der Wehrmacht. Bilanz einer Debatte, München 2005

Ulrich Herbert, Fremdarbeiter. Politik und Praxis des „Ausländer-Einsatzes" in der Kriegswirtschaft des Dritten Reiches, Neuausgabe, Bonn 1999

Michael H. Kater, Hitler-Jugend, Darmstadt 2005

Ian Kershaw, Hitler, 3 Bde., München 2002
Ders., Der NS-Staat. Geschichtsinterpretationen und Kontroversen im Überblick, 3., erw. Neuausgabe, Reinbek 2002
Ernst Piper, Kurze Geschichte des Nationalsozialismus, Hamburg 2007
Michael Schneider, Unterm Hakenkreuz. Arbeiter und Arbeiterbewegung 1933 bis 1939, Bonn 1999
Ulrich Thamer, Der Nationalsozialismus, Stuttgart 2002
Gerd R. Ueberschär, Für ein anderes Deutschland. Der deutsche Widerstand gegen den NS-Staat 1933–1945, Frankfurt am Main 2006
Bernd Wegner, Hitlers Politische Soldaten: Die Waffen-SS 1933–1945, Paderborn [7]2006
Michael Wild, Geschichte des Nationalsozialismus, Göttingen 2007

Holocaust

Frank Bajohr und Dieter Pohl, Der Holocaust als offenes Geheimnis. Die Deutschen, die NS-Führung und die Alliierten, München 2006
Wolfgang Benz, Der Holocaust, München [6]2005
Christopher R. Browning, Ganz normale Männer. Das Reserve-Polizeibataillon 101 und die „Endlösung" in Polen, erweiterte Neuauflage, Reinbek [4]2007
Saul Friedländer, Das Dritte Reich und die Juden. Die Jahre der Verfolgung 1933–1939, München [3]2007
Ders., Das Dritte Reich und die Juden. Die Jahre der Vernichtung 1939–1945, München 2006
Daniel J. Goldhagen, Hitlers willige Vollstrecker. Ganz gewöhnliche Deutsche und der Holocaust, übers. von Klaus Kochmann, München 2000
Bella Gutterman u.a., Zeugnisse des Holocaust. Gedenken in Yad Vashem, Göttingen 2006
Ulrich Herbert, Karin Orth und Christoph Dieckmann, Die nationalsozialistischen Konzentrationslager. Entwicklung und Struktur, Frankfurt am Main 2002
Raul Hilberg, Täter, Opfer, Zuschauer. Die Vernichtung der Juden 1933–1945, Frankfurt am Main [4]2003
Peter Longerich, „Davon haben wir nichts gewusst!" Die Deutschen und die Judenverfolgung 1933–1945, München 2006

Lebensberichte/Tagebücher

Götz Aly, Im Tunnel. Das kurze Leben der Marion Samuel 1931–1943, Frankfurt am Main [3]2005
Wolfgang Benz (Hrsg.), Das Exil der kleinen Leute. Alltagserfahrung deutscher Juden in der Emigration, Frankfurt am Main 1994
Heinrich Böll, Briefe aus dem Krieg 1939–1945, 2 Bde., hrsg. und kommentiert von Jochen Schubert, mit einem Vorwort von Annemarie Böll und einem Nachwort von James H. Reid, Köln 2001
Helga Deen, „Wenn mein Wille stirbt, sterbe ich auch". Tagebuch und Briefe, Reinbek 2007
Martin Doerry, „Mein verwundetes Herz". Das Leben der Lilli Jahn 1900–1944, München 2004
Anne Frank, Anne Frank Tagebuch, Frankfurt am Main [10]2006
Lina Haag, Eine Hand voll Staub. Widerstand einer Frau 1933–1945. Mit einem Nachwort von Barbara Distel, Tübingen 2004
Victor Klemperer, Das Tagebuch 1933–1945. Eine Auswahl für junge Leser, Berlin [7]2005
Brigitte Penkert, Briefe einer Rotkreuzschwester von der Ostfront, hrsg. von Jens Ebert und Sybille Penkert, Göttingen 2006

Internet-Tipps

http://www.dhm.de/lemo/html/nazi/index.html
http://www.gdw-berlin.de/literat/bi-ueb-d.php
http://www.holocaust-mahnmal.de/
http://www.juedisches-museum-berlin.de
http://www.museen.nuernberg.de/dokuzentrum/
http://www.shoa.de/content/section/3/41/
http://www.shoahproject.org/
http://www.topographie.de/

Personenregister

Sachregister

Auf eine Kennzeichnung von ideologisch geprägten Begriffen durch Anführungszeichen wurde verzichtet.

Bildnachweis

Titel Der Spiegel, Hamburg
S. 7 Verlagsarchiv
S. 9 Bildarchiv Preußischer Kulturbesitz, Berlin
S. 11 Verlagsarchiv
S. 12 Zentrum für Antisemitismusforschung, Berlin
S. 15 Bildarchiv Preußischer Kulturbesitz, Berlin
S. 17 Archiv für Kunst und Geschichte / Bildarchiv Pisarek, Berlin
S. 19 Stadtmuseum, München
S. 22 Stadtmuseum, München
S. 23 Interfoto, München
S. 25 Akademie der Künste, Berlin
S. 29 Der Spiegel, Hamburg
S. 30 Interfoto, München
S. 32 Verlagsarchiv
S. 34 Verlagsarchiv
S. 35 Deutsches Historisches Museum, Berlin
S. 36 DIZ – Süddeutscher Verlag-Bilderdienst / Scherl, München
S. 39 Bildarchiv Preußischer Kulturbesitz, Berlin
S. 41 Archiv für Kunst und Geschichte, Berlin
S. 42 Verlagsarchiv
S. 43 Deutsches Historisches Museum / Heinrich Hoffmann, Berlin
S. 44 Institut für Zeitgeschichte, München/Berlin
S. 45 DIZ – Süddeutscher Verlag-Bilderdienst, München
S. 46 Verlagsarchiv
S. 48 Bildarchiv Preußischer Kulturbesitz, Berlin
S. 49 Archiv für Kunst und Geschichte, Berlin
S. 50 Archiv der KZ-Gedenkstätte, Dachau
S. 51 Ullstein-Bild, Berlin
S. 52 Keystone Pressedienst, Hamburg
S. 53 Verlagsarchiv
S. 54 Verlagsarchiv
S. 55 Bildarchiv Preußischer Kulturbesitz, Berlin
S. 56 Verlagsarchiv
S. 57 Bildarchiv Preußischer Kulturbesitz, Berlin
S. 59 Archiv für Kunst und Geschichte, Berlin
S. 60 Stadtarchiv, München; Sparkassen-Kulturstiftung Hessen-Thüringen (Hrsg.), Legalisierter Raub. Der Fiskus und die Ausplünderung der Juden in Hessen 1933–1945 (selecta, Heft 8), 2002, S. 63
S. 61 Bildarchiv Preußischer Kulturbesitz / Herbert Sonnenfeld, Berlin
S. 62 Deutsches Historisches Museum, Berlin
S. 64 Hulton-Getty Picture Library, London
S. 66 Verlagsarchiv
S. 68 DIZ – Süddeutscher Verlag-Bilderdienst, München
S. 71 Archiv für Kunst und Geschichte, Berlin
S. 73 KulturKunststatt, Prora / Rügen
S. 77 Museum der Stadt Wien, Wien
S. 78 DIZ – Süddeutscher Verlag-Bilderdienst, München
S. 79 DIZ – Süddeutscher Verlag-Bilderdienst, München
S. 81 Bernhard Pfändtner, Bamberg
S. 82 Deutsches Historisches Museum, Berlin
S. 85 Bildarchiv Preußischer Kulturbesitz, Berlin
S. 86 Archiv für Kunst und Geschichte, Berlin
S. 88 Deutsches Historisches Museum, Berlin
S. 89 Verlagsarchiv
S. 93 Verlagsarchiv
S. 95 Artothek, Weilheim
S. 96 Verlagsarchiv
S. 97 Verlagsarchiv
S. 99 Deutsches Historisches Museum, Berlin
S. 100 Deutsches Historisches Museum, Berlin
S. 101 Preußischer Kulturbesitz / Jewgeni Chaldej, Berlin
S. 102 Anne Frank-Tagebuch, aus d. Niederl. übers. von Mirjam Pressler, Frankfurt am Main [11]2002
S. 107 Verlagsarchiv
S. 109 Günther Drommer, Gleichgeschaltet. Alltag unterm Hakenkreuz 1933–1945. Ein Fotobuch, Hamburg / Berlin 2004, S. 216
S. 113 Verlagsarchiv
S. 115 Gedenkstätte Deutscher Widerstand, Berlin
S. 116 Archiv für Kunst und Geschichte, Berlin
S. 117 Bildarchiv Preußischer Kulturbesitz, Berlin
S. 118 Bildarchiv Preußischer Kulturbesitz, Berlin
S. 119 Gedenkstätte Deutscher Widerstand, Berlin
S. 120 Deutsches Historisches Museum, Berlin
S. 122 Archiv für Kunst und Geschichte, Berlin
S. 124 Bundesarchiv / Bundesbildstelle, Koblenz
S. 126 Gedenkstätte Deutscher Widerstand, Berlin
S. 129 Archiv für Kunst und Geschichte, Berlin
S. 130 Martin Gilbert, Nie wieder! Die Geschichte des Holocaust, Berlin / München 2001, S. 91 (Freddie Knoller / Eric D. Sugerman)
S. 131 Der Spiegel, Hamburg
S. 133 Verlagsarchiv
S. 136 Stiftung Denkmal für die ermordeten Juden Europas / Paul Langrock, Berlin
S. 141 Cinetext, Frankfurt

Wahlen zur Nationalversammlung und zum Reichstag 1919 bis 1933

	Wahl vom 19.1.1919		Wahl vom 6.6.1920		Wahl vom 4.5.1924		Wahl vom 7.12.1
		%		%		%	
Gesamtzahl der Bevölkerung (In Tausenden)	63 052,0		59 198,8		59 198,8		59 198,
Stimmberechtigte (In Tausenden)	36 766,5		35 949,8		38 375,0		38 987,
Gültige Stimmen (In Tausenden)	30 400,3	82,68	28 196,3	78,43	29 281,8	76,30	30 290,
Ungültige Stimmen (In Tausenden)	124,5	0,34	267,2	0,74	427,6	1,11	414,
Parteien	Stimmen *Mandate*	%	Stimmen *Mandate*	%	Stimmen *Mandate*	%	Stimm *Mand*
Deutschnationale Volkspartei	3 121,5 *44*	10,3	4 249,1 *71*	15,0	5 696,5 *95*	19,5	6 205,8 *103*
Nationalsoz. Deutsche Arbeiterpartei	–		–		1 918,3 *32*	6,5	907,3 *14*
Deutsche Volkspartei	1 345,6 *19*	4,4	3 919,4 *65*	13,9	2 694,4 *45*	9,2	3 049,1 *51*
Deutschsoziale Partei	–		–		333,4 *4*	1,1	159,1 *0*
Deutsches Landvolk	–		–		–		–
Deutsche Bauernpartei	–		–		–		–
Landbund	–		–		574,9 *10*	1,9	499,4 *8*
Wirtschaftspartei	275,1 *4*	0,9	218,6 *4*	0,8	693,6 *10*	2,3	1 005,4 *17*
Deutsch-Hannoversche Partei	77,2 *1*	0,2	319,1 *5*	1,1	319,8 *5*	1,0	262,7 *4*
Zentrum	5 980,2 *91*	19,7	3 845,0 *64*	13,6	3 914,4 *65*	13,3	4 118,9 *69*
Bayerische Volkspartei	–		1 173,3 *21*	4,1	946,7 *16*	3,2	1 134,0 *19*
Christliche Volkspartei	–		65,3 *0*	0,2	–		–
Deutsche Demokratische Partei	5 641,8 *75*	18,5	2 333,7 *39*	8,2	1 655,1 *28*	5,3	1 919,8 *32*
Sozialdemokratische Partei	11 509,1 *163*	37,9	6 104,4 *102*	21,7	6 008,9 *100*	20,5	7 881,0 *131*
Unabh. Sozialdemokratische Partei	2 317,3 *22*	7,6	5 046,8 *84*	17,8	235,1 *0*	2,0	98,8 *0*
Kommunistische Partei	–		589,5 *4*	2,0	3 693,3 *62*	12,5	2 709,1 *45*
Andere Parteien	132,5 *2*	0,5	332,1 *0*	1,6	597,4 *0*	0,7	339,7 *0*